KB219348

목회자의 마음, 성도의 마음

그 치유와 성숙을 위하여

목회자의 마음, 성도의 마음

지은이 | 이관직
초판 발행 | 2020. 11. 18
등록번호 | 제1988-000080호
등록된 곳 | 서울특별시 용산구 서빙고로65길 38
발행처 | 사단법인 두란노서원
영업부 | 2078-3352 FAX | 080-749-3705
출판부 | 2078-3331

책값은 뒤표지에 있습니다.
ISBN 978-89-531-3900-8 03230

독자의 의견을 기다립니다.
tpress@duranno.com www.duranno.com

두란노서원은 바울 사도가 3차 전도여행 때 에베소에서 성령 받은 제자들을 따로 세워 하나님의 말씀으로 양육하던 장소입니다. 사도행전 19장 8~20절의 정신에 따라 첫째 목회자를 돕는 사역과 평신도를 훈련시키는 사역, 둘째 세계선교(TIM)와 문서선교(단행본·잡지) 사역, 셋째 예수문화 및 경배와 찬양 사역, 그리고 가정·상담 사역 등을 감당하고 있습니다. 1980년 12월 22일에 창립된 두란노서원은 주님 오실 때까지 이 사역들을 계속할 것입니다.

목회자의 마음, 성도의 마음

그 치유와 성숙을 위하여

이관직 지음

40th 두란노

목차

Part 3.

성도가 고통과 고난을 이겨 내기 위하여

Part 4.

교회의 분열 없는 성숙을 위하여

프롤로그

우울증과 탈진,
그 감정의 위기를 이해하고 공감하는 책

나는 목회상담학 전공으로 미국 유학을 마치고 곧 신학교 교수 생활을 시작했다. 이후 담임목회는 한 번도 해 본 적이 없다. 성도들을 직접 목회하는 일에는 자신이 없었다. 하나님의 크신 긍휼하심을 입어 담임목회의 길은 면제받았지만 목회자들이 겪는 고민, 갈등, 스트레스, 탈진에 어떻게 도움이 될 수 있을까에 대한 생각과 고민은 계속해 왔다. 석사와 박사 논문도 목회자의 우울증, 스트레스, 탈진에 초점을 맞춘 것이었다. 내가 이런 부분에 관심을 갖게 된 이유는 나 역시 같은 문제들로 고민해 왔기 때문이다.

귀국 후 주로 〈목회와 신학〉의 원고 요청으로 글을 써 왔다. 그 짧은 글들을 모아 2005년에 《목회심리학》을 출간했다. 제목은 목회심리학으로 잡았지만 실제 내용들은 목회자들의 이슈에 초점을 맞추는 글들이었다. 나는 그 책에서 목회자의 스트레스, 탈진, 휴식의 필요성, 갈등, 고독, 목회자 배우자의 우울증, 그리고 가정목회에 실패한 성경의 지도자들과 같은 주제들을 다루었다. 나는 이 책을 총신대학교 신학대학원에서 '목회상담학'의 서평용 교재로

계속 사용해 왔다. 목회자 후보생들에게 자신의 내면과 살아 온 삶의 역동성을 이해하고 자각하는 데 도움을 주는 책이라는 확신이 있었기 때문이다.

작년 말부터 나는 조기 은퇴를 두고 오랫동안 고민, 갈등하면서 기도하는 시간을 가졌다. 감사하게도 올해 9월 말에 열린 학교 재단이사회에서 내가 제출한 희망퇴직원을 허락해 주었다. 이 책은 내가 총신대학교에서 보내는 마지막 학기에, 그것도 교수 재직 중 출간되는 마지막 책이라는 점에서, 그리고 《목회심리학》의 후속편이라는 점에서 의미가 있다. 조기 은퇴를 결심한 이후에 그동안 청탁받아 기고한 글들을 묶어 출간하는 것이 의미 있는 작업이 되지 않을까 생각한다.

잡지에 게재된 후 잊혔던 파편적인 글들이 책으로 부활(?)해 독자들을 찾아간다고 생각하니 정말 감사하다. 하나님께 영광과 감사를 올려 드린다. 이 글들은 갈등하고 씨름하는 목회자들과 고난을 겪고 있는 성도들의 삶을 이해하는 가운데 그들을 도울 방법을 모색하면서 내 생각과 고민을 담은 것이다. 그런 점에서 독자들이 공감할 수 있는 책이 될 것이라고 생각한다. 목사의 아들로서 자라고, 목사이자 신학교 교수로서의 삶을 살아 오면서 직접 경험하고 고민하던 것들이 체화된 글이라 여겨도 좋다.

다른 책이나 글을 참고해서 쓰지 않았기 때문에 주석이나 참고문헌을 별로 달지 않았다. 원래 기고했던 글의 오탈자를 수정하고 표현을 다듬는 정도의 작업으로 제한하여 책으로 묶었다. 제목과 소제목은 두란도 편집 팀에서 핵심적인 주제를 잘 잡아서 새롭게 다듬어 주어 책으로서 모양새를 갖추게 되었다.

이 책을 목회자와 신학생들, 그리고 각종 위기와 고난과 씨름하는 성도들이 읽게 되기를 바란다. 그리고 그들을 상담 현장에서 돕는 기독교 상담사들이 읽고 도움 얻기를 바란다. 만약 일반 성도들이 이 책을 읽는다면 자기 자신은 물론 목회자들을 좀 더 공감하고 이해하는 데 유익할 것이다. 목회자들이 이 책을 읽는다면 성도들에게 보다 유익한 목회적 돌봄을 제공하는 데 도움이 될 것이다.

게재된 원고를 책으로 출간할 수 있도록 기꺼이 허락해 준 〈목회와신학〉, 〈그말씀〉, 〈빛과소금〉, 〈라일락〉, 〈시니어매일성경〉 편집 팀에게도 감사를 전한다. 이 편집 팀에서 목회자와 성도의 삶과 관련된 글을 때마다 요청해 주었기에 이 책을 출간할 수 있었다. 각 장의 시작 부분에 글의 출처를 밝혔다(한 개의 글은 출처를 찾지 못해 밝히지 못했다). 2018년에 출간된 《관계의 걸림돌 극복하기》를 시작으로 나의 글을 좋게 봐 주고 이 책의 출간을 적극적으로 도와준 두란노 편집 팀에게 이 자리를 빌려 감사의 마음을 표한다.

2020년 11월

이관직

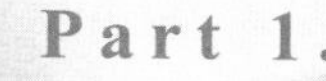

Part 1.

목회자의 건강한 목회를 위하여

chapter 1 •

목회자도 인간일 뿐이다[1]

'목회자의 마음은 전쟁터'라고 말할 때 일부 목회자들은 동의하지 않을 수 있다. 모름지기 목회자란 평강의 주님이 인도하시고 성령이 내주하시는 삶을 살아야 하지 않은가. 그런 목회자의 내면세계(inner world)가 전쟁터라고 말하는 것은 지나친 표현이자 비성경적인 삶의 모습이라고 생각할 것이다. 그러나 '창조-타락-구속'이라는 성경적인 세계관을 통해 보면 목회자를 포함한 모든 인간의 내면세계가 전쟁터라는 사실을 부인하기 어렵다.

---

1 "목회자가 겪는 마음의 전쟁", 〈라일락〉, 2020년 봄호 참조.

세상은 눈으로 볼 수 있는 외부세계인 반면 마음은 눈으로 볼 수 없는 내면세계이다. 심지어 마음은 자신조차 인식하지 못하는 영역이 많다. 내면세계는 무의식의 영역이 큰 반면 우리가 의식하며 살아가는 영역은 제한적이다. 솔로몬은 인간의 마음을 '깊은 물'이라고 표현했고, 지혜의 사람만이 이곳에서 물을 길어 낼 수 있다고 말했다.

> 사람의 마음에 있는 모략은 깊은 물 같으니라 그럴지라도 명철한 사람은 그것을 길어 내느니라 잠 20:5

깊은 물과 같은 무의식 세계에서 전쟁이 벌어지고 있어도 부인이나 억압과 같은 방어기제가 작동되면 그 실제를 전혀 인식하지 못할 수도 있는 것이 내면세계의 특징이다.

정신분석학자 프로이트는 인간의 내면세계를 '초자아'와 '원본능'이 상충하는 과정에서 '자아'가 갈등을 겪고 있는 것으로 이해했다. 갈등이 생기면 자아는 불안을 경험하고, 이를 처리하기 위하여 무의식적으로 각종 방어기제를 작동한다고 보았다. 그리고 익숙한 방어기제를 과도하게 또는 오래 사용하면 어느 순간 제대로 작동하지 않게 되며 마침내 '증상'으로 표출된다고 이해했다. 그는 인간을 생득적으로 갈등을 겪는 존재로 보았다. 하지만 후기 정신분석학자들은 외부 환경의 요인 때문에 인간이 불안을 느끼며 갈등을 경험한다고 해석했다. 아무튼 두 이론 모두 인간의 마음이 이 땅에서는 진정한 평안을 유지할 수 없다는 점을 잘 간파했다.

성경은 아담과 하와가 에덴에서 쫓겨난 이후 모든 인간은 종말론적인 하나님 나라에 들어가기 전까지 결코 마음의 전쟁 상태로부터 자유로울 수 없다고 선언한다. 심지어 복음을 받아들이고 성령의 내주와 인도하심을 경험하는 성도나 목회자조차 이 전쟁으로부터 면제된 것이 아니다. 그렇다면 목회자는 누구이며, 언제 마음의 전쟁에 취약해지는가? 예수 그리스도께서 이 땅에 초림하심으로 '이미'(already) 시작된 하나님 나라는 그분의 재림으로 완전히 이루어질 것이다. 따라서 성도의 삶은 '아직 아니'(not yet)의 미완성의 삶이라는 점을 염두에 두고 이 글의 주제를 다루어 보고자 한다.

전쟁을 겪어 본 자만이 '상처 입은 치유자'가 된다

목회자의 마음이 전쟁터라는 현실을 이해하기 위해서는 정체성에 대한 질문부터 해 볼 필요가 있다. 목회자는 정체성에서부터 마음의 전쟁이 시작된다. 이 전쟁에서 승리하는 비결도 정체성을 확립하는 데 있다.

예수님은 사역을 시작하시기 전에 "네가 만일 하나님의 아들이어든"이라는 질문으로 마귀에게 시험을 받으셨다(마 4:3). 예수님은 이 시험을 받으시기 직전 이미 요단강에서 "이는 내 사랑하는 아들이요 내 기뻐하는 자라"라는 성부 하나님의 인정을 받았고, 성령님이 자기 위에 임하시는 것을 경험함으로써 하나님의 아들임을 확인받았다(마 3:17). 정체성이 분명했기 때문에 마귀의 유혹에 요동하지 않았고 능히 이길 수 있었다.

일차적으로, 목회자도 한 인간이며 남성 또는 여성이라는 사실을 인식하는 것이 중요하다. 그래야 모든 인간이 공통적으로 겪는 마음의 전쟁을 목회자도 겪을 수 있다는 사실을 솔직히 인정하고 수용할 수 있다. 목회자가 되면 다른 인간들이 갖는 욕구가 사라진다거나 이전의 심리적인 특성이나 약점이 완전히 사라지고 딴사람이 되는 것이 아니다. 목회자도 배고프면 먹고 싶고, 피곤하면 쉬고 싶고, 좋은 것을 갖고 싶고, 성적인 욕구가 생기면 성관계를 하고 싶은 한 인간이라는 점을 솔직히 인정해야 한다. 한국 교회 목회자들이나 성도들은 목회자를 한 인간으로 보지 못하는 경향이 있다. 목회자도 '성적인 존재'라는 사실을 애써 부인하는 것이다. 목회자의 내면세계에 여전히 인간성과 죄성이 역동적으로 살아서 활동하고 있다는 사실을 겸손히 인정해야 유혹과 갈등의 전쟁터에서 덜 쓰러지며 더 자주 승리할 수 있다.

목회자가 하나님과 사람들 앞에서 자기 죄를 솔직히 인정하고 수용할 때 '상처 입은 치유자'로서 성도들을 섬길 수 있다. 목회자 자신이 내면세계에서 치열한 전쟁을 해 보지 않고서 어떻게 성도들이 겪는 마음의 전쟁을 공감할 수 있겠는가? 자신의 마음에서 생기는 전쟁을 이상하게 여기지 않고, 여러 전투 현장에서 회피하거나 후퇴하지 않고 직면해야 성도들을 제대로 공감하며 도울 수 있을 것이다. 전쟁을 부인하거나 억압하는 방어기제를 사용하면 일시적으로는 마음의 평안을 유지할 수 있겠지만 나중에 더 심각한 문제를 야기할 수 있다는 사실을 명심해야 한다. 앞에서 언급했듯이 방어기제를 자주 과도하게 사용하면 전인격적인 영역에서 증상이 표출되어 결국 고통스러운 치료 과정을 겪어야 하기 때문이다.

바울이 솔직하게 고백했듯이 목회자들도 '옛 자기'와 '새 자기' 사이에서 필연적으로 생기는 마음의 전쟁을 겪는다.

> 22 내 속사람으로는 하나님의 법을 즐거워하되 23 내 지체 속에서 한 다른 법이 내 마음의 법과 싸워 내 지체 속에 있는 죄의 법으로 나를 사로잡는 것을 보는도다 24 오호라 나는 곤고한 사람이로다 이 사망의 몸에서 누가 나를 건져내랴 롬 7:22-24

목회자는 옛 자기의 모습이 여전히 역동적으로 작용하고 있음을 자각하고 인정할 때 정체성에서 혼란을 겪지 않는다. 오히려 거듭난 그리스도인들이 전에 없었던 갈등과 전쟁을 겪게 된다는 사실을 이해하며 성도를 도와줄 수 있다. 옛 자기의 삶을 살아가는 불신자들은 세상적인 도덕과 법을 어기지 않는 한 갈등하거나 전쟁을 겪을 필요가 없다. 그러나 성도들은 거룩하신 하나님을 닮아 가고자 하는 새로운 욕구와 기준 앞에서 자신의 죄성과 모순성을 더 뼈저리게 자각하는 것이 정상이다. 그래서 이전보다 심한 갈등과 더 치열한 전쟁을 겪는다. 육체의 욕구와 성령의 욕구 사이에서 갈등과 전쟁을 치르며 살아가는 것이다. 나이가 들고 신앙이 견고해질수록 갈등이 덜 생기며 전쟁하는 횟수가 줄어들겠지만 죽음의 문턱에 다다르기 전에는 이 전쟁의 불씨가 완전히 꺼지지 않을 것이다. 이 사실을 인정하고 전쟁에서 이기도록 노력해야 할 것이다.

육체의 소욕은 성령을 거스르고 성령은 육체를 거스르나니 이 둘이 서로 대적함으로 너희가 원하는 것을 하지 못하게 하려 함이니라 갈 5:17

목회자도 다른 성도들과 마찬가지로 여러 위기와 트라우마를 겪으면서 마음의 상처와 깨어짐을 경험한다. 많은 목회자가 역기능적인 가정에서 성장한 성인아이의 심리적 이슈들을 갖고 있다. 이런 목회자들은 평상시에는 어느 정도의 안정과 평안을 유지하지만 낮은 자존감, 불안, 분노, 슬픔, 피해의식 등의 심리적 이슈들을 자극하며 깨우는 위기 사건에 직면하면 평정심을 잃을 수 있다. 당황하고 두려워하며 때로는 공격적인 행동을 할 수도 있다. 이럴 때 목회자의 마음은 전쟁터가 되며 그 내면의 모습이 외부로 표출되어 주위 사람들을 놀라게 한다.

목회자들은 자신이 믿고 설교하는 내용과 달리 실제 삶에서는 모순적인 내면세계와 직면할 때가 많다. 극단적일 경우 '지킬 박사와 하이드'처럼 다중인격장애에서나 볼법한 상황도 생긴다. 분석심리학자 칼 구스타브 융(Carl Gustav Jung)이 간파했듯이 '페르소나'(persona)의 모습에만 치중하며 사는 목회자들의 경우 '그림자'의 모습이 무의식중에 표출될 수 있다. 예수님이 지적하셨던 바리새인과 서기관들의 '외식'의 모습이 목회자의 현실적 삶에 '어느 정도' 있을 수 있다는 사실을 스스로 인정해야 한다. 아울러 지나치게 강박적이며 완벽주의를 지향하는 삶의 위험성을 인식해야 한다. 특히 강박성 성격장애(obsessive-compulsive personality disorder)적인 내면의 틀을 가진 목회자들은 삶의 전반에 불안이 깔려 있고 통제하려는 욕구가 강하기 때문에 내면의 전쟁이 고질적일 수 있다는 사실을 자각해야 할 것이다.

누구에게나 취약한 때와 영역이 있다

목회자들이 겪는 마음의 전쟁에는 공통적인 것과 개인적으로 독특하게 겪는 것이 있다. 그리고 각자 전쟁에서 취약한 부분이 다를 수 있다. 목회자로서 마음의 전쟁이 쉽게 일어나는 시기나 취약한 영역이 있음을 미리 아는 것은 전쟁에서 패배하지 않도록 예방하는 데 유익하다.

첫째, 미자립교회에서 시무하는 목회자들의 경우 시간이 흘러도 교회가 성장하지 않을 때 마음이 전쟁터로 변할 수 있다. 혼란, 회의, 피곤, 수치, 분노, 열등감 등의 감정이 내면세계를 점유하는 것이다. 특히 경제적으로 쪼들려 생계의 위협을 느끼는 가족을 보면 이상과 현실 사이에서 괴리와 혼란을 느끼며 심각하게 갈등하고 번민한다. 그래서 마귀가 예수님에게 "이 돌들로 떡덩이가 되게 하라"고 했던 첫 유혹을 강하게 느낄 수 있다(마 4:3). "무엇을 먹을까 무엇을 마실까 무엇을 입을까" 염려하지 말라는 예수님의 말씀과 당장 겪고 있는 생계의 위협 사이에서 갈등을 겪을 수 있다(마 6:31). "너희는 먼저 그의 나라와 그의 의를 구하라"는 말씀의 목소리와 "일단 가족을 부양하고 기본적인 생활비라도 제공해야 하지 않는가"라는 현실의 목소리가 서로 소리를 높일 때 미자립교회 목회자들의 마음은 전쟁터가 된다(마 6:33).

장기화되는 경제적인 쪼들림 속에서 하늘만 바라보고 의지하는 것이 신앙적일까? 아니면 목회자나 배우자가 생계를 이어 가기 위하여 기본적인 생활비라도 벌어야 하는 것일까? 어느 한쪽만으로 대답하기는 매우 어렵다. "사람이 떡으로만 살 것이 아니요 하나님의 입으로부터 나오는 모든 말씀으로 살 것이라"(마 4:4)는 말씀은 우선순위를 바로 하기를 원하는 말씀이지 떡이 필요함을 부정하는 것이 아니기 때문이다. 하나님만 전적으로 의지하고 끝까지 인내하면서 일용할 양식을 간구하는 삶은 참으로 귀하다. 동시에 가족의 생활비를 위해 경제적인 활동을 하는 것을 불신앙적인 행위라고 정죄하는 것은 바람직하지 않다. 중세 수도사들의 "기도하라 그리고 일하라"(ora et labora)는 슬로건은 기도와 실천의 중요성을 배제하지 않았다. 현실과 초현실, 보이는 것과 보이지 않는 것 사이에서 우선순위를 바로 하되 극단적인 태도를 취하지 않는 것이 바람직할 것이다.

둘째, 목회자들은 모든 목회 일정을 마치는 주일 저녁이 되면 긴장감이 풀리면서 안도감과 우울감이라는 상반된 양가감정을 겪곤 한다. 아드레날린으로 총칭되는 신경전달물질이 사역으로 인하여 거의 바닥이 나면 기분이 '꿀꿀한' 일시적인 우울감이 찾아오는 것이다. 그러나 이러한 반응은 정상적이다. 문제는 이 우울한 감정을 처리하기 위하여 지나치게 텔레비전, 게임, 인터넷 서핑에 빠져드는 데 있다. 특히 우울감을 단시간에 회복하기에 효과적인 '야한 동영상'을 시청하고 싶은 충동을 억제하지 못하여 넘어지고 후회하는 목회자들이 적지 않다. 실제로 신학대학원 학생들의 과제물을 받아 보면 학업과 교회 사역을 병행하는 많은 교육전도사가 이와 같은 마음의 전쟁을 겪고 있다고 고백한다.

이런 상황에서 새로운 학습 경험이 반복적으로 필요하다. 일시적으로 기분을 좋게 해 준다고 해서 중독적인 방법을 계속 사용할 경우 마음의 갈등과 고통은 더 심화될 것이다. 주일 저녁이나 월요일에 일시적으로 우울감이 생기는 생리학적인 이유에 대해서 깨닫고, 건강하게 대처할 수 있는 나름의 방법을 찾아야 한다. 그중 일차적인 방법은 사역 이후에 찾아오는 우울감을 보편적이며 정상적인 것으로 받아들이는 것이다. 일시적인 감정이라는 사실을 확인하며 스스로를 다독이는 힘과 지혜가 필요하다. 이런 감정은 곧 지나가는 것임을 인지적으로 재확인하라. 그리고 썰물 후에 곧 밀물이 온다는 것을 소망함으로써 인내하며 견디는 심리적 내구성과 지혜를 갖추어야 한다. 하루 이틀 지나면 몸속에서 화학물질이 보충되면서 기분은 다시 좋아지며 기력은 회복된다. 목회자의 삶에 이런 우울감은 적이 아니라 친구일 수 있다. 이렇게 감정을 재해석하고 수용할 때 마음의 전쟁에서 어렵지 않게 승리할 수 있다. 이 과정에서 성령님의 도우심을 간구해야 하는 것은 더 말할 나위가 없다.

셋째, 목회자의 중년기는 마음의 전쟁이 일어나는 위기의 시기가 될 수 있다. 부목사들 중에는 담임목사로 사역하기 위해 이곳저곳 지원하는 시기에 반복적으로 탈락을 경험하면서 상실감을 겪는다. 이때 미래에 대한 두려움, 남모를 갈등과 고민을 심각하게 경험하는 이들이 너무나 많다. 부목사로 사역하기에는 나이가 한계에 도달해서 현재 사역하는 교회에서는 눈치가 보이고, 다른 교회에 부목사로 지원하기도 어려운 시기가 되면 이들은 좌절과 혼란, 우울을 느끼면서 내면세계의 고통을 겪게 된다.

담임목사라고 다르지 않다. 그들도 교회에서 갈등이 생기거나 당회원들이나 평신도 지도자들과의 관계에서 어려움이 생길 때 임지를 바꾸고 싶은 충동이 일 수 있다. 이때 담임목사들은 자신의 진로를 두고 열병을 앓는 것처럼 한동안 심각한 내면의 전쟁을 겪을 수 있다.

넷째, 은퇴 시기가 남아 있지만 탈진 상태에 접어든 목회자들은 조기 은퇴하고 싶은 생각과 목회자로서의 사명을 다해야 한다는 생각 사이에서 마음의 전쟁을 치를 수 있다. 일부 목회자들은 탈진을 인정하지 않고 생동감 없이 정년을 채우기도 한다.

마지막으로, 가정 내에서 고질화된 갈등으로 고통을 겪는 목회자들은 마음의 전쟁터에서 오랜 기간 남몰래 외로운 싸움을 하고 있다. 가정 내 가장 대표적인 갈등이 부부간 갈등이다. 목회자 부부는 주일을 앞두고 부부싸움을 할 때가 많다는 이야기를 종종 듣는다. 목회자의 정서가 성도들에게 미치는 영향이 크기 때문에 마귀가 토요일에 더 틈을 타서 공략할 수도 있다는 사실을 깨닫고 부부간에 서로 조심하고 배려하는 노력이 필요하다. 사소한 문제가 부부싸움으로 비화해서 목회자가 주일예배에 불편한 마음을 안고 설교해야 하는 일이 고질적으로 반복되면 목회 사역 자체를 포기하거나 심각할 경우에는 이혼이라는 파국의 상황까지 갈 수 있다.

자녀와의 관계에서도 갈등은 일어난다. 어떤 목회자들은 자녀가 신앙에서 떠나거나 일탈행동을 할 때 목회 사역에 덕이 되지 못한다는 마음의 부담과 고통을 심각하게 겪는다. 이런 목회자는 자신이 설교하는 내용과 실제 삶 사이의 괴리감 때문에 수치심, 죄책감 및 슬픔을 경험한다.

특히 성경이 제시한 감독의 자격 중에서 "자기 집을 잘 다스려 자녀들로 모든 공손함으로 복종하게 하는 자라야 할지며 (사람이 자기 집을 다스릴 줄 알지 못하면 어찌 하나님의 교회를 돌보리요)"(딤전 3:4-5)의 기준에 못 미친다는 양심의 괴로움으로 마음에 평안을 유지하기가 어렵다.

이외에도 목회자의 마음이 전쟁터로 비화하기 쉬운 시기나 상황이 많이 있을 것이다. 목회자의 발달단계에 따라 이해하는 것 외에도 목회자 개인의 특성에 따라, 특히 자신의 마음이 취약한 시기가 있음을 자각하고 지혜롭게 극복할 수 있기를 바란다. 마음의 전쟁을 함께 치르고 있는 동역자들이 생각보다 많다. 좌절하거나 포기하지 말고 끝까지 견디라. 결국 승리하게 하실 하나님께 시선을 고정하며 한 걸음이라도 앞으로 나아가는 삶이 되기를 축복한다.

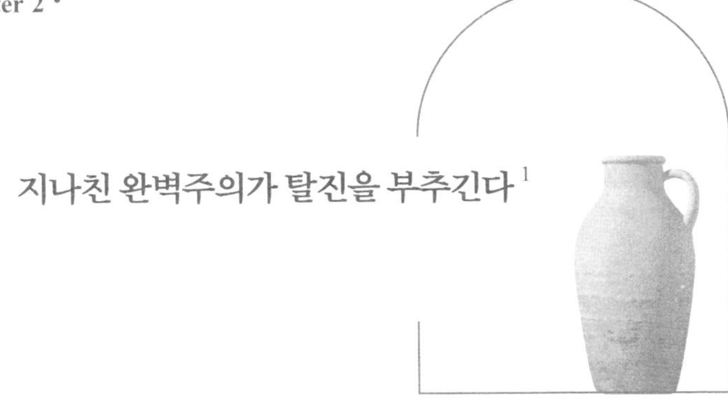

지나친 완벽주의가 탈진을 부추긴다[1]

어느 신학대학원생의 고백이다.

바쁜 사역과 학교생활 탓에 육체적, 정신적인 피로와 내외적 갈등은 점점 심각해졌다. 어느 순간 사역자인 내가 교회에 가기 싫어졌다. 갈등 관계에 있는 목사님과 마주하기도 싫었고, 가정을 돌보지 못하는 내 자신을 생각하니 사역이 기쁘지 않았다. 연초보다는 성장을 했지만, 그렇다고 다른 사람들이 인정할 만큼은 아니었다. 부서의 성장을 기대할 수도 없었다. 여러

1 "왜 목회자가 탈진에 이르는가?", 〈목회와신학〉, 2000년 12월호 참조.

상황 때문에 사역하는 것이 스트레스로 다가왔다. 그러다 보니 자녀를 향한 사랑도 점점 사그라졌다. 사역을 시작한 지 얼마 되지 않아 나는 벌써 탈진 증상을 겪게 된 것이다. 그 상황을 누구에게도 말할 수 없었기에 심리적인 상태는 점점 더 피폐해졌다. 결국 나는 사역 포기라는 극단적인 선언을 할 수밖에 없었고, 그렇게 첫 사역은 마무리가 되었다.

'탈진' 또는 '소진'의 의미로 번역되는 영어 단어 '번아웃'(burnout)은 학술용어로도 사용된다. 비록 정신질환을 진단할 때 사용하는《정신질환 진단 및 통계 편람-제5판》(*Diagnostic and Statistical Manual of Mental Disorders*, Fifth Edition; DSM-5)에 진단명으로 등장하지는 않지만, 탈진은 일종의 심리적, 시스템적 장애로 이해할 수 있다.

심리학자 크리스티나 매슬락(Christina Maslach)은 탈진을 크게 세 가지 과정으로 이해했다. 첫째는 감정적 소진, 둘째는 비인격화, 셋째는 개인적 성취감의 감소이다. 특히 탈진한 목회자에게서 발견되는 감정적 소진은 목회자의 개인적인 미래 내러티브와 목회 내러티브가 희망적이지 못한 것과 연결된다. 비인격화는 일중독이 목회자의 현재와 미래의 내러티브가 되는 현상과 연결된다. 개인적 성취감의 감소는 "목회자가 처음 가졌던 소명의식과 비전, 열정이 목회자의 미래적 내러티브에서 점차 배경으로 희미하게 사라지고, 정체성의 혼동, 의미 상실, 권태, 거짓 자기의 발현, 동반 의존성, 창의성 결여, 중독과 탐닉, 외식과 거짓 영성

이 점차 전경에 등장하는 것"과 관련된다.[2]

열정과 열심이 클 때 탈진할 가능성도 크다

만성적 피로를 호소하는 일중독자들이 탈진증후군(burnout syndrome)을 경험한다. 이 증후군을 가진 일중독자들은 지나친 완벽주의, 성과지향주의 성향이 있거나 친밀감이 결여되어 있다는 특징이 있다.

탈진은 일중독과 밀접한 관련이 있다. 그러나 모든 일중독자가 탈진하는 것은 아니다. 일반인들에 비해 정력이 넘치며 성공신화를 계속 이어 가는 일중독자들도 있다. 탈진은 투자한 노력에 비해 결과가 별로 없을 때 생기는 현상이다. 또한 탈진은 일중독자 중에서도 사람을 상대로 일하는 사람에게서 발생할 가능성이 훨씬 높다. 상담사, 사회복지사, 교사, 특히 특수학교 교사, 경찰, 변호사, 목회자가 대표적이다. 사람을 상대하는 이들 중에서 일중독이나 완벽주의가 있는 사람은 자신과 타인의 실수, 잘못을 잘 용납하지 못하며 일에 대한 기대수준이 높다. 따라서 인식하든 못 하든 관계없이 심리적인 부담감과 불안을 만성적으로 겪는다. 강박성 성격장애의 증상이기도 한 완벽주의와 일중독은 특히 목회자에게 적절한 휴식과 스트레스 관리를 어렵게 한다. 완벽주의가 열정과 소명감, 지나친 열심과 연결되면 목회자는 기쁨과 자유가 있는 목회 대신 불안과 피로와 분노가 깔린 목회를 할 가능성이 높아진다.

---

2 이관직, 《목회심리학》(국제제자훈련원, 2007), 126.

완벽주의와 관련이 있는 강박성 성격장애는 일중독을 특징으로 동반하기 쉽다. 일중독에 빠지면 신체적으로나 심리적으로 재충전할 기회는 줄어든다. 가족과의 관계에서조차 친밀감을 경험하지 못하기 때문에 정서적인 탱크가 고갈된다. 신체적으로는 에너지를 과도하게 사용함으로써 장기적으로 탈진할 위험성이 높다. 일중독자는 보통 취약한 '자기 구조물'(self-structure)을 갖고 있기 때문에 자존감이 낮을 가능성이 크다. 따라서 평소에는 문제가 없을지 몰라도 위기가 닥칠 때 탈진 증상으로 그 구조물이 무너질 위험성이 높다.

일, 성과, 업적을 목회자의 정체성, 삶의 의미, 기쁨과 지나치게 연결하면 목회자는 일 중심의 삶을 살게 된다. 문제는 일이 기쁨과 보람을 느끼게 하지만 스트레스를 유발하며 피로감도 가져다준다는 데 있다. 인터넷에 탈진에 대한 자료를 검색하는 중에 다음과 같은 문구가 눈에 들어왔다.

> **열심히 일하는 당신! 답답해하지 말고, 잠시만, 천천히, 쉬어 가세요. 그럼 '답답'한 마음을 풀어 줄 답(答)이 나올지도 모릅니다.**

일중독과 아울러 과도한 스트레스는 탈진에 영향을 끼치는 중요한 변수이다. 과도한 스트레스를 자주 받으면 목회자는 인식하지 못하는 사이에 탈진의 과정에 들어설 수 있다. 탈진은 어떤 시점에서 일어나는 사건이 아니라 과정이다. 스트레스에 민감, 취약할수록 탈진의 위험성은 높아진다. 물론 스트레스에 대응하는 힘이나 '회복탄력성'(resilience)

의 정도는 개별적인 차이가 있다. 스트레스에 대한 인지적 해석 능력에 따라 탈진의 수준도 달라질 수 있다.

높은 소명감이나 기대감이 탈진의 요인이 될 수도 있다. 완벽주의를 지향하는 사람은 열정과 소명감 또는 기대감이 높은 편이다. 구약의 엘리야 선지자처럼 열심이 특심일수록 위기에 봉착하거나 기대했던 결과가 나타나지 않을 때 좌절하거나 탈진할 위험성이 높다. 소명의식이 강하지 않은 목회자라면 탈진하라고 해도 하지 않는다. 왜냐하면 그만큼 열심히 노력하지 않기 때문이다.

시스템적인 원인들 중 하나는 긍정적인 피드백이 부족한 교회 환경이다. 힘을 실어 주며 격려하며 축하하는 환경 대신 목회자의 힘을 빼앗으며 비판하며 깎아내리는 환경과 계속 관계하면 목회자는 탈진의 위험에 노출된다.[3] 역기능적인 특성을 많이 드러내는 교회 시스템은 그 환경 속에서 사역하는 담임목사와 부교역자들의 에너지를 전인격적인 영역에서 빼앗는다. 역기능가정에서 자란 자녀들이 건강한 자존감을 형성하기 어렵듯이 역기능적인 교회에서 목회하는 목회자는 사역자로서의 건강한 자부심과 정체성을 형성하거나 유지하기가 어렵다. 이런 목회자는 기회만 있다면 자신이 속한 교회 시스템으로부터 벗어날 방법을 찾게 될 것이다. 이처럼 탈진시키는 교회 시스템이 있다. 그래서 어떤 교회는 누가 목회자가 되더라도 탈진해 나가게 만든다. 이런 교회는

3 이관직, 《목회심리학》, 133. "직업 환경과의 관련성에 대해서 매슬락은 통제력의 상실, 동료들과의 갈등, 관리자로부터의 부정적인 피드백이나 평가, 그리고 직장의 경직된 규칙이나 규정을 지적했다."

마귀적인 특성이 있다. 왜냐하면 마귀는 생명력을 약화시키거나 빼앗고 파괴와 죽음으로 이끌어 가는 특징이 있기 때문이다. 이런 특징이 나타나는 교회는 성령이 운행하며 역사하시지 않는다.

탈진의 시스템적인 요인들 중 또 다른 하나는 쉽게 변화하지 않는 교회 환경이다. 목회자의 리더십에 의하여 교회 공동체의 체질이 긍정적으로 바뀌는 경우들이 적지 않다. 그러나 목회자의 건강한 리더십에 상관없이 거의 변화하지 않으려는 교회도 있다. 변화를 두려워하며 강한 저항을 보이는 교회에서 사역하는 목회자의 경우, 변화를 시도하는 노력이 여러 차례 무산되고 나면 탈진의 위험성은 높아진다. 목회자가 교회 시스템의 현재 상태에 적응해서 생동력이 없는 목회를 하거나 그 교회를 떠나는 것은 탈진이 일어났음을 말해 준다. 변화하지 않으려는 시스템에 적응하여 목회한다는 것은 이미 탈진의 과정에 접어든 것이라고 이해할 수 있다.

목회자가 탈진하는 데 큰 요인 중 하나는 교회의 양적 성장이 정체되거나 퇴보하는 것이다. 대부분의 목회자들은 교회가 지속적으로 성장해야 한다는 부담감을 갖고 목회를 한다. 담임하고 있는 교회나 부서가 양적으로 정체 상태에 빠지면 목회자는 상당한 스트레스를 경험한다. 정체 상태를 벗어나려고 여러 방법을 동원해도 별 효과 없이 그 기간이 길어질 때 탈진의 위험성은 높아진다.

자기 한계를 인정할 때 탈진을 예방할 수 있다

목회자의 탈진을 예방하거나 극복하는 방법을 고린도전서에 나타난 바울의 사역 자세에서 찾아보고자 한다(고전 3:1-9).

첫째, 한계를 인정하는 것이다. 바울은 "나는 심었고 아볼로는 물을 주었으되"라고 표현하면서 자신이 맡은 사역의 범위와 한계를 잘 인식하고 있었다. 그는 자신의 사역을 씨를 뿌리는 것으로, 아볼로의 사역을 돌봄의 사역으로 이해했다. 아울러 자신과 아볼로의 사역이 구별되면서도 서로 연결되어 있음을 인식하고 있었다. "심는 이와 물 주는 이는 한가지이나"를 NIV 성경은 "심는 이와 물 주는 이는 한 가지 목적을 갖고 있다"라고 표현했다. 동역자들과 동일한 목적을 위하여 함께 사역하고 있음을 인식하면서 자신의 사역 범위와 한계를 겸손히 인정할 때 탈진을 예방할 수 있다.

둘째, "오직 자라게 하시는 이는 하나님뿐이니라"는 바울의 고백에서 사역의 열매나 결과가 하나님께 속한 것임을 전적으로 인정할 때 탈진을 극복할 수 있다는 원리를 발견할 수 있다. 목회자들의 탈진은 자신의 노력에 비해서 결과가 별로 없을 때 쉽게 일어난다. 비록 씨를 뿌리고 물을 주는 노력을 한다 해도 교회가 성장하고 부흥하는 것은 전적으로 하나님께서 하시는 일이라는 사실을 겸손히 인정할 때 결과에 우쭐하거나 좌절하는 반응을 하지 않을 수 있다. 결과에 목숨을 걸 때 목회자는 자칫 우월감이나 교만, 자괴감이나 탈진에 빠지기 쉽다. '오직 자라게 하시는 분은 하나님 뿐'임을 기억할 때 당장 긍정적인 피드백이나 결과가 없을지라도 인내하며 소망을 갖고 씨를 뿌릴 수 있다.

셋째, 하나님이 바울의 입술을 통하여 목회자들에게 "각각 자기가 일한 대로 자기의 상을 받으리라"고 격려하고 계신다는 사실을 기억할 때, 탈진을 예방하며 극복할 수 있다. '은밀한' 중에 계신 주님께서 '은밀한' 가운데 목회자들의 수고와 노력을 보고 계시며, 은밀한 중에 행한 사역과 선한 일에 대하여 보상을 하실 것이라는 말씀은 목회자들에게 큰 위로와 격려가 될 수 있다(마 6:4, 6). 물론 보상을 받는 것이 목회의 일차적인 목적은 아니다. 그러나 목회자들의 수고에 대하여 설령 교인들이 알아주지 않고 긍정적으로 피드백해 주지 않는다고 할지라도 주님은 알아주시고 인정해 주신다는 사실은 큰 위로가 된다. 목회자가 교인들로부터 인정과 사랑을 받는 것은 감사한 일이다. 그러나 하나님으로부터 시들지 않는 면류관을 받아쓰는 것이 가장 영광스러운 일이다. 바울은 "너희도 상을 받도록 이와 같이 달음질하라"(고전 9:24)면서 상 받는 것에 대해서 적극적으로 표현했다. 주의할 것은 상을 받도록 달음질하는 과정에서 절제의 미덕을 사용하는 것이다.

> 이기기를 다투는 자마다 모든 일에 절제하나니 그들은 썩을 승리자의 관을 얻고자 하되 우리는 썩지 아니할 것을 얻고자 하노라 고전 9:25

어떤 의미에서 목회자의 탈진은 절제하지 못할 때 나타나는 결과로 이해할 수 있다. 지나친 열심과 기대감, 과도하게 일에 몰두하는 것, 건강을 잃어버릴 만큼 자신을 돌보지 못하는 것 등은 모두 절제의 은사를 사용하지 못할 때 나타나는 현상이다.

넷째, 목회자의 탈진은 연대의식을 통해서 극복할 수 있다. 주님의 몸 된 교회 지체로서의 의식, 동료로서의 의식, 즉 동역자 의식을 가질 때 탈진을 예방할 수 있으며 극복할 수 있다. 외로운 목회자는 탈진하기 쉽다. 동역자로서 몇몇 동료 목회자들과 연결되어 있는 목회자는 쉽게 무너지지 않는다. 전도서에서도 이 원리를 발견할 수 있다.

> 9 두 사람이 한 사람보다 나음은 그들이 수고함으로 좋은 상을 얻을 것임이라
> 10 혹시 그들이 넘어지면 하나가 그 동무를 붙들어 일으키려니와 홀로 있어
> 넘어지고 붙들어 일으킬 자가 없는 자에게는 화가 있으리라… 12 한 사람이면
> 패하겠거니와 두 사람이면 맞설 수 있나니 세 겹 줄은 쉽게 끊어지지 아니하
> 느니라 전 4:9-12

한 교회 안에서 담임목사와 부교역자들 사이에서도 서로 돌보며 지원하며 격려하는 치료적 환경을 조성해야 할 것이다. 부교역자들 사이에 존재하는 경쟁심은 탈진을 부추기는 중요한 요인이다.

목회 현장은 영적 전투 현장이다. 마귀는 외로운 목회자, 동료가 없이 사역하는 목회자를 과도한 스트레스와 탈진을 틈타서 쉽게 무너뜨린다. 홀로 있어서 넘어졌던 목회자는 다시 회복하기가 어렵다. 마귀는 연대하는 목회자들을 이간하거나 분열시켜서 개별적으로 공략하는 전략을 사용한다. 따라서 마귀와의 싸움에서 승리할 수 있는 방법은 일차적으로 하나님께 밀착된 삶을 살아가는 것이며 이차적으로 동료 목회자들과 네트워킹을 형성하는 것이다. 말씀대로 세 겹 줄은 쉽게 끊어지지

지 않는다. 두 사람이면 맞설 수 있다.

목회자들의 성 비행과 같은 비윤리적 행동 역시 목회자의 삶에서 불가피한 고독 또는 외로움과 연결된다.[4] 대표적인 성경 인물로 삼손을 들 수 있다.[5] 그의 성 비행은 탈진과도 연결된다. 일부 목회자들의 성적 비행 역시 탈진에서 기인한 증상이기도 하다.[6]

탈진을 예방하는 데 도움이 되는 전인격적인 돌봄은 상식적인 것이다. 신체적으로 적절한 수면, 적절한 영양 섭취, 정기적인 운동, 적절한 휴식은 스트레스 대처에 도움을 준다. 또한 정서적으로 자신의 감정을 수용하고 표현하며 나눌 수 있는 부부관계에서 건강한 의사소통을 해야 한다. 영적으로 하나님과의 관계에서 새 힘을 얻고 하나님을 앙망하며 성경 말씀 읽기와 묵상 및 기도 생활을 통해 지속적인 힘을 얻는 것

---

4 이관직, 《목회심리학》, 239. "목회자들이 성적으로 선을 넘는 요인들 중 하나는 바로 리더로서 겪는 고독감을 잘못된 방법으로 해결하려는 것이다."

5 이관직, 《목회심리학》, 240. "블레셋으로부터 이스라엘을 구원하려는 계획의 일환으로 블레셋 여성들에게 접근했던 삼손은 스스로 인식하지 못하는 사이에 그가 갖고 있었던 외로움의 이슈를 성적으로 해결하려 했다. 그는 들릴라의 무릎을 베개 삼아 잠을 청하는 데서 잠시 친밀감을 경험했지만, 그 대신 이스라엘의 리더로서 가지고 있던 영적 권위와 능력을 완전히 빼앗기는 비참한 상태에 빠지고 말았다."

6 이관직, 《목회심리학》, 266. 스트레스가 여러 형태의 중독적인 행동에 영향을 미친다. 필자의 과목을 수강했던 한 신학생은 그의 과제물에서 다음과 같이 고백했다. "이러지도 저러지도 못하는 상황 속에서 이 스트레스를 해소할 분출구를 찾고만 있다. 이 상황을 다 아시는 분은 하나님이시고, 나를 연단하시는 과정이라 생각하며 힘을 내보려 하지만 뜻대로 되지 않는다. … 말씀을 통해 마음을 다잡으려 해도 말씀이 눈에 들어오질 않는다. 사역 현장에서 받는 스트레스와 가정에서 받는 스트레스로 인하여 무기력감이 찾아왔고, 기도하고 말씀을 연구하거나 신앙서적을 읽기보다는 스트레스를 풀 곳을 찾았고 결국 스트레스를 인터넷에서 영화를 내려받아 보는 것으로 풀게 되었다. 부끄럽지만, 영화를 내려받아 보는 중독에 빠지게 되었다. 하루에 수십 편을 내려받았고, 영화에서 빠져나오지 못할 때가 많다. … 영화를 보다가 하루가 다 지나가면 하나님과의 시간을 하나도 갖지 못했다는 죄책감에 빠져들기도 한다."

이 꼭 필요하다.

목회자를 탈진시키는 교회, 개선이 필요하다

교회들은 공동체의 전인격적인 건강 수준을 정기적으로 평가할 필요가 있다. 필요하다면 외부 전문가나 전문 기관의 자문을 통하여 자신들의 교회가 성경적 정신에 입각한 순기능적인 시스템인지 진단해 볼 필요가 있다. 교회 시스템이 병들면 목회자뿐만 아니라 평신도 사역자들도 탈진 증상을 표출하게 되기 때문이다. 진단 과정을 거쳐 치료가 필요한 부분에 대해서 변화를 시도하는 노력을 할 때 그 교회 시스템에 속한 목회자는 불필요한 스트레스에 덜 노출될 수 있으며 탈진하지 않고 사역할 수 있다. 탈진시키는 시스템의 증상 중 하나는 부교역자들의 잦은 이동이다. 부임한 지 1년이 못되어 다른 교회로 옮겨 가는 교역자들이 많은 것은 거의 확실하게 그 교회가 탈진 시스템임을 말해 주는 표식이다.

교회공동체가 할 수 있는 예방책으로는 목회자의 처우 개선에 초점을 맞추는 것이다. 한국 교회는 경제적으로 독립적인 교회가 독립적이지 못한 교회에 비해서 훨씬 적다. 이런 가운데 목회자의 경제적 어려움은 탈진을 부추기는 중요한 요인이다. 담임목사뿐 아니라 부목사, 전도사, 교육전도사의 경제적 어려움은 만성적인 스트레스 요인으로 작용하여 탈진을 유발할 수 있다. 특히 신학 공부를 하는 기혼 교육전도사들의 경우에 박봉은 가정생활의 갈등을 야기하는 주요 요인이 되고 있다.

신학대학원에서 학생들을 가르치다 보면 대부분의 학생들이 과도한 스트레스에 시달리고 있음을 어렵지 않게 본다. 특히 졸업 학년에 있는 많은 학생들이 상당한 수준의 탈진을 경험하고 있으며, 그런 상태에서 졸업 후 사역 현장에 투입된다. 기혼자의 경우는 최저생계비에도 못 미치는 생활비로 매 학기 등록금은 물론 가족을 부양해야 하기 때문에 심성과 지성, 감성, 영성이 형성되어야 하는 중요한 시절을 부정적인 고통과 스트레스, 불안, 분노로 점철된 이중고, 삼중고의 기간으로 만들기도 한다. 너무도 안타까운 현실이다. 물론 신학대학원 시절에 겪는 경제적 어려움이 일종의 고난 경험이 되어 학생들의 인품을 다듬는 기회가 될 수 있음을 부인하는 것은 아니다. 그러나 사역자로서의 삶을 처음 시작하는 시절은 마치 심리적으로 안정감을 누리며 보호와 돌봄의 경험을 필요로 하는 '성장기'와 비슷하다. 그런 점에서 이때 좀 더 긍정적인 정서를 많이 경험해야 한다.

그렇기 때문에 신학생들을 파트타임 전도사로 쓰는 교회들과 담임목사의 인식이 달라지기를 바란다. 현재 많은 교회가 교육전도사들의 사례비를 낮게 평준화하는 것은 물론, 가능하면 적게 주고 많이 채용한다. 그러나 이러한 세상적인 인사 방식이 교회에서 통용된다면 한국 교회의 앞날에 훌륭한 목회자들이 많이 배출되기란 어려울 것이다. 거기다 학교 공부를 정상적으로 감당하기 어려울 정도로 자주 사역 현장에 불러낸다거나 과도한 양의 업무를 맡기면서도 사례비는 겨우 생존할 수 있을 만큼만 주는 한국 교회의 시스템적인 문제 역시 개선되어야 한다. 그렇지 않는 한 대부분의 신학생들이 탈진의 취약성을 갖고 목회 현장에 투입될 것이다. 인재를 키우는 데 초점을 맞추어 일한 시간이나 노력보다는 좀 더 넉넉한 대우를 하는 것은 교육전도사들에게는 힘을 실어주는 것이다. 이러한 분위기는 부교역자들과 담임목사에게까지 전달되어야 한다.

목회자 개인적으로도 탈진 요인들에 대해서 상태를 점검하고 인식하는 노력이 필요하다. 그러기 위해서 정기적인 심리검사나 상담의 도움을 받는 것도 좋다. 현재 한국 교회에서는 목회자나 목회자 가족의 정신건강을 돌볼 수 있는 전문가들이 매우 부족한 실정이다. 목회자들의 정신 건강을 돌볼 수 있는 전문 상담사들이 많이 필요하다. 그러나 용기만 낸다면 언제든 개선의 기회는 있다. 많지는 않더라도 현재 전문적인 기독교 상담사들과 목회 상담사들이 각 지역별로 많이 활동하고 있으며, 상담 센터들도 늘어나고 있다. 상담은 목회자 자신과 가족을 돌아보는 유익한 경험이 될 것이다.

재충전을 위한 쉼을 위해 휴가 기간을 정기적으로 갖는 것은 사치가 아니다. 일주일에 하루는 쉬면서 가족과 시간을 보내는 것은 가족의 건강을 위해서 꼭 필요하다. 현실적으로 안식년을 갖기 어렵다면 개 교회가 안식월 제도를 시행하는 것도 방법이다. 이러한 변화들이 목회자의 장기적인 사역과 교회의 장기적인 건강성과 성장에 긍정적인 영향을 줄 것이다.

chapter 3 •

하나님을 두려워하지 않을 때 매너리즘에 빠진다[1]

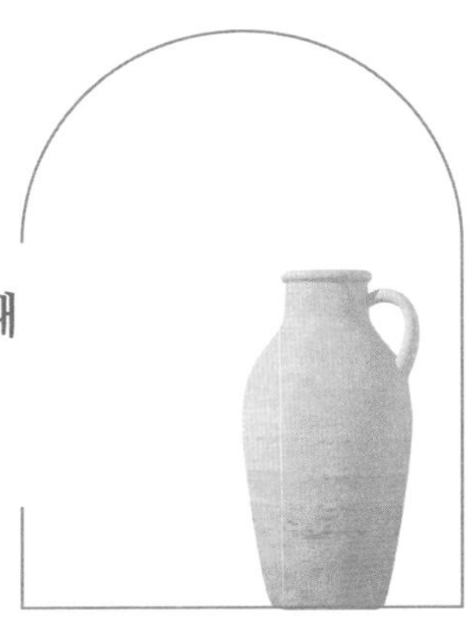

'매너리즘'이라는 단어는 예술 양식에서 '사실적 재현의 전통에 반기를 들고 자신만의 독특한 양식에 따라 예술 작품을 구현한 예술 사조'를 의미할 때 사용했다. 그러나 일반적으로는 '틀에 박힌 일정한 방식이나 태도'라는 부정적인 의미로 사용하고 있다. 케임브리지사전은 이 단어를 "반복적인 표정을 짓거나 손짓을 하거나 목소리를 내는 것으로 보통 그렇게 하고 있는 사실을 인식하지 못하는 어떤 행동"으로 정의한다. 즉 매너리즘은 '창의성과 독창성이 떨어지고 습관화, 일상화, 기계

1 "안정의 역설, 매너리즘을 경계하라", 〈목회와신학〉, 2017년 10월호 참조.

화, 비인간화가 특징인 행동 양식'이라고 정의할 수 있을 것이다. 그렇다면 이 매너리즘이 목회자와 목회에 어떻게 연결될까. 목회자의 삶과 사역에 매너리즘이 왜 생기며, 언제 생기고, 어떤 증상으로 드러나는지, 그리고 매너리즘을 어떻게 극복할 수 있을지 알아보자.

변화를 두려워하고 안정을 추구하지는 않는가

매너리즘이 생기는 이유는 여러 각도에서 설명할 수 있다. 목회와 목회자와 연관시켜서 매너리즘의 원인과 발생하는 시점의 특징을 몇 가지로 살펴보자.

첫째, 매너리즘은 학습 과정을 통해 생긴다. 매너리즘은 일종의 태도, 자세, 행동이라고 볼 수 있다. 특히 행동주의 심리학 관점에서 어떤 행동 및 증상은 학습 과정을 통해서 생기는 경우가 많다. 매너리즘에 빠져도 시스템이 별 문제 없이 돌아간다는 것을 반복적으로 경험하고 확인하면 점차적으로 나태해지는 것이다. 성경에서 살펴보자면 북이스라엘과 남유다에서 사역했던 거짓 선지자들과 제사장들의 특징 중 하나가 매너리즘이었다. 그들은 거짓으로 예언해도 당장에 표시가 나지 않고 하나님의 즉각적인 개입이 없다는 것을 반복적으로 경험하면서 하나님을 두려워하지 않게 되었다. 심지어 바벨론 포로 귀환 후에도 시간이 흐르자 제사장들과 백성이 방자하게 행하기 시작했다. 제사는 드렸지만 형식적이었고 제물도 눈 먼 것, 저는 것으로 드림으로써 하나님의 분노를 촉발했다(말라기 참조).

둘째, 매너리즘은 자기보호를 위해 생긴다. 매너리즘의 특징은 가능하면 에너지를 덜 쓰려고 하는 데 있다. 목회자가 활기 있게 사역할 수 없는 교회 환경이 되면 생존 전략으로써 매너리즘을 의식적 또는 무의식적으로 선택할 수 있다. 소명감과 사명감이 약해지는 목회 환경에서 다른 대안이 없을 경우에 그냥 '버티기' 형식으로 정년까지 목회하는 것을 선택하는 이들도 적지 않다. 양심이 있는 목사는 정년 전이라도 성도들을 생각해서 조기 은퇴하거나 사임하고 다른 사역지로 옮기기라도 하는데, 갈등이 덜한 목사는 성도들의 따가운 눈길에도 불구하고 '모르쇠' 전략으로 정년까지 버틴다. 목사로서 사임 사유가 되는 심각한 문제를 야기하지는 않으면서도 자신의 유익을 위하여 목사직을 유지함으로써 교회 공동체에게 고통을 야기하는 것을 선택하는 이기적인 목회자들이다.

셋째, 매너리즘은 목회자의 삶이나 사역에서 불안이나 두려움에 대한 신경증적인 반응으로 쉬운 길을 선택한 결과이다. 새로운 것을 배우거나 모험하는 것이 즐거운 대신 부담감이 생기면 쉬운 길, 즉 넓은 길로 가고 싶은 욕구가 지배한다. 그렇게 되면 점점 대충 사역하려고 한다. 목회에서 열정이 사라진다. 심한 경우에는 사명의식조차 희미해진다. 안전과 안정을 지향한다. 변화를 요구하는 성도들이나 변화를 시도하는 부교역자들을 오히려 자신의 목회에 걸림돌로 여기며 싫어한다. 부교역자를 뽑을 때 자신의 목회 방침에 순응하는 사람을 뽑는다.

넷째, 목회자 자신이 타성에 젖는 게으름 때문에 매너리즘에 빠질 수 있다. 타성의 '타'(惰)에는 게으르다는 뜻이 있다. 타성이 생기면 자신도 모르게 가랑비에 옷이 젖듯이 게으름이 성격화, 내면화된다. 특히 담임목사는 나태라는 치명적인 죄에 빠질 위험성이 높은 위치에 있다. 스스로 수퍼비전을 하지 않으면 담임목사를 감독해 줄 사람이 거의 없기 때문이다.

다섯째, 매너리즘은 역기능적인 시스템이 원인이 될 수 있다. 특히 부교역자들의 매너리즘을 유발하는 환경적 요인으로 역기능적인 교회 시스템을 지적할 수 있다. 부교역자들의 참신함과 창의성을 격려하는 대신 억압하는 담임목사는 일반적으로 자존감이 낮고 역기능적이다. 예를 들면, 담임목사가 완벽주의 이슈가 강한 강박성 성격장애를 갖게 되면 부교역자들의 권위와 능력을 잘 인정하지 않는다. 위임할 줄 모르고 자신이 다 간섭하고 통제하며 보고받으려고 한다. 지시에 순종하는 부교역자만을 인정한다. 이런 담임목사의 지도를 받는 부교역자들은 매너리즘에 취약할 수밖에 없다. 사역에서 참신함이나 독립성이나 기쁨을 경험하기가 어렵기 때문이다.

폐쇄적이며 업무 변화가 적은 교회 시스템에서는 매너리즘이 생길 위험이 높다. 역기능적인 시스템에서 적응하는 방법 중 하나가 매너리즘이기 때문이다. 부교역자들은 자신이 맡은 역할이 주로 소모품으로서의 기능이라고 여길 때 피로감, 분노, 우울, 탈진에 빠지기 쉽다. 거기에다가 박봉에 시달리면 더 쉽게 탈진한다. 결국 가능하면 에너지를 덜 쓰려고 할 것이다. 적응하기 위해 매너리즘에 빠지든지 아니면 목회지를 옮기려고 할 것이다. '보신주의'라는 단어가 공무원 사회에만 있는 것이 아니다. 목회 현장과 신학 교육 현장에서도 생길 수 있다. 마귀는 매너리즘에 빠진 사역자들이 늘어나는 것을 기뻐한다.

마지막으로, 매너리즘은 목회자의 목회 경력, 그리고 안정적인 환경과 관계가 있다. 매너리즘은 목회 초기에는 잘 생기지 않는다. 개척교회 시절이나 교회에 위기가 있을 때에는 매너리즘에 빠질 여유가 없다. 매너리즘은 목회 중반기를 넘어 경험도 쌓이고 환경이 안정적일 때 빠질 가능성이 높다. 위기가 없고 평온할 때 매너리즘이 찾아온다. 다윗도 밧세바에게 유혹을 받아 치명적인 죄를 지었던 환경은 그가 더 이상 전쟁에 출정하지 않아도 될 만큼 왕국이 안정되었을 때였다.

교회 시스템이 변화와 모험 대신 안정과 안전을 지향할 때 목회자는 매너리즘에 빠지기 쉽다. 담임목사를 청빙할 때 교회의 모든 행정적인 영역은 장로들이 결정권을 행사하고 목사는 설교와 심방만 하는 것을 조건으로 내세우는 일부 교회들이 있다. 이럴 경우 담임목사는 목회에서 활기와 성취감을 잃을 수밖에 없다. 사사기 17장에 등장하는 미가의 이야기를 예로 들 수 있다. 에브라임 산지에 사는 미가는 은으로 신상을 만든 후에 한 젊은 떠돌이 레위인에게 제사장 역할을 해 주면 해마다 은 열과 의복 한 벌과 먹을 것을 주겠다고 제안했다(삿 17:10). 레위인은 그를 위한 제사장이 되기를 기뻐했다. 나중에 단 지파 사람들은 제사장이 된 레위인과 신상을 발견하고 그에게 "네가 한 사람의 집의 제사장이 되는 것과 이스라엘의 한 지파 한 족속의 제사장이 되는 것 중에서 어느 것이 낫겠느냐"고 제안했다(삿 18:19). 그는 주저함 없이 단지파의 제사장으로서 신상을 모시는 데 공모자가 된다. 놀랍게도 그 제사장은 모세의 손자요 게르솜의 아들인 요나단이었다(삿 18:30). 비신앙적인 환경임에도 불구하고 생존과 명예를 위해 환경에 동화되는 목회자들에게 경종을 울리는 성경의 예이다. 오늘날도 목사가 하나님의 종이 아니라 사람의 종이 되어 서로 동반의존적(codependent)인 관계를 맺을 수 있다는 점에서 각성해야 할 것이다.

탈진했다면 매너리즘에 빠졌는지 점검하라

매너리즘도 일종의 과정이기 때문에 처음부터 증상을 인식할 수 없다. 그러나 시간이 흐를수록 분명하게 드러난다.

첫째, 매너리즘은 탈진의 형태로 나타난다. 탈진은 어떤 시점에서 일어나는 사건이 아니라 과정이기 때문에 자각하기 쉽지 않다. 매너리즘은 탈진의 주 증상 중 하나인 비인격화와 연결된다. 그래서 매너리즘에 빠진 목회자는 도움이 필요한 사람을 인격으로 대하기보다는 객체로 대한다. 그리고 감정적 에너지를 거의 쏟지 않는다. 그러다 보면 목회에서 첫사랑을 잃어버리고 열정이 사라지며 긍휼도 사라진다. 게을러야 견디기 때문에 점차 게을러질 수밖에 없다.

따라서 탈진한 목회자는 하나님이 특별한 관심을 보이시는 과부나 고아와 같은 연약한 성도의 삶에 공감하거나 연민을 느끼지 못한다. 긍휼과 자비의 감정을 느끼지 못한 채 직업인으로서 목회를 한다. 이런 목회자의 얼굴에서는 정서적인 표현이 잘 드러나지 않고 웃음이나 눈물을 찾아보기가 어렵다. 상을 당해서 슬퍼하는 성도를 방문하지만 속으로는 무감동, 무감각하다. 말로는 위로하지만 공감의 진정성이 떨어진다. 공감하는 척할 뿐이다. 이런 사역은 자신도 감동하지 못하며 성도들에게도 감동을 줄 수 없다. 도움을 요청하거나 고통 중에 있는 성도들을 기계적으로, 거짓 공감으로 대한다. 감정적으로 지나치게 차분하다.

둘째, 의식화, 구조화, 관습화, 습관화, 전례 의존화 등을 매너리즘의 증상으로 볼 수 있다. 의식은 의미가 있는 행위이다. 그러나 의식만으로 끝나면 원래 의식의 의미는 사라지고 행동만 남는다. 지나치게 매뉴얼을 강조하거나 행정적인 절차를 강조하는 것, 또는 전례나 관례를 강조하는 것은 시스템이 변화에 대처하는 능력이 약하며 유연성이 떨어지는 것을 보여 주는 증상이다.

셋째, 과장된 몸짓이나 표현이 매너리즘의 증상일 수 있다. 별로 친하지도 않은 사람에게 친밀함을 표현하거나 포옹, 악수를 과장되게 하는 것 등의 행동은 매너리즘의 한 형태다. 특히 이런 예는 예배 중에도 발견된다. 설교에 앞서 좌우에 앉아 있는 성도들에게 인사하는 것이다. 형식적이라고 느낄 때가 많다. 교회의 유기성을 경험하기보다 오히려 외로움을 더 확인하는 계기가 된다. 예배가 끝나면 인사를 나눴던 옆 사람이 눈길도 주지 않고 떠날 때가 많기 때문이다. 어떤 목회자는 "당신의 얼굴을 보니 예수님의 얼굴을 보는 것 같습니다" 같은 인사말을 따라하게끔 시키기도 하는데, 이런 행위는 오히려 진정성이 떨어지고 어색하며 오히려 씁쓸함마저 주는 매너리즘의 한 형태다. 그밖에도 설교 중 "믿습니까?", "축원합니다", "할렐루야, 아멘"과 같은 상투적인 표현을 아무런 감격 없이 남용하는 설교자들도 많다. "주여! 삼창"도 자칫 매너리즘이 될 수 있다. 통성기도도 마찬가지다. 통성기도를 해야 열정이 있는 것 같고 신앙심이 깊은 것처럼 보인다면 매너리즘이자 외식이다.

주일예배를 3~4부까지 드리는 중대형 교회들의 경우에 담임목사는 자칫 매너리즘에 빠질 수 있다. 준비된 기도를 예배마다 반복하고, 불렀던 찬송을 다시 부르고, 설교도 했던 내용으로 다시 하다 보면 목사 자신이 예배 현장에서 매너리즘에 빠질 수 있다. 설교의 패턴이 굳어지는 것도 매너리즘과 연결할 수 있다. 설교마다 유머를 사용한다든지, 설교 중에나 마무리할 때 꼭 찬송을 한다든지, 찬송 가사를 매번 목사가 미리 불러주는 것도 매너리즘이 될 수 있다.

넷째, 이중구속(double bind)과 우울, 그리고 그에 수반되는 목회자의 미래 이야기가 빈약하거나 부정적인 증상이 매너리즘과 연결된다. 이중구속은 특히 중년기에 접어든 담임목사에게서 나타난다. 변화와 개혁 대신 현상 유지를 선택함으로써 매너리즘에 빠질 때 현재 목회지를 그만두자니 새로운 목회지로 옮겨가기가 현실적으로 쉽지 않기 때문이다. 이러지도 저러지도 못하는 이중구속 상황에서 목사는 매너리즘에 빠질 수 있다. 이런 목사는 가면성 우울증과 씨름하며 자신의 미래 이야기가 전반적으로 불투명하고 희망적이지 않다. 이런 경우에 일부 목사들은 설교 표절 유혹에 빠질 수 있다. 설교를 준비하면서 에너지를 집중하지 못하고 설교를 그때그때 '땜질' 식으로 하게 될 수 있다. 처음에는 양심이 작동해서 마음에 갈등이 크지만 점차적으로 투사와 합리화의 방어기제를 사용함으로써 불안감과 죄책감이 덜할 수 있다. 매너리즘에 대한 책임을 자신에게서 찾고 씨름하기보다는 변화하지 않는 성도들이나 역기능적인 교회 시스템 탓으로 돌리는 것이다. 다른 사람의 설교라도 성도들이 은혜를 받는다면 그 편이 낫다고 합리화하는 것이다.

다섯째, 목회사역 외에 다른 일에 관심을 갖는 것이 목사의 매너리즘 증상일 수 있다. 개인적인 신앙생활과 내면생활(가정생활 포함)에서 게으름을 피워도 당장에 표시가 나지 않는 안정적인 교회 시스템에서 목회하는 담임목사의 경우에 눈길이 외부로 향할 위험성이 있다. 주요한 목회 사역을 부교역자들에게 맡기고 자신은 주일예배 설교만 겨우 하고 교단 정치에만 신경 쓰는 목사들이 종종 있다. 교단 정치에 참여하는 것 자체가 나쁜 것은 아니다. 그러나 자신이 맡은 교회 사역보다 교단 정치에 더 신경을 쓰며 시간을 할애한다면 그것은 목사의 외도라는 사실을 자각해야 한다.

마지막으로, 자신의 목회 철학을 포기하고 타인의 성공 사례에 집착하거나 의존하는 것으로 매너리즘이 표출될 수 있다. 자신에게 주신 달란트를 소홀히 하고 소위 성공했다는 목회 방법론을 배우려고 이 방법 저 방법을 시도하는 것이다. 결과적으로 성도들만 실험과 시행착오의 대상이 된다.

의미 없는 관행에 변화를 시도하라

매너리즘을 극복하고 대처하는 방법에는 여러 가지가 있다. 몇 가지만 소개하고자 한다.

첫째, 목회 사역을 하면서 매너리즘이 생길 수 있다는 사실과 더 나아가 자신에게 있는 매너리즘의 요소들을 자각하고 인정하는 것이다. 이것은 마치 여러 중독과 씨름하는 사람이 변화하고 치유되려면 스스로 중독자임을 인정하는 것이 첫 번째 단계인 것과 같다. 자각하고 인정하는 과정에서 배우자가 객관적인 피드백을 해 주는 것이 도움이 된다.

둘째, 목사 자신의 자기중심성, 이기심, 탐욕을 극복하는 것이다. 매너리즘에 빠진 채 계속 목회한다면 그것은 목양지의 양들을 죽이는 행위이다. 자기만 먹는 목자는 하나님이 기뻐하시지 않는다. 양들이 상처를 입고 흩어진다면 목양을 중단하거나 목자 자신이 떠나는 것이 양들을 위한 길일 것이다. 은퇴할 때까지 생기 없이 목회한다면 성도들에게 짐만 된다. 성령을 근심하게 하는 것이다. 양들을 제대로 목양하기 위해서는 보신주의나 현상유지주의를 포기해야 한다. 변화와 모험을 두려워하지 않아야 한다.

셋째, 매너리즘을 자각하고 하나님 앞에서 회개하는 것이다. 매너리즘의 특징 중 하나는 무의식적이라는 것이다. 어떤 행동을 하면서도 그 의미를 별로 생각하지 않고 무의식적으로 할 수 있다는 점에서 문제가 있다. 의식하지 않으면 고민하거나 갈등하지 않는다. 무의식화된 죄에 대해서는 회개할 필요성을 느끼지 못하기 때문이다. 죄를 자각할 때 진지하게 성찰하고 변화와 개혁을 시도할 수 있다.

넷째, 교회 공동체의 필요와 수준에 맞게 예배 순서에 창의적인 변화를 시도하는 것이다. 매주 예배 순서를 바꾸어서 진행하는 것은 상당한 수준의 준비와 리허설이 없이는 유익하지 못하다. 그러나 예배 순서가 너무 고정되어 있어 거의 자동적, 습관적으로 진행하고 있다면 담임목사는 예배가 매너리즘에 빠질 수 있다는 것에 경각심을 가져야 한다. 이럴 때는 기본적인 틀은 유지하되 약간의 변화를 시도함으로써 예배에 생동력과 적절한 긴장감을 심어 줄 필요가 있다. 매주 성찬식을 하는 교회들이 일부 있는데, 반복적인 의식으로 진행하다 보면 성찬의 의미를 충분히 경험하지 못한 채 형식으로 전락할 수 있다. 예배가 매너리즘에 빠지면 강박적인 종교행위로 끝나게 될 것이다.

다섯째, 목사 스스로 동기와 내면을 살피고 사역 과정을 반추하고 성찰하는 습관을 키우는 것이다. 매너리즘의 특징은 생각을 별로 하지 않고 행동하는 것이다. 적절한 수준에서 비판적으로 사고하고 성찰하는 습관을 갖는 것이 중요하다. 성찰 없이 행동만 계속하면 매너리즘에 빠질 위험이 높아지기 때문이다. 이 성찰 과정에서 배우자가 객관적으로 피드백하는 것이 도움이 된다. 목회자가 매너리즘에 빠질 때 쓴 소리를 해줄 수 있는 배우자의 도움이 매우 필요하다. 연예인들은 자기가 출연한 방송을 여러 번 시청하면서 자신의 매너리즘을 극복하려고 노력한다. 목회자도 설교자로서 자신의 설교를 다시 듣거나 보면서 성찰하고 평가하는 노력을 할 때 매너리즘을 극복할 수 있다.

개혁신학의 전통은 매너리즘을 극복하며 탈피하는 것이다. "개혁된 교회는 계속 개혁되어야 한다"는 모토는 매너리즘을 극복하는 귀한 마음가짐이다. 예를 들면, 한국 교회는 전통적으로 성찬식을 할 때 흰색 보를 사용해 성찬기를 덮어 왔는데, 그 보를 왜 사용하는지 성찰하지는 못했다. 오히려 떡과 포도주가 담긴 그릇이 성찬 현장에서 시각적으로 부각되어야 한다. 그러나 성찬식이 진행될 때까지 성찬기를 보로 덮어 두었다가 성찬식을 시작하면 걷어 내고 끝나면 다시 보로 덮는 것이 관행이다. 개인적인 생각이지만 흰 보는 시신을 덮는 천을 연상케 한다. 사실 성찬식에서 처음 보를 사용한 의도는 가톨릭 교회에서 화체설에 근거하여 떡과 포도주가 예수님의 살과 피라고 여겼기 때문에 미사 중에 파리와 같은 곤충이 덤벼들지 못하도록 덮어 두었다고 한다. 시간이 흐르면서 원래의 필요가 없어졌음에도 형식만 남아 그 행동을 반복하고 있는 것이다. 성찬의 상징성이 잘 드러나도록 보를 덮지 않는 것이 예배학적으로 더 적합하다고 생각한다.

여섯째, 쉼과 재충전의 시간을 갖는 것이다. 탈진이 매너리즘의 상태를 알려주는 주요 증상이라는 점에서 조금이라도 빨리 자신의 한계를 인정하고 쉼과 재충전의 기회를 갖는 용기와 모험이 필요하다. 이때 성도들에게 협조를 구할 필요가 있다. 자신의 상태를 잘 진단한 후 솔직히 인정하고 쉼의 기회를 갖겠다고 할 때 성도들은 관심을 갖고 기도하며 후원할 것이다.

매너리즘에 빠진 설교를 듣는 것은 성도들에게 고통이다. 열정이 사라진 구태의연한 설교, 설교자의 탈진된 내면과 불일치하는 설교, 남의 설교를 표절한 설교를 듣게 하는 것은 성도들의 신앙마저 매너리즘에 물들어 실족케 하는 행위이다. 하나님은 이사야 선지자를 통해 "헛된 제물을 다시 가져오지 말라"고 매너리즘에 빠진 제사에 대한 혐오감을 표현하셨다(사 1:13). 탈진한 목사가 매너리즘에 빠진 설교를 반복할 때 하나님이 안타까워하신다는 사실을 먼저 인식해야 할 것이다.

일곱째, 목회자의 매너리즘은 개인의 문제가 아니라 공동체 전체의 문제임을 자각하고 변화하고 회개하는 것이다. 매너리즘은 하나님 앞에서 목사의 '자기패배적' 행동이다. 아울러 교회 공동체의 생명력을 약화시키는 태도이자 행동이다. 마귀의 전략 중 하나는 목회자를 나태와 잠에 빠지게 하는 것이다. 학습된 무력감에 빠지게 하는 것이다. 영적 전투에서 장교가 매너리즘에 빠져 있으면 사병들은 사기를 잃고 패배할 수밖에 없다.

마지막으로, 시스템의 변화를 시도하는 것이다. 교회 공동체가 역기능적이어서 성경적인 변화와 개혁을 원하지 않을 경우 목사는 설교와 교육을 통해 서서히 의식화해야 한다. 역기능 시스템 안에서도 변화를 원하며 갈급해하는 성도들이 분명히 있다. 대부분이 변화를 원하지 않는다고 목사가 선지자적인 목소리를 내지 않는다면 그는 역기능적인 공동체의 공모자이다. 핍박은 외부로부터만 오지 않는다. 교회 내부에서 목사에게 핍박이 올 때가 있다. 복음을 위하여 교인들로부터 핍박받는다면 영광스러운 일이다.

관례와 관습, 전통이 강한 교회일수록 개혁하기가 어려운 것이 사실이다. 이스라엘 역사에서 산당은 계속 존재했다. 유다의 마지막 왕 요시야 때 일시적으로 산당이 파괴된 경우를 제외하고는 여러 개혁운동에도 불구하고 산당을 포기하지 않았다는 것은 시사하는 바가 크다. 병적인 매너리즘의 고집성을 잘 인식하고 점점 매너리즘으로부터 자유로워지는 목회자들이 한국 교회에 많아지기를 기대한다.

chapter 4 •

바울은 자기 주제를 아는 목회자였다[1]

"너 자신을 알라"는 소크라테스의 말은 모든 인간에게 보편적으로 적용되는 금언이다. 목회자도 이 가르침으로부터 예외가 아닐 것이다. 이 말에는 많은 의미가 내포되어 있다. 자기의 분수를 알라는 의미도 있을 것이고, 자신에 관하여 정확히 인식하라는 뜻도 있을 것이다. 예수님께서도 자신의 눈 속에 있는 들보는 깨닫지 못하고 형제의 눈 속에 있는 티를 빼려는 자들의 어리석음을 지적하심으로써 자기인식의 중요성을 강조하신 바 있다(마 7:3).

1 "목회자의 자의식: 사도 바울을 중심으로", 〈목회와신학〉, 2020년 1월호 참조.

목회자는 성도들을 가르치는 입장에 설 때가 많다. 그러나 하나님 앞에서 자신을 보지 못한 채 성도들을 가르치고 설교한다면 성숙한 목회자로서의 삶을 산다고 말할 수 없다. 이사야는 성전에서 하나님을 뵙고 자신이 입술이 부정한 백성 중에 거했기에 입술이 부정한 자라는 사실을 자각하고 회개했다(사 6:5). 모세나 기드온, 엘리야와 같은 신앙 인물들도 하나님의 부르심 앞에서 자신의 연약함과 초라함을 잘 직면하고 고백했다.

> 모세가 하나님께 아뢰되 내가 누구이기에 바로에게 가며 이스라엘 자손을 애굽에서 인도하여 내리이까 출 3:11
>
> 그러나 기드온이 그에게 대답하되… 보소서 나의 집은 므낫세 중에 극히 약하고 나는 내 아버지 집에서 가장 작은 자니이다 하니 삿 6:15
>
> … 여호와여 넉넉하오니 지금 내 생명을 거두시옵소서 나는 내 조상들보다 낫지 못하니이다 하고 왕상 19:4

이처럼 하나님의 부름을 받아 쓰임받은 자들은 자신의 연약함을 잘 인식하고 있었다.

자의식 또는 자기의식(self-awareness/self-knowledge)이란 목회자에게 무엇을 의미할까? 자의식이란 자신의 정체성을 바로 자각하고 의식화하며 인식하는 것이다. 정체성은 소속과 연결되기 때문에 자의식이란 자신이 누구에게 주로 속했는지 정확히 아는 것을 포함한다. 뿌리의식도 한 부분이 될 것이다. 목회자에게 있어서 뿌리의식은 교단적인 뿌리, 신앙유산의 뿌리, 신학적 정체성의 뿌리, 가계의 뿌리 등을 자각하는 것이다.

목회자는 수평적인 소속뿐 아니라 수직적으로 예수 그리스도에게 속한 자라는 의식을 분명히 해야 한다. 목회자는 누가 뭐라고 해도 그리스도에게 속한 종이라는 사실과 목자장이신 그분에게 소속된 목자라는 자의식을 분명히 유지해야 한다. 이 자의식이 정립되어 있을 때 자신에게 부여된 목회자로서의 기능과 역할을 제대로 수행할 수 있다.

죄인 중에 괴수였던 과거를 기억하는가

바울이 목회자의 좋은 본이 되는 성경 인물이라는 의견에 이의를 제기하는 사람은 아무도 없을 것이다. 그가 가졌던 목회자로서의 자의식에는 자신이 예수 그리스도로부터 부름 받은 자라는 소명의식과 하나님 나라를 활동 무대로 하는 사역자라는 사명의식이 다 포함되어 있다. 바울 서신에 드러난 그의 목회자로서의 자의식을 살펴봄으로써 오늘 한국 교회에서 사역하는 목회자들의 자의식에 성경적인 근거와 의미를 제시하고자 한다.

첫째, 바울은 과거에 자신이 어떤 사람이었는지에 대해 잘 인식하고 있는 목회자였다. 현재의 자기는 과거의 자기와 연결되면서도 구별된다. 과거의 자기와 연결이 되지 않은 현재의 자기란 기초가 없는 집과 마찬가지이다. 바울은 자신이 "전에는 비방자요 박해자요 폭행자"였음을 항상 인식하고 있었다(딤전 1:13). 그는 "나는 사도 중에 가장 작은 자라 나는 하나님의 교회를 박해하였으므로 사도라 칭함 받기를 감당하지 못할 자니라"(고전 15:9)라고 하면서 이 사실을 구체적으로 표현했다. 그는 스스로를 죄인 중에 괴수라고 표현할 만큼 교회를 핍박하는 삶을 살았다(딤전 1:15). 그러나 그는 "내가 나 된 것은 하나님의 은혜로 된 것"이라고 고백할 만큼 끝까지 변화된 삶을 살았던 사도였다(고전 15:10). 그는 "죄가 더한 곳에 은혜가 더욱 넘쳤나니"라는 말씀의 의미를 자신의 과거 삶을 통해 체득한 목회자였다(롬 5:20).

바울은 자신에게 세상적으로 나름대로 자랑할 만한 것이 있었음을 잘 알고 있었다. 그러나 그것을 더 이상 자랑거리로 여기지 않았다. 다만, 이방인들을 무시하는 자들을 부끄럽게 하기 위하여 부득불 자기가 과거 자랑거리라 여겼던 것들을 이야기한 것이다.

> 4 그러나 나도 육체를 신뢰할 만하며 만일 누구든지 다른 이가 육체를 신뢰할 것이 있는 줄로 생각하면 나는 더욱 그러하리니 5 나는 팔 일 만에 할례를 받고 이스라엘 족속이요 베냐민 지파요 히브리인 중의 히브리인이요 율법으로는 바리새인이요 6 열심으로는 교회를 박해하고 율법의 의로는 흠이 없는 자라 빌 3:4-6

그는 "무익하나마 내가 부득불 자랑하노니 주의 환상과 계시를 말하리라"(고후 12:1)고 하면서 자신이 경험했던 과거 특별한 체험을 자랑했다. 그리고 덧붙여서 "내가 이런 사람을 위하여 자랑하겠으나 나를 위하여는 약한 것들 외에 자랑하지 아니하리라"(고후 12:5)고 하며 자신이 자랑하는 이유와 의미를 설명했다. 그는 자신이 과거에 의지하고 자랑했던 모든 것을 다 해로 여기며 배설물로 여긴다고도 표현할 정도로 과거 세상적인 자랑이 그리스도 안에서는 아무런 자랑거리가 아님을 잘 인식했던 목회자였다.

> 7 그러나 무엇이든지 내게 유익하던 것을 내가 그리스도를 위하여 다 해로 여
> 길뿐더러 8 또한 모든 것을 해로 여김은 내 주 그리스도 예수를 아는 지식이
> 가장 고상하기 때문이라 내가 그를 위하여 모든 것을 잃어버리고 배설물로 여
> 김은 그리스도를 얻고 9 그 안에서 발견되려 함이니… 빌 3:7-9

바울은 자신의 과거를 약점은 약점대로, 장점은 장점대로 잘 인식하고 있었다. 약점을 통해 하나님의 은혜와 긍휼을 더 사모했으며 강점을 통해서 강하다고 자랑하는 자들을 부끄럽게 하며 그리스도만 높이는 겸손한 목회자였다.

바울의 과거 인식은 한국 교회 목회자들이 어떤 자의식을 갖추어야 할 것인지 도전한다. 자신의 업적과 학벌, 학위, 성도의 회집수를 자랑하는 목회자들은 "약한 그 때에 강함이라"고 고백한 바울로부터 배워야 할 것이다(고후 12:10). 아울러 사람들로부터 주목과 인정받는 것을 좋아하던 바리새인들과 서기관들을 향하여 그들은 이미 자기 상을 받았다고 말씀하신 예수님의 말씀을 새겨들어야 할 것이다(마 6장). 주님은 "나는 부자라 부요하여 부족한 것이 없다"고 스스로 속는 라오디게아 교회의 사자와 성도들에게 "네 곤고한 것과 가련한 것과 가난한 것과 눈 먼

것과 벌거벗은 것을 알지 못하는도다"라고 말씀하면서 직면케 하셨다(계 3:17).

목회자는 그리스도의 종일 뿐이다

둘째, 바울은 예수 그리스도의 종이라는 의식으로 철저하게 무장된 목회자였다.

> 그런즉 아볼로는 무엇이며 바울은 무엇이냐 그들은 주께서 각각 주신 대로(assigned) 너희로 하여금 믿게 한 사역자들(only servants)이니라 고전 3:5

고린도교회가 바울과 아볼로와 베드로를 이상화해서 파벌 다툼을 하자 바울은 그것을 지적하면서 자신은 단지 그리스도의 '종'일 뿐임을 확인시켰다. 당시 문화에서 종(둘로스)은 '노예'를 의미하는 단어였다. 그는 그리스도를 섬기는 종으로서의 위치를 잘 자각함으로써 교만의 가능성을 경계하고 평생 겸손의 옷을 입고자 부단히 노력했다. 그는 자신도 죄성을 가진 자로서 내면에 교만과 자고할 수 있는 가능성이 있었음을 인식하고 있었다.

> 여러 계시를 받은 것이 지극히 크므로 너무 자만하지 않게 하시려고 내 육체에 가시 곧 사탄의 사자를 주셨으니 이는 나를 쳐서 너무 자만하지 않게 하려 하심이라 고후 12:7

'그리스도의 종'이라는 바울의 자의식은 한국 교회 목회자들에게 시사하는 바가 크다. 주님이 부여해 주신 권위를 잘 사용하여 성도들을 세워 주며 그들을 격려하고 힘을 실어 주는 목회자들은 섬김의 리더십을 잘 행사한다고 볼 수 있다. 그러나 안타깝게도 적지 않은 목회자가 자신의 직책을 내세우거나 법적인 당회장 권을 오용하거나 과용하며 가부장적인 힘을 행사한다. 이 때문에 많은 교회가 어려움을 겪고 있다. 바울이 가졌던 그리스도의 종으로서의 자의식을 한국 교회 목회자들이 견지해야 할 필요가 있다. 그럴 때 교회와 목회자들을 향하여 온갖 비판과 독설을 쏟아붓는 세상이 한국 교회를 새로운 눈으로 보게 될 것이다.

예수 그리스도가 임명장을 주셨다

셋째, 바울은 다른 사도들과 구별된 방식으로 예수 그리스도의 부르심을 받았다는, 사실에 근거한 사도의식을 분명히 갖고 있었다.

> 내가 자유인이 아니냐 사도가 아니냐 예수 우리 주를 보지 못하였느냐 주 안에서 행한 나의 일이 너희가 아니냐 고전 9:1

특히 그는 이방인들을 위한 사도로서 구별된 부르심을 받았다는 소명의식을 분명하게 갖고 있었다. 그리고 복음의 사신(messenger)으로서 '직분을 맡았다'는 의식을 견지하며 사역을 감당했다(딤전 1:12). '직분을 맡았다'는 의미의 구절을 NIV 성경에서는 'was appointed'로 번역했다. 이 번역은 그가 예수 그리스도로부터 사도의 직분, 전도자의 직분, 목회자의 직분을 직접 임명받았다는 의식을 갖고 사역했음을 잘 표현한다. 실로 그는 자신에게 임명장을 주신 예수 그리스도를 위하여 목숨을 바쳐 헌신했던 목회자였다.

더 나아가 바울은 자신에게 주어진 직분을 영광스럽게 여겼다.

> **내가 이방인인 너희에게 말하노라 내가 이방인의 사도인 만큼 내 직분을 영광스럽게 여기노니 롬 11:13**

모든 성도는 세상에서 다 "왕 같은 제사장"으로서의 직분을 가진 자라는 자기 인식을 가져야 한다(벧전 2:9). 그중에서도 사역을 하도록 구별된 목회자들은 자신이 맡은 직분을 영광스럽게 생각해야 할 것이다. 그 사실을 늘 자각할 때 목회자로서의 품위와 격을 떨어뜨리는 행동을 지양할 수 있기 때문이다.

한국 교회에서 일부 목회자들이 바람직하지 못한 언어를 쓰거나 비상식적, 비도덕적인 행동을 함으로써 그리스도의 직분 맡은 자로서의 품격을 떨어뜨리고 있다. 그 결과 영광스러운 목사의 직분이 세상 사람들로부터 멸시를 받고 있다. 이런 현실 속에서 목회자들은 자신의 직분을 영광스럽게 여기며 두렵고 떨림으로 이 직분을 감당해야 할 것이다.

목회자는 사역의 주인이 아니라 하나님의 동역자이다

넷째, 바울은 다른 사역자들과 함께 네트워킹하며 사역하는 동역자이자 수직적으로는 하나님의 동역자임을 인식한 목회자였다.

> 나는 심었고 아볼로는 물을 주었으되 오직 하나님께서 자라나게 하셨나니 고전 3:6
>
> 우리는 하나님의 동역자들이요… 고전 3:9

바울은 유아독존 식으로 목회하지 않았다. 하나님 나라에서 함께 부름 받은 다른 동역자들의 은사를 존중했다. 그리고 유기적인 교회의 한 지체(a part)로서의 자신의 몫과 책임을 잘 인식하고 있었다.

> 29 다 사도이겠느냐 다 선지자이겠느냐 다 교사이겠느냐 다 능력을 행하는 자이겠느냐 30 다 병 고치는 은사를 가진 자이겠느냐 다 방언을 말하는 자이겠느냐 다 통역하는 자이겠느냐 고전 12:29-30

그가 다른 사역자들과의 유기적인 관계의 중요성에 대해 잘 인식하고 있었음을 다음의 말씀에서도 추론할 수 있다.

> 만일 한 지체가 고통을 받으면 모든 지체가 함께 고통을 받고 한 지체가 영광을 얻으면 모든 지체가 함께 즐거워하느니라 고전 12:26

그는 선교 사역에서 바나바와 동역 관계를 맺었고 나중에는 실라와 동역하기도 했다. 브리스길라와 아굴라와의 동역 관계는 친족 관계 이상의 것이었음을 다음의 말씀이 잘 증거한다.

3 너희는 그리스도 예수 안에서 나의 동역자들인 브리스가와 아굴라에게 문안
하라 4 그들은 내 목숨을 위하여 자기들의 목까지도 내놓았나니… 롬 16:3-4

바울의 이와 같은 동역자 의식은 한국 교회 목회자들과 교단에 시사하는 의미가 크다. 개인주의적인 사고와 성격을 가진 교인과 목회자, 교회가 늘어나는 한국 교회 현실 속에서 하나님이 원하시는 목회자의 관계는 서로 경쟁하는 구도가 아니라 함께 짐을 나누어 지며 동역하는 관계라는 사실을 명심해야 한다. 대형 교회는 소형 교회의 짐을 나누어지며 소형 교회는 대형 교회의 필요성을 무시하지 않는 유기적인 관계를 맺어 나가야 할 것이다. 또한 서로 다른 교단의 교회들끼리도 유기적으로 소통하고 교류하며, 사회와 국가의 문제들에 대해서도 서로 네트워킹을 함으로써 하나님 나라의 속성을 구현해야 할 것이다.

한 사람이면 패하겠거니와 두 사람이면 맞설 수 있나니 세 겹 줄은 쉽게 끊어지지 아니하느니라 전 4:12

아울러 바울은 하나님과의 수직적인 관계에서 자신이 하나님의 뜻이 이루어지도록 쓰임을 받는 동역자(co-worker)임을 잘 인식했던 목회자였다. 그러나 하나님의 동역자라고 말한 것이 하나님과 같은 수준에서 사

역하는 자라는 의미는 아니다. 그는 자신은 심었을 뿐 오직 자라나게 하시는 분은 하나님이라고 고백함으로써 이 부분을 분명히 했다(고전 3:6).

> 그런즉 심는 이나 물 주는 이는 아무것도 아니로되(nothing) 오직 자라나게 하시는 이는 하나님뿐이니라 고전 3:7

더 나아가 그는 하나님의 동역자로서 마침내 자신에게 주어질 상(reward)이 있을 것을 소망하며 고난을 극복했던 목회자였다.

> 이제 후로는 나를 위하여 의의 면류관이 예비되었으므로 주 곧 의로우신 재판장이 그 날에 내게 주실 것이며 내게만 아니라 주의 나타나심을 사모하는 모든 자에게도니라 딤후 4:8

한국 교회의 적지 않은 목회자들이 탈진의 과정에 있다. 여러 이유가 있겠지만 '열매'가 별로 없는 것이 주된 이유일 것이다. 심고 물을 준 것에 비해 가시적인 열매가 눈에 별로 보이지 않기 때문에 좌절하며 탈진하는 것이다. 특히 이런 상황은 미자립교회 목회자들에게서 많이 나타난다. 이런 현실 속에서도 하나님과 동역자 의식을 갖는 목회자들은 "나는 심었고 아볼로는 물을 주었으되 오직 하나님께서 자라나게" 하신다는 사실을 재인식해야 할 것이다. 심고 물 주는 것은 목회자가 해야 할 몫이다. 그러나 자라게 하시는 분은 오직 하나님이시다. 열매와 결과에 따라 자신의 사역을 평가해서 좌절하거나 절망해서는 안 된다. 씨를 뿌려야 하는 사명을 띠고 있다면 씨를 뿌리는 것으로 감사하고 자족해야 할 것이다. 그럴 때 "잘하였도다 착하고 충성된 종아 네가 적은 일에 충성하였으매"라는 주님의 칭찬과 인정을 받게 될 것이다(마 25:21). 사역의 열매는 '하나님의' 것이며 은총이다. 사역의 결과물로 자신이나 다른 목회자들을 평가하지 않아야 할 것이다. 목회자에게 요구되는 중요한 자질은 신실성이다.

목회자도 한 명의 죄인일 뿐이다

다섯째, 바울은 자기의 연약함과 부족을 잘 인식하며 그 사실을 고백할 수 있는 용기 있는 목회자였다. 그는 자신도 한 연약한 인간이며 죄성을 가진 존재임을 잘 인식하며 끝까지 선한 싸움을 싸웠다.

> 18 내 속 곧 내 육신에 선한 것이 거하지 아니하는 줄을 아노니 원함은 내게 있으나 선을 행하는 것은 없노라 19 내가 원하는 바 선은 행하지 아니하고 도리어 원하지 아니하는 바 악을 행하는도다 롬 7:18-19
>
> 오호라 나는 곤고한 사람이로다 이 사망의 몸에서 누가 나를 건져내랴 롬 7:24
>
> 내가 내 몸을 쳐 복종하게 함은… 고전 9:27

바울은 자신도 자칫하면 마귀의 공격을 받아 실족하고 넘어질 수 있는 자임을 잘 인식하고 성도들에게 다음과 같이 권면했다.

그런즉 선 줄로 생각하는 자는 넘어질까 조심하라 고전 10:12

목회자를 이상화하는 경향이 강한 한국 교회 현실에서 많은 목회자가 자신의 연약성을 드러내는 것을 두려워한다. 영적 전쟁에서 승리하기 위하여 복음의 전신갑주를 입는 대신 자신의 내적인 갈등과 불안, 수치심과 죄책감을 억압하고 부인하며 차단시키기 위해 방어기제라는 갑옷을 입는 이들이 적지 않다. 그래서 스스로 외로움의 자리에 처할 때가 많다. 물론 미성숙한 교인들이 목회자도 한 인간임을 인정하거나 수용, 공감하지 못할 수 있다. 그렇더라도 목회자들은 자신의 연약성을 자신이 맡고 있는 교회의 수준에 맞게 조금씩 개방하며 모델링함으로써 성도들과의 거리감을 좁혀야 한다. 목회자의 적절한 자기 개방은 약한 성도들에게 힘과 용기를 줄 수 있다.

청중 중심의 설교는 강단을 변질시킨다

끝으로 바울은 무엇보다 하나님을 기쁘시게 하려는 동기로 사역한 목회자였다. 특히 사람을 기쁘게 하기 위하여 아첨하는 말을 하지 않았음을 자신 있게 고백했다.

4 오직 하나님께 옳게 여기심을 입어 복음을 위탁 받았으니 우리가 이와 같이
말함은 사람을 기쁘게 하려 함이 아니요 오직 우리 마음을 감찰하시는 하나님
을 기쁘시게 하려 함이라 5 너희도 알거니와 우리가 아무 때에도 아첨하는 말

이나 탐심의 탈을 쓰지 아니한 것을 하나님이 증언하시느니라 살전 2:4-5

바울은 두 주인을 섬길 수 없다고 말씀하신 예수님의 말씀대로 하나님을 기쁘시게 하고 사람들도 기쁘게 하려는 양가적 동기로 목회하지 하지 않았다. 오히려 그는 말세에 고통하는 때가 이르면 나타날 사람들의 모습을 구체적으로 묘사한 후에(딤후 3:1-5), "때가 이르리니 사람이 바른 교훈을 받지 아니하며 귀가 가려워서 자기의 사욕을 따를 스승을 많이 두고 또 그 귀를 진리에서 돌이켜 허탄한 이야기를 따르리라"(딤후 4:3-4)고 하며 사람들을 기쁘게 하려는 동기에서 가르치거나 목회하는 이들이 생길 것을 경고했다.

마케팅 전략으로 교회를 부흥시키려는 목회자들은 '사용자 중심적인'(user-friendly) 설교를 하거나 사역을 할 위험성이 높다. 불신자들이 교회에 접근하기 쉽도록 하기 위하여 예배당의 문턱을 낮추는 접근은 필요하다. 그러나 지나치게 청중 중심의 설교를 하거나 텍스트보다는 콘텍스트에 지나치게 초점을 맞추어 설교하는 목회자들은 자신의 사역을 재점검하여야 할 것이다. 설교를 하는 강단을 현대인들의 사욕을 채워주는 수준으로 전락시킨다면 그 목회자의 목회는 '먹회'가 될 가능성이 매우 높다. 듣기 좋은 설교, 가려운 귀를 긁어 주는 설교를 주로 하는 설교자라면 자신도 모르는 사이에 진리에서 벗어나고 있음을 자각하고 회개해야 할 것이다. 이사야서에서 하나님은 타락한 유다의 상태를 두고 "네 은은 찌꺼기가 되었고 네 포도주에는 물이 섞였도다"(사 1:22)라고 진단하며 말씀하셨다. 변질은 하루아침에 일어나는 것이 아니다. 목회자들은 이사야 말씀을 기억하며 끊임없이 자각하고 진단하는 노력을 해야 할 것이다.

변질은 하루아침에 일어나지 않는다

지금까지 우리는 바울이 보여 준 목회자로서의 자의식을 여섯 가지 영역으로 나누어 살펴봤다. 그의 자의식은 오늘 한국 교회에서 매우 병리적인 모습을 드러내는 일부 목회자들의 모습과는 너무 다르다. 어느 정도의 건강성을 가진 목회자들도 자신의 상태를 바울의 삶과 비교하면서 점검해 보아야 할 것이다. 이를 통해 수정할 것은 수정하고 회개할 것은 회개하는 과정을 거쳐야 한다. 물론 이 글을 쓰고 있는 나도 예외가 아니다.

사이코패스적인 면이 있는 목회자들에게 경고하는 말씀들이 많이 있다. 이들은 병식(병에 대한 인식)이 없거나 약하기 때문에 이 경고의 말씀들이 자신을 향한 것임을 깨닫지 못할 것이다. 그러나 성경은 분명하게 그런 이들을 향해 말씀하고 있다. 다음 구절을 인용하며 글을 마무리한다.

> 백성을 인도하는 자가 그들을 미혹하니(mislead them) 인도를 받는 자들이 멸망을 당하는도다(are led astray) 사 9:16
>
> 18 너희 못 듣는 자들아 들으라 너희 맹인들아 밝히 보라 19 맹인이 누구냐 내
> 종이 아니냐 누가 내가 보내는 내 사자 같이 못 듣는 자겠느냐 누가 내게 충성

된 자같이 맹인이겠느냐 누가 여호와의 종같이 맹인이겠느냐 20 네가 많은 것
을 볼지라도 유의하지 아니하며(have paid no attention) 귀가 열려 있을지라도
듣지 아니하는도다 사 42:18-20

Part 2.

목회자의 건강한 삶을 위하여

chapter 5 •

목회자도 죄책감에 시달린다[1]

총신대학교 신학대학원생으로부터 자신의 고민과 함께 조언을 구하는 이메일을 받았다. 그 내용이 이 글의 주제와 연관이 있어서 소개하고자 한다.

간략하게 저의 상황을 요약하자면 이렇습니다. 저는 10년 이상 우울증을 앓고 있고, 그밖에도 공황장애를 비롯한 여러 불안장애로 대인관계에서 많은 어려움을 겪고 있습니다. 작년 말부터는 파트 교육전도사로 사역을

1 "목회자의 삶에 균열을 일으키는 죄책감", 〈라일락〉, 2020년 여름호 참조.

시작했습니다. 교수님의《목회심리학》을 통해 저를 비춰 보자면, 저는 일중독 성향을 가지고 있으며 현재 탈진 상태에 있습니다. 또한 심한 우울증으로 항우울제 치료를 받는 중에도 자살에 대한 생각이 이따금씩 들며, 많은 양은 아니지만 점진적으로 복용량을 늘리고 있습니다. 이러한 상황에서 사역을 계속하는 것이 맞는가 하는 생각이 듭니다.

사역을 하는 모든 과정에서 하나님의 뜻을 먼저 구하기보다는 기계적으로 사역한다는 느낌이 듭니다. 지금까지 해 왔던 스킬, 노하우로 대충 때워버리는 느낌이 강하게 들면서 '나는 겨우 삯꾼에 불과하지 않나' 하는 생각과 함께 죄책감에 계속 휩싸입니다. 또한 교제를 나누던 전도사와 결혼 준비 중에 있는데, 경제적으로 부족함이 느껴지자 그것까지 스트레스가 되고 있습니다. 다른 아르바이트라도 해야 하나 하는 생각이 들고 앞으로 결혼하고 나서는 어떻게 살아야 하나, 아예 사역을 그만두고 다른 일을 해 볼까 하는 생각까지 듭니다. (물론 하나님과의 관계가 멀어지면서 제 정체성과 소명의식이 흔들리기 때문에 이런 생각이 함께 드는 것이라고 생각합니다.)

교수님께서는 이러한 상황에 있는 전도사가 그럼에도 불구하고 계속해서 사역을 함으로써 하나님 안에서, 사역을 통해서 회복을 경험하는 것과 어느 정도의 휴식과 쉼의 시간을 갖고 성인아이의 치유를 조금이나마 경험한 후에 사역을 시작하는 것 중 어떤 것이 더 나은 방법이라고 생각하시나요? 하나님께 묻고, 기도하고, 개인적으로 하나님과 바른 관계에서 답을 찾아야 한다고 생각하지만 여러 목회자를 상담하셨을 교수님의 의견은 어떠하신지, 도저히 끝이 보이지 않는 터널에서 한 줄기 빛을 바라보고자 하는 간절한 마음으로 이렇게 메일 드립니다.

이 학생이 반복적으로 경험해 온 감정은 많은 목회자가 씨름하고 있는 죄책감의 한 부분을 잘 드러내고 있다. '나는 겨우 삯꾼에 불과하지 않나'라는 표현을 비롯해 경제적인 결핍에서 오는 현실적 어려움, 사역자로서의 정체성과 소명의식 사이에서의 갈등은 많은 목회자가 씨름하는 주제이기에 더욱 공감하는 내용일 것이다. 이렇게 목회자의 내면적 삶의 균열을 가져오는 죄책감의 원인은 무엇일까? 또한 그 증상에는 어떤 것이 있고, 대처방안은 무엇인지 다루고자 한다.

내면세계의 불안은 죄책감에서 온다

죄책감은 인간만이 경험하는 보편적인 감정이다. '나는 죄를 지었어'라는 인식으로부터 '나는 죄책감이 들어'라는 감정으로 연결되는 것이 일반적이다. 죄를 인식하지 못하면 죄책감도 없기 때문이다.

객관적으로 죄라고 규정하는 법(율법)이 있고 주관적으로 죄라고 규정하는 개인의 양심(또는 초자아)이 있다. 믿지 않는 사람들에게는 세상법에 저촉되는 행위를 하지 않는 한 죄책감이 생기기 어렵다. 물론 안 믿는 사람들 중에도 신경증적인 죄책감에 시달리는 이들이 있다. 그러나 크리스천들은 세상 법뿐 아니라 하나님의 말씀인 성경의 가르침에 순종하기를 원하기 때문에 그들보다 죄책감에 더 자주, 더 강하게 시달릴 가능성이 있다. 물론 십자가 복음 진리를 믿음으로 받아들이면 하나님의 정죄와 영원한 지옥 심판으로부터 자유를 얻고 무거운 죄짐을 벗어던지며 자유를 누릴 수 있기는 하다. 그럼에도 불구하고 일반인에 비해서 더 높은 도덕성을 추구하기 때문에 현실과 이상 사이의 괴리에서 죄책감을 느낄 수 있다. 더 나아가 목회자는 상대적으로 성도들보다 더 높은 도덕성을 기대하기 때문에 역시 현실과 이상 사이에서 죄책감을 느낄 가능성이 높다.

죄책감은 순기능적인 '실제적 죄책감'(real guilt)과 '신경증적인 죄책감'(neurotic guilt)으로 나누어 이해할 필요가 있다. 전자가 가져야 할 죄책감이라면 후자는 없어도 되는, 갖지 말아야 할 죄책감이다. 그런 점에서 후자는 병적인 죄책감이다. 정신분석학적으로 설명한다면 과민한 초자아의 기능 또는 과민한 양심에서 오는 죄책감이다. 병적인 죄책감과 씨름하는 이들은 사소한 잘못에도 자아가 심한 갈등을 겪고 괴로워한다. 이들은 삶의 넓은 범위에서 불안과 수치를 느끼며 낮은 자존감에 시달린다. 신경증적인 죄책감은 신앙인의 내면세계에 균열과 해리를 일으킬 수 있다. 마귀는 겉과 속이 다른 것처럼 느끼는 괴리감과 갈등을 발판으로 삼아 목회자의 마음에서 평안을 빼앗을 수 있다.

완벽주의와 일중독이 죄책감을 부른다

죄책감은 수치감과 밀접한 관계가 있다. 수치감은 자기 존재에 초점을 맞춘다면 죄책감은 행위에 초점을 맞춘다. 에덴동산에서 아담과 하와는 죄를 지은 후에 수치감을 먼저 느꼈고 이어 죄책감과 두려움을 느꼈다. 아기의 심리발달 과정에서도 죄책감보다 수치감을 먼저 경험한다. 죄책감은 적어도 초자아의 기능이 형성되기 시작하는 만 3세 이후에 생긴다. 따라서 목회자의 죄책감을 이해함에 있어서 수치감을 아울러 이해할 필요가 있다. 목회자들은 자신의 취약한 부분이 노출될 때 느낄 수 있는 수치감을 가능한 한 억제하기 위하여 방어기제로써 거리두기(moving away)를 사용할 때가 많다.

죄책감이 드는 기능과 기제는 선천적이면서 후천적이다. 선천적인 것으로는 하나님이 인간에게 보편적으로 느끼도록 하신 양심이 대표적이다. 후천적인 것으로는 각 사람의 발달심리, 양육 환경과 밀접한 관계가 있다. 역기능가정에서 성장한 성인아이들의 특징은 극단성이다. 과도한 책임감에 시달리는 이들이 있는 반면, 자기 책임을 잘 인식하지 못하는 성인아이들이 있다. 전자는 주로 강박성 성격장애의 증상이고, 후자는 주로 자기애성 성격장애와 반사회성 성격장애의 증상이다. 후자에 해당하는 이들은 정상적이며 건강한 죄책감조차 잘 느끼지 못한다. 후회하거나 반성하는 능력이 약하기 때문이다. 자신의 성격장애에 대한 병식이 없어서 자기 잘못이라고 여기는 법이 거의 없다. 오히려 이들은 주로 억울하다는 태도를 갖는다. 환경을 탓하며 타인에게 책임을 돌린다. 이런 증상을 보이는 일부 목회자들은 죄책감과 별로 씨름하지 않는다. 이런 목회자들에게는 이 글이 별로 도움되지 않을 것이다.

그러나 대부분 목회자는 완벽주의와 일중독 및 과도한 양심이 특징인 강박성 성격장애의 증상과 씨름한다. 이런 목회자는 현실과 이상 사이의 괴리가 크기 때문에 자주 실망하며 좌절한다. 자기를 괴롭히기 때문에 내적으로 갈등이 심하다. 앞서 소개한 사례처럼 반복되는 갈등과 죄책감 때문에 사역지를 옮기거나 사역을 중단하고 싶은 마음과 싸우느라 고통을 겪는다. 또한 이들 중에는 율법주의적인 삶의 모습이 발견된다. 이들은 율법이 갖고 있는 원래의 정신을 알지 못한 채 '해야 한다' 또는 '해서는 안 된다'는 율법의 규정 자체를 강박적으로 지키려는 욕구가 강하다. 그래서 자신의 내면세계에서 끊임없이 전쟁을 치른다. 더 나아가 목양하는 성도들에게 율법주의적인 삶의 모습을 강요하기까지 한다. 투사의 방어기제가 작동하는 것이다.

이들은 사소한 잘못에도 신경증적인 죄책감으로 고통스러워하며 강박적으로 회개하는 모습을 보이기도 한다. 마틴 루터(Martin Luther)는 복음 진리를 깨닫기 전에 강박성 성격장애의 증상과 씨름했던 인물로, 사소한 잘못에도 강박적으로 고해성사를 했다고 한다. 청교도 목회자 존 번연(John Bunyan)도《죄인 괴수에게 넘치는 은혜》에서 그의 강박성 성격장애의 증상을 밝히며 천국과 지옥을 오가는 고통을 반복적으로 겪었다고 고백했다.

강박성 성격장애의 증상과 씨름하는 목회자들은 종종 방전된 배터리처럼 무력감에 빠진다. 제한된 삶의 에너지가 불필요하게 소모되기 때문이다. 그럴 때 일시적으로 에너지를 채워 주는 것이 중독이다. 이런 목회자들이 중독에 취약한 이유는 신경증적인 죄책감이 주는 불편함과 고통을 중독 행위로 경감시키려고 하기 때문이다.

또한 이들은 바리새인들이 그러했듯이 하루살이는 걸러내고 낙타는 삼키는 모순적인 면을 갖고 있다. 작은 부분에서는 매우 윤리적이며 순결을 강조하지만 큰 부분에서는 쉽게 죄를 짓는 것이다. 교단에서 쉽게 없어지지 않는 관행 중 하나인 금권선거를 예로 들 수 있다. 노회와 총회 임원 선거에 매표 행위가 한국 교회에서 오랫동안 있어 왔다는 것은 선거 과정에서 돈을 주거나 받는 목사들이 많이 있었다는 부끄러운 현실을 말해 준다. 양심적인 삶을 지향하는 목회자들이 불의하게 돈을 받아도 양심의 가책을 느끼지 않는 이유는 합리화의 방어기제가 작동되어 죄책감과 수치감을 억압하기 때문이다. 그래서 낙타를 삼켜도 갈등이 별로 없는 것이다.

하나님의 완전하신 뜻 가운데 당신을 부르셨다

신경증적인 죄책감에 시달리는 목회자들은 자신이 혹시 역기능적인 가정 환경에서 성장하지는 않았는지 자각할 필요가 있다. 영웅적인 성인아이들은 주로 과책임성의 이슈를 갖고 있다. 자신의 책임이 아닌 것에 대해서도 책임감과 부담감을 갖는 것이다. 부모가 제대로 기능하지 못함으로써 성장기에 자녀가 필요 이상의 기능을 하게 되고 책임을 맡게 되면 그것이 자기의 일부가 되며 정체성이 된다. 이런 환경에서 성장기를 보낸 목회자들은 성도들에게 '완벽한' 목자의 모습을 보여 주지 못할 때 스스로 실패한 목회를 하고 있다는 왜곡된 인식을 한다. 이들은 스트레스와 탈진에 취약하다.

사회가 점점 개인주의로 변해 가면서 신학생들에게서도 이전보다 개인주의의 특성이 더 드러난다. 이전 세대의 목회자들이 과책임성의 이슈와 씨름했다면 현 세대의 젊은 목회자들은 오히려 느껴야 할 책임감을 잘 느끼지 못한다. 이들은 자기애성 성격장애의 증상이 있지 않은지 점검해 봄과 동시에, 건강한 의미에서 죄책감과 책임감을 좀 더 느낄 필요가 있다. 그러나 앞서 소개한 사례에서 볼 수 있듯이 여전히 젊은 목회자들 중에 역기능가정의 배경에서 성장한 성인아이들이 적지 않고, 과책임감 또는 신경증적인 죄책감과 씨름하는 이들이 적지 않다. 따라서 젊은 목회자들도 마음의 짐을 덜어 내는 작업이 필요하다.

극단적으로 병적인 경우에는 자신이 성령을 훼방한 죄를 범했기 때문에 천국에 들어갈 수 없다는 강박적인 생각으로 괴로워하는 목회자들을 이따금 보게 된다. 마귀는 이런 이들의 내면세계를 쉽게 공략하며 평생 죄책감의 사슬에 매여 기쁨과 평안이 없는 삶을 살게 한다. 마귀의 이런 속임수에 넘어져서는 안 된다. 신경증적인 죄책감의 문제가 자신의 내면에 잘못 형성된 과민함에 있다는 사실을 깨달아야 한다. 그리고 역기능가정에서 자란 경우에는 무조건적인 사랑과 은혜를 베푸시는 하나님, 용서와 온유의 하나님과 육신의 부모의 이미지를 '구별짓기' 해야 한다. 어느 아침에 묵상한 성경 본문에 이런 하나님의 모습이 잘 표현되어 있었다.

> 8 여호와는 긍휼이 많으시고 은혜로우시며 노하기를 더디 하시고 인자하심이
> 풍부하시도다 9 자주 경책하지 아니하시며 노를 영원히 품지 아니하시리로다
> 10 우리의 죄를 따라 우리를 처벌하지는 아니하시며 우리의 죄악을 따라 우리
> 에게 그대로 갚지는 아니하셨으니 11 이는 하늘이 땅에서 높음 같이 그를 경외
> 하는 자에게 그의 인자하심(love)이 크심이로다… 13 아버지가 자식을 긍휼히
> 여김같이 여호와께서는 자기를 경외하는 자를 긍휼히 여기시나니 14 이는 그가

중요한 것은 목회자 자신이 하나님을 경외하며 사랑하느냐 하는 것이다. 목회자도 한 명의 연약한 인간이며 먼지에 지나지 않은 취약한 존재임을 하나님이 잘 아신다는 사실을 잊지 말아야 할 것이다.

크리스천은 죄를 지었느냐 안 지었느냐와 씨름하느라 에너지를 소모하는 대신 적극적으로 선을 행하는 삶을 살아야 한다. 자신이 구원을 받았을까, 받지 못했을까 계속 씨름하면서 평생을 보내는 목회자나 크리스천이 있다면 그는 마귀에게 속는 삶을 사는 것이다. 병적인 전쟁을 하느라 에너지를 다 소모하는 것은 진리의 빛 아래에서 하나님의 뜻을 마음껏 실천하며 살 수 있는 달란트를 땅에 묻어 두는 것과 같은 어리석고 악한 행동이다. 대인관계에서 상처를 줄까 봐 아예 관계하지 않는 것은 어리석은 일이다. 혹시 상처를 입고 입히더라도 적극적으로 관계하고 모험하는 것이 하나님이 기뻐하시는 뜻이다.

율법을 몽학선생에 비유했던 바울은 세부적인 율법 조항에 매여 무기력하게 사는 것이 크리스천의 삶이 아니라는 사실을 밝히 드러내었다. 옳고 그름을 판단하는 기준이 균형 있게 발달된 사람은 법 조항이 어떻든지 크게 신경 쓰지 않고서도 선을 행한다. 하나님을 전심으로 사랑하고 이웃을 자신처럼 사랑하고 대하는 것이 율법과 선지자들의 핵심 가르침임을 제대로 알고 있으면 사소한 일에도 지나친 죄책감을 느끼며 무기력에 빠지는 삶을 살지 않을 것이다. 또한 하나님의 뜻대로 하는 근심은 구원에 이르게 하는 회개를 이루지만 세상 근심은 사망에 이르게 한다는 고린도후서 7장 10절 말씀은 신경증적인 죄책감을 대처하는 데 유익하다. 신경증적인 죄책감은 영적 성장에 전혀 도움이 되지 않는다. 반복적으로 신경증적인 죄책감에 시달리는 목회자는 상담을 통한 심리 치료가 필요하다.

신경증적인 죄책감은 목회자의 소명의식을 공격하며 약화시키는 역할을 한다. 하나님으로부터 부름을 받지 않았는데도 스스로 착각하고 목회하고 있는 것이 아닌가라는 의심과 회의감은 한두 번은 자신을 살피는 데 필요한 경험이다. 그러나 이런 생각을 반복적으로 한다면 병적인 죄책감이라고 할 수 있다. 사례의 신학대학원생이 표현했듯이 참 목자가 아니고 삯꾼이라는 생각이 반복적으로 드는 것은 마귀가 한 명의 목회자를 넘어뜨리기 위해 공격하는 생각이라고 간주해도 좋다. 하나님은 목회자가 완벽해서 부른 것이 아니라 여러 약점과 한계와 성격장애의 요소를 갖고 있음에도 그의 완전하신 뜻 가운데 부르셨다는 사실을 잊지 말아야 한다. 하나님은 연약한 자를 강하게 하셔서 영광을 받으시는 크신 분이다.

chapter 6 •

상한 감정이 성숙으로 나아가는 기회가 된다[1]

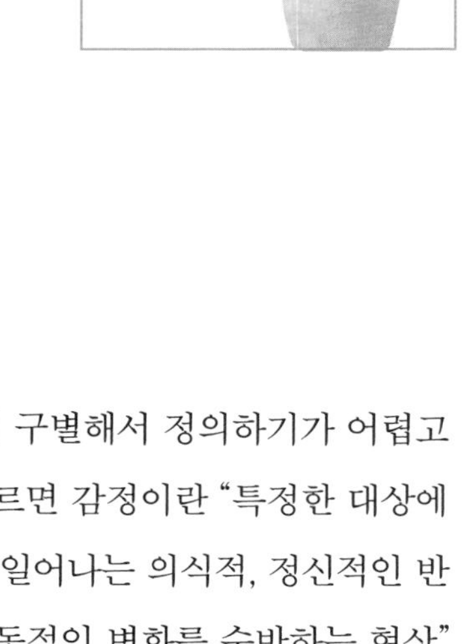

감정, 느낌, 정서라는 단어는 정확하게 구별해서 정의하기가 어렵고 일상적으로 혼용된다. 사전의 정의에 따르면 감정이란 "특정한 대상에 대한 강한 느낌을 주관적으로 경험할 때 일어나는 의식적, 정신적인 반응이며 보통 몸에서 생리적인 변화와 행동적인 변화를 수반하는 현상"이다. 즉, 외부로부터의 어떤 자극이나 내부에서 드는 생각, 이미지, 기억의 자극이 있을 때 뇌의 전두엽에서 사고과정을 거치거나 또는 반사 신경의 작용으로 일어나는 결과 및 반응이라고 설명할 수 있다. 대

1 "목회자의 숨어 있는 상한 감정은 어디에서 생기는가?", 〈라일락〉, 2020년 가을호 참조.

부분의 감정은 일련의 사고과정을 거쳐서 경험한다. 인지 치료(cognitive therapy)의 인간 이해에서는 생각 또는 생각의 틀(schema)에 따라 감정이 유발되는 것으로 본다. 따라서 우울이나 불안과 같은 부정적인 감정을 호소하는 내담자의 경우 자기에 대한 틀, 타인에 대한 틀, 외부 세상에 대한 틀을 바꿈으로써 부정적 감정을 약화시키고 긍정적인 감정을 강화시키는 치료를 한다.

그러나 부정적인 감정 자체가 나쁜 것은 아니다. 하나님은 우리가 죄로 깨어진 세상에서 살 때에 분노, 슬픔, 외로움, 우울, 불안, 공포 등과 같은 소위 부정적인 감정들을 적절하게 느낌으로써 생존하고 성장하도록 하신다. 즉 이런 감정들도 하나님이 내려 주시는 은총인 것이다. 문제는 자기 구조물이 취약한 데에 있다. 이 경우 사소한 자극에도 쉽게 상처를 받거나 부정적인 감정에 압도될 수 있다. 또 이런 감정을 자주 느끼면 개인의 행복과 대인관계, 그리고 하나님과의 관계에서 불필요한 고통에 시달리게 된다.

우리는 흔히 '상한 감정'이라는 말을 사용한다. 그러나 이 말에는 어폐가 있다. '비위가 상했다', '감정이 상했다'는 말을 쓰기는 하지만, 사실 상처를 입은 것은 감정이 아니라 '자기'이기 때문이다. 다만 우리는 상처를 입어서 부정적인 감정을 느낄 뿐이다. 자아 또는 자기를 위협하거나 손상시키는 자극에 대한 해석의 결과로서 부정적인 감정이 느껴지는 것이다. 그런 점에서 상한 감정은 낮은 자존감과 밀접한 관계가 있다. 이 부분에 대해서는 뒤에서 좀 더 언급할 것이다.

또한 목회자들이 부정적인 감정들을 주관적으로 경험할 때 그 감정의 원인이 무의식화되어 있는 경우가 많다. 더 나아가 그 부정적인 감정을 자각하지 못하는 경우도 있다. 성장기에 주요 대상들과의 관계에서 겪었던 상처, 즉 무시, 비교, 거절, 유기, 방치, 학대, 폭력 등의 트라우마들이 억압, 합리화, 투사 등의 방어기제로 오랫동안 무의식화되어 있는 것이다. 이 경우 대인관계를 하며 유사한 자극(상처)을 경험하면 현재 상황과 자극에 맞지 않는 강도의 부정적 감정을 느끼거나 표현될 수 있다. 즉 과거 부정적인 대상관계 경험과 현재의 부정적인 대상관계 경험이 비슷한 면이 일부 있을 때 뇌는 연결짓기를 잘못해서, 즉 정보를 잘못 처리해서 부정적인 감정을 느끼게 하는 것이다. 필터링 과정에서 비슷한 정보만 일부 처리하고 나머지는 다 걸러냄으로써 합리적인 인식과 해석을 하지 못하고 결과적으로 상황에 맞지 않는 감정을 과도하게 느끼는 것이다. 이런 현상을 역동성이 닮았다는 의미에서 '평행 과정'(parallel process) 또는 '전이'(transference)라고 부른다. 목회자가 이런 경험을 성도나 내담자와의 관계에서 하게 되면 역전이(counter-transference)라고 부른다.

전이 또는 역전이는 동일한 현상이다. 예를 들면, 형제간 경쟁이나 갈등이 동료 목회자와의 관계에서 비슷한 패턴으로 경험되는 경우이다. 부모와의 갈등이나 트라우마가 성도들과의 관계에서 과도한 보호, 또는 이유 없는 분노, 회피 반응과 같은 행동으로 나타나기도 한다. 이처럼 정신분석학의 원인론적인 연결짓기를 과도하게 하거나 결정론적으로 단정짓는 것은 위험하지만 적어도 목회자 자신이 경험하는 상한 감정이 과거 경험과 연결될 수 있는 가능성을 생각하고 자신의 성장 과정을 정기적으로 회상하며 탐색해 보는 것은 자신의 감정을 자각하며 표현하는 데 유익하다.

트라우마와 콤플렉스에 매여 있진 않은가

주관적 견해일 수 있지만, 한국 교회 목회자 중에는 순기능성을 가진 가정보다 역기능성이 많은 가정에서 성장기를 보낸 목회자가 더 많을 것이다. 목회자의 배우자도 마찬가지이다. 이런 목회자의 경우 성인아이가 갖는 공통적인 증상과 씨름하고 있다는 점을 스스로 인식할 필요가 있다.

성인아이의 핵심 문제는 낮은 자존감이다. 자기심리학의 용어로 표현하자면 성인아이 목회자들은 '응집력 있는 자기'(cohesive self), '참 자기'(true self) 대신 '깨어지기 쉬운 자기'(fragile self), '파편화된 자기'(fragmented self), '거짓 자기'(false self) 구조물이 더 발달된 채 목회를 할 가능성이 높다. 왜냐하면 역기능적인 환경에서는 나이에 맞는 심리적 성장이 어렵기 때문이다. 낮은 자존감의 특징은 극단성으로 나타난다. '과도한 책임감', '무책임 또는 책임 회피', '극도의 분노 표현', '화를 절대 내지 않음'과 같은 극단적인 사고, 감정, 태도, 관계를 증상으로 표출한다. 극단성은 달리 표현하면 미숙함을 의미한다. 특히 감정과 연결해서 설명하자면 역기능적인 가정의 부모는 부정적인 감정을 적절하고 건강하게 표현하는 것을 모델링하지 못하며, 자녀는 부정적인 감정 표현을 미러링하지 못한다. 따라서 성장기 자녀들은 주로 그 감정을 억압할 가능성이 높다. 일부는 사춘기를 지나면서 또는 청년기에 억압된 감정을 폭발시키기도 한다. 그래서 성인아이 중에는 극단적인 분노 표현과 후회를 반복하는 경계성 성격장애(borderline personality disorder)의 심리적 구조물을 가진 사람이 되기도 한다.

성장기에 반복적으로 억압되어 무의식화된 부정적인 감정들은 비슷한 감정끼리 덩어리로 뭉쳐지는데, 이것을 '콤플렉스'(complex)라고 부른다. 현재의 어떤 관계 경험이 이 미해결의 콤플렉스를 자극하여 비이성적이고 과도한 감정을 유발하는지 깨달을 때 목회자는 통찰력을 갖는다. 전에는 이해할 수 없었던 외로움이나 슬픔, 또는 거절감의 뿌리를 발견하면 현재 경험과 구별짓기를 할 수 있는 능력이 갖춰진 것이다.

성장하면서 역기능가정으로부터 받은 상처는 응어리진 감정, 즉 콤플렉스로 내면에 자리 잡게 된다. 이런 콤플렉스 때문에 가족 또는 성도들과의 관계에서 어려움을 겪는 목회자는 그 감정이 반복적으로 걸림돌이 되고 있음을 일차적으로 인식하는 것이 중요하다. 그 감정의 뿌리를 직면함으로써 아직도 성장하지 못한 채 고착해 있는 '내적자기'(inner self), '내면아이'(inner child)가 더는 자극에 자동적, 반사적으로 반응하지 않고 자유롭게 반응할 수 있도록 "풀어 놓아 다니게" 하는 치료적 작업을 해야 한다(요 11:44).

신앙적인 방법으로는 하나님 앞에서 기도하는 것이다. 특히 통성기도를 통해 트라우마로 남은 성장기의 상처를 '말로' 토해내는 작업(토설작업)이 도움이 될 수 있다. 그 과정에서 억눌려 있던 감정이 터져 나오고 풀려나며 때로는 잊고 있었던 기억이 되살아날 수도 있다. 그 기억은

좋았던 경험에 대한 기억일 수도, 나빴던 경험에 대한 기억일 수도 있다. 우리는 비록 말로 표현하지 못하는 아픔일지라도 최고의 상담사이신 성령님이 함께 공감하시고, 대신 탄식하면서 기도하신다는 사실을 기억해야 한다. 기도를 통해 우리는 심리치료에 못지않은 치료를 경험할 수 있다. 용기를 낸다면 전문적인 목회(기독교) 상담사를 찾아서 심리치료를 해 보는 것도 추천하고 싶다. 성장기에 겪었던 수치스럽고 두려웠던 트라우마를 있는 그대로 들어주며 공감해 주는 상담사와의 좋은 대상관계 경험은 '깨어지기 쉬운 자기 구조물'을 가진 목회자에서 '응집력 있는 자기 구조물'을 가진 목회자로 변화하는 데 큰 도움이 될 것이다.

마귀는 교회 공동체의 영적 지도자인 목회자가 트라우마에 무의식적으로 매여서 미성숙한 감정의 반응을 반복하는 것을 기뻐한다. 성도들과의 관계에서나 다른 목회자들과의 관계에서 부정적인 감정에 휩싸여 반복적으로 걸림돌에 넘어지는 것을 기뻐한다. 그러나 어둠에 머물러 있던 내면세계에 통찰의 빛이 들어가면 어둠은 물러간다. 복음의 빛이 그동안 목회자의 의식에서 분리되어 있었던 내면세계를 환하게 비춤으로써 선지자 말라기가 예언한 "내 이름을 경외하는 너희에게는 공의로운 해가 떠올라서 치료하는 광선을 비추리니 너희가 나가서 외양간에서 나온 송아지 같이 뛰리라"(말 4:2)는 말씀이 실존적으로 성취되는 경험을 할 수 있다. 성인아이의 삶을 살아왔던 목회자의 심리세계가 옥토로 바뀔 때 걸림돌이 디딤돌로 바뀌는 역사가 일어날 수 있다. 자신의 미성숙을 극복하고 부정적인 감정으로부터 자유로워진 목회자는 상처 입은 치유자가 되어 역전이를 긍정적으로 활용하여 미성숙한 상태에 머물러 있는 많은 성도를 공감하며 그들의 감정 치료를 도울 수 있다.

예수님도 수치와 모욕을 당했지만 무너지지 않으셨다

목회자가 경험하는 상한 감정 중에 대표적인 것은 수치감과 모욕감이다. 자기심리학은 건강한 자기애(narcissism)에 상처를 입히는 주요 감정이 수치감이라고 본다. 존재의 가치를 무시하고 손상시키는 모욕을 반복적으로 받을 때 아이의 내면에 생기는 핵심 감정은 수치감과 분노이다. 수치감과 모욕감이 핵심 감정으로 내면화되어 있는 목회자들은 사역 현장에서 교회의 리더들이나 성도들로부터 심한 모욕감을 느낄 때 견디지 못해 사역지를 옮기거나 목회를 아예 그만두는 취약한 반응을 보일 수 있다. 미국에서 이민 목회를 하는 제자 목사로부터 지금 사역하는 목회지를 떠나고 싶다는 연락이 왔다. 성도들이 자신을 목사로 봐 주는 것은 기대하지도 않지만 인간 이하의 취급을 받는 것은 너무 괴롭다는 이유였다. 누구나 자존심에 상처를 입으면 견디기 쉽지 않다. 특히 성장기에 수치심과 모욕감이 핵심 감정으로 자리 잡은 목회자는 더욱 그럴 수 있다는 점을 인식하고 자신의 성장기의 이슈를 해결할 필요가 있다.

이런 목회자들은 상대방의 모욕을 재해석할 수 있는 힘이 필요하다. 그 모욕을 그대로 '아멘' 하고 내면화하는 것은 지혜가 아니다. 이런 모욕은 한 귀로 듣고 한 귀로 흘려도 된다. 나에게 수치와 모욕감을 주는 상대방을 이해하고 공감하면 긍휼의 마음을 가질 수 있다. 수치와 모욕을 통해서도 합력해서 선을 이루실 하나님에게 시선을 고정하면 마음을 넓히고 인내할 수 있다. 그러기 위해서는 예수님의 십자가 고난을 깊이 묵상하며 자신과 연결짓기를 해야 한다. 예수님은 죄가 없었음에도 십자가를 지는 과정에서 조롱과 모욕을 당하셨다. 사람들은 그분에게 침을 뱉고 빰을 치고 가시관을 씌우며 집단적으로 야유했다. 그러나 예수님은 그들의 거짓증거와 음해하는 말에 역공격(counter-attack)하지 않으셨다. 분명한 목적의식과 가해자에 대한 지식을 갖고 계셨기 때문이다. 자신이 당하는 모욕과 수치에 의미가 있다는 것을 잘 아셨기 때문에 끝까지 견디며 "다 이루었다"라고 선포하셨다. 모욕하는 자들을 향하여 "아버지 저들을 사하여 주옵소서 자기들이 하는 것을 알지 못함이니이다"라고 기도하시며 죄의식과 병식이 없는 그들을 오히려 긍휼의 눈으로 보셨다(눅 23:34). 그들의 모욕에 무너지거나 깨어지지 않으셨다.

역기능적인 부모의 양육을 받으면서 신뢰감 대신에 불신과 배신을 반복적으로 경험한 목회자들 중에는 동료 목회자나 부교역자를 포함해서 교인, 당회원 그 누구도 신뢰하지 않는 이들이 있다. 특히 믿었던 부교역자로부터 배신을 당한 것이 트라우마가 되어 거리두기의 방어기제를 반복적으로 사용하는 담임목회자들도 많다. 목회 과정에서 자연스럽게 생기는 적절한 거리두기의 기제보다 더 극단적인 방식의 기제를 사용하면 결국 치료로서의 목회가 되지 못한다는 점에서 이 또한 인식하고 극복해야 할 부분이다. 트라우마가 학습이 되어 대인관계에서 친밀감을 형성하지 않는 식으로 자기보호를 하며 목회를 하면 목양이 제대로 이루어질 수 없다. 비록 다시 배신을 당한다고 할지라도 인식하고 모험하는 노력이 필요하다. 그래야 배신이라는 위기를 성숙으로 나아가는 기회로 삼을 수 있다. 부교역자로부터 또는 교회 일부 리더들로부터 배신을 당하는 경험조차 합력해서 선을 이루실 하나님의 큰 그림으로 여기고 신뢰하며 모험하는 것이 영적, 심리적 나이에 걸맞은 성숙한 모습이다.

상한 감정이 반드시 부정적인 것만은 아니다. 상처가 아물면 내구성이 더 생긴다. 즉 응집력과 맷집이 발달할 수 있다. "상처 없는 풀잎이 있을까요"라는 어느 시인의 시구가 생각난다. 예수님의 손과 발에 남아 있는 못 자국의 영광을 기억할 필요가 있다. 상처가 다 부끄러운 것은 아니다. 바울은 많은 핍박과 고초를 예수의 흔적(stigma)이라고 재해석했다.

한국인의 정서에 자리 잡고 있는 한(恨)이 목회자가 성장한 가정에서 여러 세대에 걸쳐서 평행 과정으로서 전수되어 온 것일 수도 있다. 전 세대에서 처리하지 못했던 '미해결의 과제'로서의 원한이나 정한이 목회자 자신의 정신세계 깊은 곳에 뿌리내리고 있을 수 있다는 점을 생각하고 자신의 가계도를 탐색하며 이해하는 접근이 필요하다. 사회 문화적으로 이해한다면 한국인은 지난 100년 사이에 36년을 일본에게 나라를 빼앗기고 치욕과 억압과 울분을 겪었다. 그뿐 아니라 3년간 한국전쟁을 겪은 트라우마가 대부분 부모 세대의 정신세계 속에 각인되어 있다. 이러한 국가적인 환경이 한을 만들었다는 점도 자기 가정의 역기능성을 이해할 때 고려해야 한다. 또한 목회자가 목양하는 성도들 역시 역기능적인 가정에서 성장한 성인아이들이 대부분이며, 이런 국가적인 트라우마를 겪은 부모 밑에서 심리적인 성숙을 이루어야 했던 이들이라는 점을 잊지 말아야 한다.

목회자의 상한 감정을 치료하거나 또는 더 상처를 입힐 가능성이 배우자에게 있다. 성인아이 목회자는 성인아이 배우자를 만날 가능성이 높다. 이런 배우자들은 균형 잡힌 심리적, 영적 발달을 이루지 못한 '뒤집지 않은 전병'과 같다(호 7:8). 이들은 극단적인 열심과 영성 활동, 완벽주의가 있고 칭찬과 격려에 인색해서 목회자의 이미 취약한 자기감을 무너뜨릴 수 있다. 잘되기를 바라는 마음으로 목회자를 채찍질한 것이 도리어 더 상처를 입히고 외롭게 해서 결과적으로 목회자가 속내를 더 숨기는 부작용을 일으킬 수 있다.

목회자에게 성장기의 쓰라린 경험은 개인적인 쓴 뿌리로 작용하는 데서 그치지 않는다. 동행하는 자들에게 무의식적으로 쓴 영향을 준다. 솔로몬은 "노를 품는 자와 사귀지 말며 울분한 자와 동행하지 말지니 그의 행위를 본받아 네 영혼을 올무에 빠뜨릴까 두려움이니라"(잠 22:24-25)고 부정적인 동행의 역동성을 잘 지적했다. 목회자의 성장기의 쓴 뿌리는 일차적으로 가장 가까이 동행하는 가족에게 부정적인 영향을 끼친다. 그리고 자신이 목회하는 성도들에게 부정적인 영향을 끼칠 수 있다. 그러나 자신의 쓴 뿌리를 잘 인식하고 치료하고 극복하면 비슷한 환경에서 성장한 성인아이 성도들을 잘 이해하고 공감하며 치유하는 디딤돌 역할을 할 수 있다.

chapter 7 •

목회자 가정은 위기의 최전선에 있다[1]

목회자이자 신학교 교수가 초등학생 딸을 때려서 죽인 충격적인 사건이 있었다. 상상할 수 없었던 비행과 범죄가 목회자 가정에서도 발생했다는 점에서 사회와 교회에 충격을 주었다. 이 사건을 통해 한국 교회 목회자 가정의 수면 밑에 있던 문제점과 위기가 세간의 주목을 받았다. 이것은 우연히 일어난 사건이 아니다. 빙산의 일각일 수도 있다. 하나님이 한국 교회와 목회자에게 경성을 촉구하는 의미 있는 사건이라고 해석할 수 있을 것이다. 이 일로 목회자 가정도 일반 가정 못지않게 심각

---

1 "목회자 가정의 위기 이해와 처방", 〈목회와신학〉, 2016년 5월호 참조.

한 수준의 스트레스와 위기에 노출되어 있다는 사실이 드러났다. 더 나아가 믿지 않는 가정이나 일반 성도들의 가정이 겪는 위기와 구별되는 독특한 상황과 역동성 때문에 목회자 가정의 위기는 더 미묘하며 은폐될 수 있다는 점에서 문제가 더 심각하다는 것을 깨닫게 해 주었다.

성도들과 사회뿐 아니라 성경 말씀까지 목회자 가정이 건강하며 모범적이기를 요구한다. 그러나 현실적으로 적지 않은 목회자 가정들이 다양한 이유로 역기능의 위기 가운데 있다. 목회자나 배우자가 성장기를 심리적 발달이 원활히 이루어질 수 있는 가정에서 보내지 못했다면 목회자 가정이라도 얼마든지 역기능가정이 될 수 있다. 이들은 목회자나 배우자로서 책임감 있는 역할과 기능을 감당할 수 있는 심리적, 영적 성숙을 성취하지 못한 채 목회와 가정생활을 한다. 따라서 이들 가정은 불신자 또는 일반 성도 가정들에 비해서 오히려 위기와 스트레스에 더 취약한 역기능가정이 될 위험성이 높다. 목회자 가정이 겉으로는 건강하게 보일지 모르지만 자칫 속으로는 곪아 있고 병적일 수 있다는 사실을 목회자들과 한국 교회가 솔직히 인식하고 직면해야 건강한 대응책과 치유책을 강구할 수 있을 것이다.

목회자 가정의 위기에 대해서 논의할 때 여러 질문이 제기될 수 있다. 목회자 가정이 성도들 가정이나 불신자 가정과는 어떤 차이점이 있을까? 발달단계가 다른 목회자 가정의 위기에는 어떤 것들이 있을까? 목회자와 배우자 그리고 자녀들에게 도움이 되는 구체적인 대응책과 치료책은 무엇일까? 이 질문들에 대해서 구체적으로 다 다룰 수는 없지만 몇 가지를 중심으로 논의하고 제안하고자 한다. (여성 목회자들이 점점 많아지는 상황에 있지만 여전히 한국 교회는 남성 목회자들이 더 많기 때문에 글쓰기의 편의상 목회자를 남성 목회자로 간주하고 글을 전개함을 양해해 주기 바란다. 그러나 여성 목회자들에게도 거의 동일하게 적용될 수 있는 글이 되기를 바란다.)

목회자 가정의 위기는 무엇이 다른가

모든 목회자 가정이 위기에 처한 것은 아니다. 동시에 목회자 가정이라고, 크리스천이라고 해서 위기를 면제받은 것도 아니다. 위기는 에덴동산을 떠난 모든 인간이 인생 여정에서 얼마든지 겪을 수 있다. 이러한 위기는 강도와 빈번도에 따라 삶을 파국으로 몰아갈 수 있는 매우 위험한 것에서 큰 어려움 없이 넘어갈 수 있는 것까지 다양한 스펙트럼을 갖고 있다.

위기가 반드시 부정적인 것은 아니다. 위기는 위험한 경험인 동시에 기회가 될 수 있는 인생 경험이다. 어떻게 보느냐에 따라서 위기는 변화로 나아가는 기회가 되기도 한다. 따라서 목회자 가정이 겪는 위기는 목회자는 물론 가족구성원 한 사람 한 사람이 영적 또는 심리적으로 재구조화되며 성숙으로 나아갈 수 있는 기회가 될 수 있다. 위기를 원하는 사람은 없지만 위기가 개인과 가정의 긍정적인 변화를 가져올 수 있는 기회가 된다는 점은 위기가 가진 '변장된 은총'이다.

그렇다면 목회자 가정과 일반 가정이 겪는 위기의 차이점은 무엇일까? 목회자 가정은 일반 성도 가정들과 비교할 때 위기와 관련해서 장점과 단점을 아울러 갖고 있다. 목회자 가정은 가족 구성원의 신앙 수준이 일반 성도들보다는 높은 편이라는 점에서 위기를 극복할 수 있는 신앙적 자원을 더 많이 갖고 있다는 장점이 있다. 그뿐만 아니라 일반 성도 가정들에 비해서 교회 공동체 전체의 기도와 관심이라는 자원을 더 많이 갖고 있다. 긴급한 상황에서는 재정적인 지원까지 받을 수 있다.

하지만 목회자 가정은 일반 가정에 비하여 상대적으로 외부에 노출되어 있어 사생활을 지키기가 어렵다는 단점이 있다. 아울러 수치심 때문에 문제를 드러내고 도움을 받기가 어렵다보니 본의 아니게 외식하기 쉽다. 그래서 목회자 가정이 전반적으로 방어기제를 더 많이 사용할 수 있다. 가정 내의 문제들을 직면하면서 극복하기보다 회피, 억압하거나 미루는 기제를 자주 사용할 가능성이 높은 것이다. 결국 누적된 스트레스와 불안 때문에 대형사고로 증상이 표출될 위험성이 있다. 목회자 가정을 이상화하는 경향이 여전히 남아 있는 한국 교회의 전반적인 분위기 속에서 목회자의 부부 갈등 또는 자녀 문제 등이 건강하게 다루어지지 못할 때가 많은 것이 안타까운 현실이다.

발달단계별로 겪게 되는 위기가 있다

은퇴기에 접어든 목회자의 가정이 겪는 위기 경험들과 신입 목회자의 가정이 겪는 위기 경험들은 서로 다를 것이다. 따라서 발달단계를 고려한 위기 이해가 필요하다. 목회자 가정은 발달단계의 관점에서 볼 때 몇 단계로 나누어 이해할 수 있다.

첫째 단계는 신학생으로서 가정을 이루어 학업과 교회 봉사를 병행하는 수련 단계에 있는 일부 목회자 후보생들의 가정이다. 이 단계에 있는 목회자 후보생들은 비록 파트타임이기는 하지만 교회 현장에서 요구하는 사역의 과도한 분량과 신학대학원에서 요구하는 과도한 학업 분량 사이에서 필연적으로 과도한 스트레스를 겪고 있다. 기혼자인 후보생들은 배우자와 일상적인 대화조차 여유 있게 나눌 물리적 시간과 공간을 제대로 확보하지 못한 채 지내는 이들이 대부분이다. 신학대학원에서 교수로 재직하며 학생들의 과제물 속에 담긴 진솔한 고백들을 접하다 보면 이미 많은 학생이 상당한 수준의 탈진 단계에 접어들었다는 것을 알 수 있다. 그들은 상당한 내적 갈등과 스트레스, 그리고 이어지는 탈진과 씨름하고 있다.

그들의 배우자 역시 혼자 자녀 양육을 담당하는 데서 오는 과도한 책임감으로 높은 수준의 스트레스를 고질적으로 받고 있다. 바쁜 배우자 탓에 혼자 시간을 보내야 하는 외로움, 박봉에 시달리는 경제적인 어려움 등이 점철되는 시간을 1~3년 보내야 하는 것이다. 총신대학교 신학대학원만 해도 약 70퍼센트의 재학생들이 월요일 저녁에 기숙사에 들어오면 금요일 오전까지 가정으로 돌아가지 못한 채 학업을 감당한다. 이들이 배우자나 자녀들과 시간을 보낼 수 있는 현실적인 시간은 주일 늦은 밤과 월요일 오전밖에 없다. 그런 가운데 결혼생활을 건강하게 영위한다는 것은 현실적으로 매우 어렵다. 비슷한 시기의 발달단계에 있는 일반 부부들과는 확연히 구별된다.

미혼의 신학생들과 달리 기혼자들의 경우에는 경제적인 책임을 지고 있는 경우가 많기 때문에 더 큰 스트레스를 받으며 공부한다. 물론 배우자가 맞벌이를 함으로써 재정적인 지원을 해 주는 경우도 적지 않다. 그러나 서로 스트레스를 잘 다독여 해소하지 않을 때 자칫 가정 위기로 치달을 위험성이 있다. 그런 의미에서 미국 신학교 중 어느 정도 규모가 있는 곳은 기혼자 기숙사를 제공하고 있다. 신학교육 과정에서 가족이 미치는 영향의 중요성을 잘 알고 있기 때문이다. 우리나라에서도 주요 교단 신학대학원들은 경제적인 이익을 고려하기보다는 목회자로서 첫발을 디딘 기혼 목회자 후보생들과 그들 가족의 심리적 안정과 영적 발달을 위하여 교내 기혼자 기숙사 건립을 적극적으로 검토하기를 바란다. 목회자 후보생의 자녀들이 신학대학원 캠퍼스에서 아빠 엄마와 보낸 영아기, 유아기, 유년기를 즐겁고 행복한 기간으로 기억해야 심리 구조가 틀을 잡는 시기에 좋은 경험을 누적할 수 있을 것이다. 학교 기숙사에서의 생활은 장기적으로 목회자 자녀들이 건강한 인성을 가진 아이들로 성장하는 데 큰 도움을 줄 수 있다. 정신분석학의 한 이론인 대상관계이론의 관점에서 볼 때 아이가 기억하지 못하는 만 3-4세까지의 양육 환경이 성격 형성의 기초를 닦는 가장 중요한 환경이기 때문이다. 일반적으로 3년의 기간을 소요하는 신학대학원 교육과정 시절이 자녀들의 심리 발달과 영성 발달을 이루는 데 지대한 영향을 끼칠 수 있는 시기가 될 수 있다는 점을 생각해야 할 것이다.

둘째 단계는 신학대학원을 졸업한 후에 전임 사역을 시작하여 부목사로서 어느 정도 목회 경력을 쌓고 있는 목회자 가정들이다. 이들 중에는 개척교회의 담임목사로 사역을 시작한 목회자 가정들이 포함된다. 전임 사역의 기회가 주어지는 목회자 가정의 경우에는 기본적으로 경제적 안정을 누린다는 점에서 파트타임이나 준전임 목회자의 가정에 비해서는 경제적인 스트레스가 덜할 수 있다. 그러나 40대 초반을 넘어선 부목사들은 담임목사로서의 기회를 얻기 위해서 치열한 경쟁을 해야 하는 것이 목회 현실이다. 더욱이 현재 사역하는 교회에서 열심히 노력해서 인정을 받아야 하기 때문에 이 시기 부목사들은 과도한 스트레스를 겪을 수 있다. 물론 담임목사에 비해서는 제한된 범위의 책임만 지기 때문에 상대적으로 스트레스를 덜 받는 면이 있다. 부목사들의 가정은 담임목사의 가정에 비해서 비교적 사생활을 지킬 수 있다는 장점도 있다. 이 연령대에 속한 목회자에게는 사춘기에 접어든 자녀가 있을 수 있다. 불안정한 시기를 거치는 자녀의 문제가 목회자 부부의 문제로 비화될 수 있음을 고려해야 한다.

셋째 단계는 중년기를 거치고 있는 담임목사의 가정들이다. 어느 정도 경제적인 안정과 신분의 안정을 누린다는 점에서 전 단계 목회자 가정들에 비해서 위기에 대처하는 자원을 더 갖고 있는 장점이 있다. 하지만 부부가 중년기를 거치면서 자칫 다른 이유로 위기를 경험할 위험성이 높다. 예를 들어 중년의 사모는 폐경기와 맞물리면서 건강이 약화될 수 있으며, 우울증과 같은 정신질환에 취약해질 수 있다. 때로는 부부의 성생활이 원만하지 못할 수 있는 시기이기도 하다. 중년기의 목사는 사역에 집중하면서 자칫 일중독에 빠질 수 있다. 그에 수반하는 증상으로 가족 구성원 사이의 친밀감이 약화될 수 있다. 목사의 성적인 비행이 일어나는 위험성이 가장 높은 시기이기도 하다. 따라서 이 발달단계에 있는 목회자 가정은 가족 간에 생겨날 수 있는 불만과 분노를 잘 인식하고 직면해서 해결해야 한다. 문제를 회피하거나 억압하다가 사소한 일이 기폭제가 되어 어느 날 갑자기 위기를 맞을 수 있기 때문에 경각심을 가져야 할 시기이다.

넷째 단계는 중년 말기부터 은퇴 준비기에 접어든 목회자의 가정들이다. 이들은 은퇴와 함께 애도 과정을 겪는다. 은퇴를 현실적으로 잘 준비하지 못한 채 이 시기를 맞이하는 목회자 가정들은 역할 상실, 교인들과의 관계 상실, 경제적 상실, 신체적 능력 상실 등 여러 상실을 겪으면서 슬픔과 우울, 불안, 분노의 부정적인 감정들과 씨름한다. 앞 단계들을 건강하게 거치지 못한 목회자 부부는 노년기의 삶이 전반적으로 '잘 살았다', '부족하지만 보람 있었다', '행복하다'라는 생각 대신에 공허감과 외로움, 우울감을 상당한 기간 동안 경험할 것이다. 경제적인 안정이 보장되지 않는 노년기를 보내는 은퇴 목회자들과 은퇴 선교사들이 적지 않은 것이 현실이다. 따라서 적극적으로 은퇴를 준비하며, 은퇴 후 제2의 인생을 준비하는 지혜를 가져야 할 것이다. 은퇴 이후의 삶을 미리 준비하며 서서히 무대에서 내려올 준비를 하는 것이 예견된 위기를 기회로 삼을 수 있도록 도와줄 것이다.

과거 목회자 가정에 없었던 위기가 있다

현재 한국 교회 목회자 가정은 일제강점기나 한국전쟁 후, 경제 개발 시대, 심지어 IMF 시기의 목회자 가정과 구별되는 사회 문화적 환경에 처해 있다. 90년대 중반의 신학생과 현재의 신학생은 전반적으로 다른 특성을 보인다. 그중 하나가 자기중심적인 태도가 두드러진다는 것이다. 디모데후서에서 구체적으로 언급한 말세의 인간상이 현대인들의 특징이자 한국 교회 교인과 목회자들의 자화상일 수도 있다는 점에서 경각심을 가져야 한다.

> 2 사람들이 자기를 사랑하며 돈을 사랑하며 자랑하며 교만하며 비방하며 부모를 거역하며 감사하지 아니하며 거룩하지 아니하며 3 무정하며 원통함을 풀지 아니하며 모함하며 절제하지 못하며 사나우며 선한 것을 좋아하지 아니하며 4 배신하며 조급하며 자만하며 쾌락을 사랑하기를 하나님 사랑하는 것보다 더하며 5 경건의 모양은 있으나 경건의 능력은 부인하니 이 같은 자들에게서 네가 돌아서라 딤후 3:2-5

마치 소돔과 고모라와 같은 역기능적이며 죄악이 행해지는 환경 속에서 호흡하며 살고 있기 때문에 성도들의 가정도 많이 세속화되고 있으며 고통을 겪는다. 목회자들의 가정도 마찬가지이다. 위 말씀에서 지적한 열아홉 가지의 증상들은 핵심적으로 본다면 왜곡된 자기 사랑의 꽃이자 열매들이라고 볼 수 있다.

과거 대부분의 목회자 가정들은 경제적으로 힘든 환경에서도 소명을 따라 가난한 삶조차 감내할 수 있는 맷집이 있었다. 과거 목회자들은 가정 사역을 도외시할 만큼 목회에 목숨을 걸었고, 이에 대해 큰 문제의식을 갖지 않았다. 사역에 지나치게 몰두한 것 때문에 부부 갈등으로 비화되어 이혼까지 하는 경우는 거의 없었다. 그뿐만 아니라 과거 사모들은 전통적이며 가부장적인 사회에서 자라났고 사모로서의 역할에 순응적이었다. 캐런 호나이(Karen Horney)의 신경증적인 불안 대처 방식에서 본다면 공격형(moving against)과 회피형(moving away)보다는 순응형(moving toward)이 대부분이었다.

그러나 오늘날의 목회자들은 이전과 달라졌다. 앞에서 언급했듯이 전반적으로 자기애성 성격장애를 지닌 목회자들이 점점 많아지고 있다. 삶의 전반에 불안이 깔려 있고 통제 욕구가 강한 강박성 성격장애를 지닌 목회자들도 적지 않다. 이전 세대에 비해 목회자의 숫자가 매우 많아졌다. 목회자가 귀히 여겨지지 않는 시대이다. 거기다 교회는 양적으로 정체 또는 퇴보 현상을 겪고 있다. 그 결과 목회자들이 매우 경쟁적인 환경에서 목회하고 있다. 담임목사로 청빙받는 것이 과장한다면 하늘의 별 따기보다 어려운 환경이 되었다. 따라서 목회자들의 관계에서도 동역자 의식보다는 개인주의 의식이 점점 팽배해지고 있다.

가정생활만 했던 이전 세대의 사모들과 달리 현대의 사모들은 파트타임 또는 풀타임의 직업을 갖고 경제적인 책임을 분담해야 하는 시대에 살고 있다. 목회자 역시 부득이하게 이중직을 가질 수밖에 없는 현실이다. 전통적인 목회자 가정과 달리 경제적인 압박감이 이중직 목회자의 소명의식에 도전을 주고 있다.

그밖에도 이전 세대에 비해 특화된 세미나나 치료 프로그램과 지원 시스템이 많이 제공되고 있다. 목회자 자녀들이나 선교사 자녀들을 위한 지원 시스템이 보급되고 있다. 선교사 케어 프로그램과 같은 치료 프로그램도 제공되고 있다.

그러나 사회 문화가 빠르게 변화하고 있고 쾌락 중심적인 사회가 되어 가고 있다는 점을 심각하게 고려해야 한다. 목회자와 사모들마저(자녀들은 차치하고서라도) 이전 세대의 목회자 부부가 생각하지도 못했던 죄를 짓기 좋은 환경에 살고 있다. 인터넷을 통해 접근할 수 있는 각종 성적 오락물과 포르노물이 적지 않은 목회자들의 경건생활과 가정생활을 위협하고 있다. 목회자의 경우 성중독 수준으로 진전될 때에는 쉽게 도움을 요청하기가 어렵다. 도박 중독, 게임 중독, 심지어 알코올중독도 목회자 가정을 위협하는 요인이 되고 있다. 이런 것들은 이전 세대의 목회자 가정이 고민하지 않았던 부분이다. 이와 같은 요인들은 일반 성도의 가정보다 목회자 가정에 굉장한 위기를 가져올 수 있다.

목회자의 부부간 갈등이 건강하게 다루어지지 않을 때 일시적으로는 억압, 부인, 투사, 합리화, 회피, 일중독과 같은 방어기제로 처리될 수 있다. 그러나 장기적으로 방치하면 심각한 증상으로 표출될 가능성이 매우 높다. 갈등이 일어날 수 있는 요소들은 많다. 부부의 성격 차이, 성격장애(특히 자기애성, 경계성, 편집성, 강박성), 영적 성숙도의 차이, 사모의 남편 목회자를 향한 비현실적인 기대감과 완벽주의, 경제적 어려움 등이 갈등 요인이 될 수 있다. 자녀 양육 방식의 차이, 자녀들의 탈선, 원가족과의 미해결 과제 등은 목회자 가정 시스템에 불안을 장기적으로 야기할 수 있다. 누적된 스트레스와 불만이 과격한 분노와 폭력으로 표출될 수 있다. 목회자 가정에서는 비밀이 되기도 하는 신체 폭력, 언어폭력, 정서 폭력, 또는 영적 폭력이 이들 가정을 점점 취약하게 만들 수 있다.

개척 단계를 벗어나지 못한 상태에서 장기간 목회를 하는 목회자나 사모는 자칫 우울증, 불안장애, 심하면 망상장애와 같은 정신적인 질환에 취약해질 수 있다. 정신적인 질환은 많은 경우에 서서히 진행되기 때문에 주변 가족들조차 알아차리기 어렵다. 특히 사모의 폐경기와 맞물리면 상당 기간 목회자 가정의 정신적 취약성은 증가한다. 중년기의 남성 목회자들의 경우에도 여성의 폐경기 수준과 비교되지는 않지만 남성호르몬의 감소와 더불어 우울증에 취약해질 수 있다는 점도 인식해야 할 부분이다.

목회자 부부의 원래의 의존성 성격장애적인 요소와 동반의존성이 맞물리면서 일부 목회자나 사모가 이단에 현혹될 위험성이 높아질 수 있다. 잘못된 종말론에 현혹되거나 이단으로부터 경제적인 도움을 받음으로써 자신도 모르게 그 집단에 빠지는 것이다. 이 경우 목회자 가정과 교회가 망가질 위험이 있다. 영적, 심리적으로 건강이 망가지고 있음을 알려 주는 신호는 극단성에서 드러난다. 특정한 사역을 지나치게 강조하거나 특정한 가르침에 목숨을 걸거나 강조하는 것은 위험 신호이다. 목회자나 사모의 자아기능(ego functions)이 통합적으로 작용하지 못하고 있음을 알려 주는 증상이다.

심리적인 관점에서 볼 때 목회자나 사모의 '취약한 자기'(fragile self)가 위기의 원인이 될 수 있다. 성장기에서 적절한 공감과 수용 경험이 없이 목회자와 사모가 된 이들은 성취와 업적으로 자기존재감을 확인하고자 하는 욕구가 강하다. 휴식조차 사치스럽게 여기며 배우자와의 여유 있는 시간과 공간을 오히려 번거롭다고 생각한다. 심리적, 성적, 영적으로 재충전하지 않은 채 계속 사역에 몰두하면 목회자 부부의 심리적, 영적

탱크가 점점 고갈된다. 장기화되면 허위 친밀감을 외부에서 맛보고자 하는 충동에 취약해진다. 한국 교회 내에 일어난 목회자들의 성적 비행과 탈선에는 이런 역동성이 자리 잡고 있다.

위기를 성숙과 변화의 기회로 삼아라

현대 목회자 가정을 위한 대응책 및 치유책이 필요하다.

첫째, 목회자 가정은 성도들의 가정보다 마귀의 유혹과 시험을 받기 더 쉽다는 점을 인식해야 한다. 즉 목회자 가정은 위기의 최전선에 있음을 자각해야 한다. 마귀의 전략은 목회자 가정을 무너뜨리는 것이다. 지도자의 가정이 무너지면 교회가 무너지며 한국 교회 전체에 부정적인 파급효과가 크기 때문이다. 예측하지 못했던 위기는 대처하기가 쉽지 않다. 그러나 발달단계에 따른 위기는 예측하고 미연에 예방하는 지혜가 필요하다. 평소에 심리적으로나 영적으로 깨어 가정의 건강성을 체크하는 수밖에 없다.

둘째, 목회자와 사모는 가정의 건강성을 스스로 진단하며 역기능적인 영역에 대해서 의식화해야 한다. 정확한 진단이 없이는 올바른 치유책을 강구하기 어렵다. 회피하거나 순응하는 방어기제에 의존하는 대신에 문제를 직면해서 대화하며 갈등을 해소하는 능력과 지혜가 있어야 한다. 필요하다면 전문적인 부부상담이나 가족상담을 받는 용기를 내야 한다.

셋째, 목회자 가정을 위한 전문 상담사 양성과 전문 상담 기관 설립의 활성화가 절실하게 필요하다. 남서울교회 상담실과 할렐루야교회 할렐루야상담센터에서는 외부 성도들과 목회자, 선교사, 신학생 가정들에게 전문적인 상담 서비스를 제공하고 있다. 이와 같은 기독교적이며 목회적인 상담 서비스가 한국 교계에 좀 더 활성화되어야 할 것이다. 다양한 심리 검사를 통하여 목회자와 가족들이 정신 건강을 체크하는 것은 건강검진 못지않게 중요하다. 우울증은 목회자 가정을 위협하는 대표적인 정신질환이다. 목회자와 사모의 정신 건강을 위한 세미나와 목회자 부부를 위한 프로그램을 각 교단에서 적극적으로 개발하며 시행해야 할 것이다. 소 잃고 외양간을 고치는 어리석은 행동보다는 미연에 예방하는 대응책을 시급하게 마련해야 할 것이다.

넷째, 목회자 가정이 경제적으로 안정감 있게 생활할 수 있도록 목회자 각자가, 교회가, 교단이 노력해야 할 것이다. 지역 교회는 담임목사를 비롯한 전임 부교역자들과 파트타임 교육전도사들의 생활비를 현실성 있게 책정하여 제공하도록 힘써야 할 것이다. 현실적으로 빚을 질 수밖에 없는 수준의 생활비를 제공하면 목회자 가정은 누적된 스트레스 때문에 어느 순간 큰 위기를 맞을 수 있다. 교회에게 책임이 없지 않다는 인식을 해야 양심적일 것이다.

목회자 개인적으로는 은퇴 이후의 삶을 스스로 준비하여 교회에 장기적으로 의존하지 않도록 해야 할 것이다. 교단연금과 국민연금 등에 가입해서 은퇴 후에 경제적으로 독립적인 삶을 살 수 있도록 준비하는 지혜가 필요하다. 물론 이 말은 목사로서 적절한 사례금을 받는 목회자들에게 하는 말이다. 그동안 한국 교회는 원로목사 제도를 법적으로 규정하여 은퇴 후의 목회자 가족의 노후를 보장해 왔지만 여러 부작용을 낳고 있는 것이 현실이다. 다른 일반 직장인들과 마찬가지로 평소에 생활비를 아껴 저축하며 미래를 준비하는 행동이 목회자 가정에 요청된다. 이것은 목회자가 깔끔하게 은퇴하는 데 유익하며 교회와 후임 목사에게 재정적 부담을 주지 않도록 배려하는 행동이다. 백세 시대에 원로목사를 때로는 두 분 이상 모셔야 하는 상황까지 일어날 수 있다는 점에서 현재 4-50대의 목사들의 경우에는 원로목사 예우를 자발적으로 포기하고, 은퇴할 때까지 소신 있게 목회하며 존경받는 목회자로서 은퇴하도록 해야 할 것이다.

다섯째, 목회자가 사역 현장에서 겪는 스트레스가 사모와 자녀들에게 덜 영향을 주도록 하기 위해서는 목회자 가정의 경계선이 건강하게 유지되어야 할 것이다. 지나치게 폐쇄적이어서도 안 된다. 지나칠 정도로 개방적이 되어서도 곤란하다. 목회자 가정의 심리적 경계선은 교인들로부터 분명하게 존중받아야 한다. 그래야 목회자 가정 시스템이 위기나 불안 상황에 지혜롭고 성숙하게 대처할 수 있다. 안정된 가정 환경을 제공할 때 목회자 자녀들이 신앙과 삶에서 덜 괴리감을 느낄 것이다. 성장해서도 성격장애가 덜 생기게 될 것이다.

여섯째, 목회자 가정에서 자발적이면서도 의사소통이 잘되는 가정예배가 드려져야 할 것이다. 성도들을 위한 사역에 앞서 목회자의 가장 가까운 이웃이자 사역의 대상인 사모와 자녀들을 위한 가정예배가 정기적으로 드려질 때 설령 위기가 생기더라도 대처할 수 있는 응집력과 맷집을 갖춘 목회자 가정이 될 수 있다. 가정예배가 강압적으로 이루어지는 것은 좋지 않다. 가족 간의 의사소통이 수반될 수 있는 가정예배가 되도록 해야 할 것이다.

목회자 가정도 위기를 통하여 목회자나 가족 구성원이 심리적으로나 영적으로 성숙할 수 있다는 사실을 인식하고 위기 자체를 두려워하지 말아야 할 것이다. "우리가 환난 중에도 즐거워하나니 이는 환난은 인내를, 인내는 연단을, 연단은 소망을 이루는 줄 앎이로다"(롬 5:3-4)라고 고백한 바울처럼 고통과 위기를 잘 견뎌내고 승화시킴으로서 성숙과 변화의 기회로 삼아야 할 것이다.

chapter 8 ·

은퇴 후의 아름다운 삶을 준비하라[1]

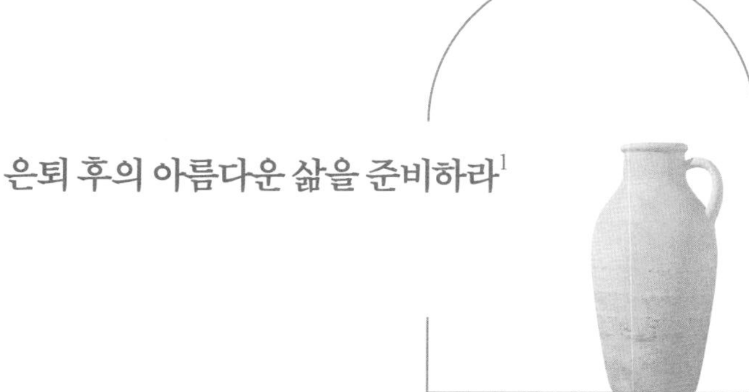

인생에도 사계가 있다. 은퇴 이후의 삶은 늦가을과 초겨울에 비유될 수 있다. 지혜자 솔로몬은 "범사에 기한이 있고 천하 만사가 다 때가 있나니 날 때가 있고 죽을 때가 있으며 심을 때가 있고 심은 것을 뽑을 때가 있으며"(전 3:1-2)라고 말하며 인생을 잘 간파했다. 목회자의 삶도 예외가 아니다. 목회자로서의 봄과 여름과 가을이 있고 겨울이 있다. 그러나 겨울이 반드시 부정적인 계절은 아니다. 겨울은 겨울로서의 가치와 아름다움이 있기 때문이다. 솔로몬은 "하나님이 모든 것을 지으시되 때

---

1 "은퇴 목사의 아름답고 건강한 사회적 관계맺기", 〈목회와신학〉, 2018년 6월호 참조.

를 따라 아름답게 하셨고"라고 말하며 이 사실을 잘 지적했다(전 3:11). 하나님은 아름다운 분이며 만물을 아름답게 창조하신 분이다. 하나님은 목회자의 은퇴 이후의 삶의 시기를 은퇴 전의 삶의 시기만큼 아름답게 보시며 은퇴 목회자들과 배우자들이 아름답게 살기를 원하신다.

교단에 따라 다르지만, 대부분 목회자들은 70세 전후로 은퇴를 한다. 백세 시대인 지금 은퇴 후에도 2~30년을 보내야 한다. 어떤 목회자 부부는 이 시기를 창의적으로 보내며 보람된 여생을 즐기기도 한다. 그럼에도 불구하고 적지 않은 목회자들은 은퇴 이후의 삶을 아름답게 살지 못한다. 경제적으로 넉넉하지 못한 삶으로 힘들어하거나 배우자 없이 외로움과 씨름하며 살기도 하고 자신이나 배우자가 병에 걸려 고통을 겪기도 한다. 현직에서 물러나 잊힌 채 살고 있는 이들도 매우 많다. 현직에 있는 목회자들조차도 경제적인 안정감을 누리는 이들이 절반이 채 되지 않는 한국 교회 현실을 고려한다면 은퇴 이후에 빈곤층의 경제적 수준으로 살고 있는 목회자들이 상당히 많을 것이라는 사실을 어렵지 않게 추정할 수 있다. 그러나 목회자의 경제적인 부분을 다루는 것은 이 글의 범위를 넘어서는 것이다. 이 책에서는 목회자의 은퇴 전후의 사회적 관계를 어떻게 준비하며 어떻게 맺으면서 살아야 할 것인지에 대해 초점을 맞출 것이다.

아름다운 작별을 위해 은퇴를 준비해야 한다

'은퇴'는 '숨길 은'(隱)에 '물러날 퇴'(退)로 이루어진 단어이다. 공적인 활동을 접고 뒤로 물러나는 것을 의미한다. 목회자의 경우에는 강단과 사역 현장에서 자신을 드러내던 삶을 마무리하고 활동 무대에서 내려오는 것을 의미한다.

은퇴 없이 평생 일하는 이들이 꽤 있다. 자영업을 하는 이들이다. 이들은 자신이 원하는 시기까지 일할 수 있다. 그러나 공적인 위치에서 일하는 사람들은 자신의 의사와 상관없이 일정한 시기가 되면 은퇴를 해야 한다. 교단 소속 목사들도 마찬가지이다. 신학 교수인 목사들은 교수 정년인 65세에 은퇴를 해야 한다. 이처럼 목사의 은퇴가 반드시 거쳐야 하는 통과의례라면 이 은퇴 시기와 방법을 지혜롭게 준비하는 것은 당연히 해야 할 일이다. 많은 교인과 맺어 왔던 사회적 관계를 잃는 은퇴 이후의 삶에 대하여 '은퇴 목사의 정체성을 유지하면서 누구와, 어떤 방식으로 새로운 관계를 건강하게 맺어 갈 것인가?'라는 질문은 매우 중요하다. 이 질문에 대해서 크게 두 가지로 대답해 볼 수 있겠다.

첫째, 은퇴를 앞두고 지금까지 맺어 왔던 관계들을 건강하게 마무리해야 한다. 그동안 목회 생활에서 은혜를 입었던 직분자들과 성도들에게 개별적으로 감사의 표시를 할 수 있다. 직접 만나서 식사하면서 인사하거나 카드나 이메일과 같은 수단을 사용해서 그동안의 관계에 아름답게 마침표를 찍는 것이다. 이 작업은 은퇴식을 통해 집단적으로 할 수 있겠지만 그 몇 달 전부터 개별적으로 진행하는 것이 보내는 직분자들과 성도들에게도 목양적이 될 수 있다.

공식적인 은퇴식도 중요하다. 의식을 통하여 목사의 은퇴를 축하하고 위로하며 그동안의 관계에 공식적으로 마침표를 찍을 수 있는 치료의 기회를 주기 때문이다. 용서를 구하고 용서를 하며 앞날을 축복하는 은퇴식은 은퇴 후의 삶으로 나아가는 목회자 부부에게 목회에 대한 미련과 아쉬움에 매이지 않게 하는 데 유익하다.

아름다운 작별은 새로운 관계를 건강하게 맺는 데 매우 중요하다. 사역자로서의 아름다운 작별과 은퇴의 모델을 바울에게서 찾아볼 수 있다. 바울은 예루살렘으로 가는 마지막 여정에 밀레도에서 에베소교회 장로들을 초청해 그들과 작별을 나누었다. 에베소에서 그들을 가르치고 함께 생활했던 시간들을 회상하며 부탁의 말, 경계의 말, 축복의 말로 마침표를 찍었다(행 20:17-35). 모든 말을 마친 후에 "무릎을 꿇고 그 모든 사람들과 함께 기도"했고 그들은 "다 크게 울며 바울의 목을 안고 입을 맞추며 다시 그 얼굴을 보지 못하리라 한 말로 말미암아 더욱 근심하고 배에까지 그를 전송"했다(행 20:36-38). 에베소에서 3년 동안 거하면서 밤낮으로 수고하며 가르친 제자들이자 직분자들에게 바울은 "내가 아무의 은이나 금이나 의복을 탐하지 아니하였고 여러분이 아는 바와 같이 이 손으로 나와 내 동행들이 쓰는 것을 충당하여 범사에 여러분에게 모본을 보여 준 바와 같이 수고하여 약한 사람들을 돕고 또 주 예수께서 친히 말씀하신 바 주는 것이 받는 것보다 복이 있다 하심을 기억하여야 할지니라"(행 20:33-35) 하면서, 그들 또한 이렇게 살 것을 권면하면서 에베소교회 사역에 아름다운 마침표를 찍었던 것이다. 구약에서는 모세와 여호수아와 사무엘이 사역에 마침표를 잘 찍은 지도자로서 좋은 모델이다(신 31:1-29, 수 23:1-24:28, 삼상 12:1-25).

물론 마침표를 찍는다고 해서 반드시 이전 관계를 모두 단절해야 한다는 것은 아니다. 자연스럽게 관계가 지속될 수 있는 성도들도 일부 있을 것이다. 그러나 담임목사와 성도로서의 관계가 곧 종결될 것이며 다시는 그런 관계로는 만나지 않을 것이라고 약속하는 작업이 반드시 필요하다. 이것은 특히 후임 목사를 위해 해야 할 매우 중요한 작업이다.

원로목사와 후임 목사 사이의 갈등 요인 중 하나가 원로목사의 상실로 인한 애도 과정이 제대로 이루어지지 않음에 있다. 마침표를 제대로 찍어야 교회와 교인들에 대한 미련과 아쉬움이 남지 않는다. 교인들도 담임목사로서의 역할과 관계는 종결되었다는 사실을 잘 인식해야 후임 목사와 새로운 관계를 건강하게 맺을 수 있다. 그래야 원로목사도 후임 목사와 건강한 관계를 유지할 수 있다. 따라서 은퇴 시점을 앞두고 성도들과의 관계에서 미리, 서서히 정을 떼는 작업을 의도적으로 하는 것이 꼭 필요하다. 교인들에게도 예견하는 상실에 대하여 애도할 시간을 줄 필요가 있다. 그래야 그들이 후임 목사와의 관계에서 안정된 애착이 이루어질 수 있을 것이다.

둘째, 은퇴하기 전 2-3년 전부터 관계에 우선순위를 정해서 덜 중요한 외부 관계들은 가지치기하듯이 줄여 가는 노력을 해야 한다. 점진적으로 관계를 줄일 때 몸과 정신이 새로운 삶에 좀 더 쉽게 적응할 수 있다. 은퇴 직전까지 전력투구하는 것도 귀하지만, 활동기에서 은퇴기로 전환하는 시기를 통해 경험해 보지 못한 은퇴기의 삶에 잘 적응할 수 있도록 준비하는 것이 지혜롭다. 이를테면 숨고르기를 하는 것이다. 은퇴 이후의 삶을 준비하지 않은 채 갑자기 은퇴를 맞이하면 상실감으로 인한 충격의 여파가 오래갈 수 있다. 이전의 관계는 점점 '쇠하여야 하겠고' 새로운 관계가 점점 '흥하여야' 은퇴 목사로서 또는 그의 배우자로서의 삶이 크게 요동하지 않을 것이다.

셋째, 은퇴 후의 삶을 위하여 미리 목회자 연금에 가입하거나 경제적인 준비를 해야 한다. 경제적인 여유 여부는 사회적 관계에도 영향을 미친다. 흔히들 하는 말이 은퇴한 친구들끼리 모이는 등산 모임에도 1만 원의 회비를 내는 모임과 2만 원의 회비를 내는 모임에 차이가 있다고 한다. 회비가 1만 원인 모임은 등산하고 식사하는 것으로 끝나지만, 2만 원인 모임은 식사 후 커피나 차를 마실 수 있다고 한다.

한계를 받아들이고 하나님과 더 친밀한 관계를 맺으라

은퇴 후에는 어떻게 사회적 관계를 맺을 수 있을까?

첫째, 은퇴 후에 실제적으로 겪게 될 상실들로 인한 슬픔을 직면하는 것이다. 애도 작업을 제대로 하면 새로운 관계를 형성하는 데 유익하다. 오랫동안 몸담았던 사역지를 떠나야 하고 정들었던 교인들과도 자주 볼 수 없는 현실은 예상했던 것 이상의 복합적인 감정들을 유발한다. 허탈감, 우울감, 외로움, 슬픔, 심지어 분노 등의 감정이 주기적으로 밀려올 수 있다. 그 기간이 길어질 수도 있다. 상실한 대상에 대해서 이런 감정에 휩싸이지 않고 이야기할 수 있을 정도가 되려면 일반적으로 3년 정도의 시간이 걸린다고 볼 때 은퇴 후 약 3년 정도의 기간은 애도 기간이라고 보아도 좋을 것이다. 충격감, 무감동, 비현실감, 현실 부정, 분노, 타협, 우울과 같은 경험이 중요한 시점을 전후로, 예를 들어 부활절, 성탄절, 명절, 은퇴기념일, 생일 등과 같은 때에 밀려들 수 있다.

그러나 이런 것들이 애도 과정에서 반드시 겪어야 할 감정들이라는 사실을 인식하고 인정해야 한다. 부정적일 수도 있는 이런 감정들을 방어기제를 사용해서 회피하지 않고 직면하는 것이 새로운 대상들과 사회적 관계를 맺는 데 반드시 필요하다. 애도 과정을 제대로 겪지 않은 채 새로운 관계를 시도하면 성장 대신 퇴행의 결과를 가져올 수 있다. 새로운 관계 속에서 반복적으로 문제를 야기하거나 실망할 수 있다. 마침표를 찍지 않은 이전의 관계들이 현재의 관계들에 역동적으로 영향을 끼치기 때문이다. 이것은 마치 사별하거나 이혼한 사람이 과거의 관계 상실에 대해서 충분히 애도하지 못한 채 쉽게 재혼할 때 새로운 배우자와의 관계에 이전 관계의 미해결 이슈들을 전이할 가능성이 높은 것과 비슷하다.

둘째, 그동안 해 왔던 목회와 구별되는 일이나 취미 또는 직업을 통해 관계의 범위를 넓히는 창의적인 노력을 해볼 수 있다. 특히 조기 은퇴를 한 목회자들은 제2의 인생을 사는 기회가 주어졌다고 생각하고 자신이 하고 싶었던 일이나 취미에 집중함으로써 활기찬 은퇴 생활을 할 수 있다. 예를 들면, 택시 운전을 하면서 다양한 사람들을 만나며 복음도 전하고 경제적으로도 도움을 얻는 것은 고려해 볼 수 있는 좋은 삶의 양식이다. 최근에 고등학교에서 영어 교사로 교편생활을 마친 후에 자가 용달 화물차를 운전하는 분을 만난 적이 있다. 그는 건강한 몸으로 여전히 활동할 수 있고 경제적으로도 가족에게 도움을 줄 수 있다는 것이 매우 기쁘고 자랑스럽다고 말했다. 은퇴한 후에는 건강이 허락하는 한 파트타임이라도 일을 하면서 사람들과 관계를 맺는 것은 목회자의 노년기에 자칫 찾아올 수 있는 우울증을 예방하는 데 도움이 된다.

셋째, 은퇴 목사들로 이루어진 교회나 소그룹에 소속함으로써 사회적 관계를 맺는 방법이 있다. 서울과 부산 등 대도시에는 '은목교회'라는 교회가 있다. 은퇴 목사들과 사모들만 멤버가 되는 독특한 성격의 교회이다. 교단 목사들로 이루어진 교회들이 있는가 하면 초교파적으로 모이는 교회들도 있다. 은퇴한 후에 출석할 교회가 마땅치 않은 목사들과 사모들에게 은목교회는 '품어 주는 환경'을 제공한다. 어느 교회에 출석하든지 정서적으로 애착감을 느낄 수 있는 교회의 멤버로서 소속감을 갖고 신앙생활을 하는 것이 은퇴 목사와 배우자가 사회적 관계에서 외로움을 극복하는 데 꼭 필요하다.

넷째, 사회적 관계를 맺는 것이 중요하지만 특정 사람들에게 지나치게 의존적인 관계를 맺지 않도록 은퇴하기 전부터 심리적인 독립성을 키울 필요가 있다. 노년기에 목사들도 자칫 유년기적인 사고와 행동을 보이는 삶으로 퇴행할 위험성이 있다. 사모가 먼저 소천하더라도 스스로 생활할 수 있을 정도의 기본적인 기술을 습득해야 한다. 남편에게 지나칠 정도로 의존적인 사모들은 남편이 소천한 후에 홀로서기가 매우 힘들다. 지나치게 의존적이라는 것은 심리적으로는 어린아이 상태에 있다는 것을 의미한다. 어린아이와 같은 마음을 가진 채 은퇴를 맞이하면 외로움에 빠져 삶이 고통이 된다. 자녀들이나 타인들에게 본의 아니게 짐이 될 수 있다.

다섯째, 등산, 배드민턴, 낚시, 합창, 악기 연주 등과 같은 취미생활을 함께하는 동호회에 가입해서 평범한 사람들과도 적극적으로 관계하며 활동하는 것이 도움이 된다. 은퇴 목회자들로 이루어진 중창단을 만들어 공연을 요청하는 병원이나 기관을 방문해서 버스킹 형식의 작은 연주회를 하는 것은 사회적 관계를 형성하고 유지하는 좋은 한 예다. 연습 과정을 통해 서로 호흡을 맞추면서 멤버들 간에 끈끈한 유대관계를 형성할 수도 있다. 교회 공동체 중심적으로 살아왔던 삶의 반경을 넓혀서 지역 사회의 동호회나 문화교실에 참여함으로써 사회적 관계망을 유지하는 것도 유익하다.

여섯째, 이메일, 메신저, 페이스북, 블로그 등의 소셜 미디어를 활용해서 온라인으로 친구 맺기를 하는 것도 유익할 수 있다. 다만 주의점도 있다. 불특정 다수와 온라인 상에서 소통할 경우 피상적인 관계에 그치기 쉽고 오히려 삶의 경계선이 허물어질 수 있다. 또한 너무 일상적인 삶을 지나치게 자주 소셜 미디어에 공개하다 보면 다른 사람의 마음을 불편하게 할 수도 있다. 이 점을 인식하는 민감함과 배려가 필요하다. 좋은 방법은 개인 블로그를 만들어 좋은 글이나 짧은 설교, 복음을 변증적으로 전하는 글을 게재하는 것이다. 목회 경험을 통해 기본적인 상담을 할 수 있는 지식과 지혜를 겸비한 은퇴 목사의 경우에는 소셜 미디어를 통해 익명의 사람들에게 널리 도움을 줄 수 있다. 영어로 소통이 되는 은퇴 목사는 다양한 국적의 사람들에게까지 선한 영향을 끼칠 수 있을 것이다.

일곱째, 제한된 범위 안에서 여러 형태의 사회봉사에 참여하는 것을 고려해 볼 수 있다. 사회봉사를 통하여 돌봄의 대상들과 사회적인 관계를 형성하는 것은 보람을 경험하고 삶의 가치를 되찾을 수 있게 한다. 한 예로 양로원이나 호스피스 병동을 방문하여 자원봉사를 할 수 있다.

여덟째, 목회 기간 동안에 참석하기 어려웠던 모임에 적극적으로 참석함으로써 사회적 관계를 형성한다. 친척들을 정기적으로 방문하고 경조사 모임에 시간을 내어 참석하는 것은 핵가족과의 관계를 넘어서 확대가족과 유대감을 갖는 데 도움이 될 수 있다.

아홉째, 배우자와의 관계를 건강하게 유지할 수 있도록 신경 써야 한다. 아울러 서로 건강 관리를 잘해서 노년기에 취약할 수 있는 고독감과 우울감을 예방하며 대처하는 것이 필요하다. 내가 만성적으로 아프거나 치명적인 병에 걸리면 배우자도 과도한 스트레스에 노출되며 신체적으로나 정신적으로 약해질 위험성이 높아지기 때문이다.

열째, 사회적 관계를 건강하게 맺기 위하여 목회자와 사모 자신이 타인을 공감하는 법을 배워야 한다. 노년기에 자칫 빠질 수 있는 자기중심성을 인식하고 극복해야 타인들과 적절하면서도 장기적인 관계를 맺을 수 있다. 일반적으로 사람들은 이기적인 사람과는 장기적인 관계를 맺고 싶어 하지 않는다. 교회에서 주변 사람들이 자신을 당연히 도와주고 그렇게 대우해 줄 것처럼 요구하는 어느 은퇴 목사 내외를 알고 있다. 안타깝게도 그들은 자신들의 이기성을 잘 인식하지 못하고 있다. 결국 교인들 누구도 그들과는 가까이 지내고 싶어 하지 않는 결과를 야기하고 말았다.

공감력이 있는 목사와 사모는 지나간 목회 생활 중에 주로 성도들에게 받는 것이 익숙하던 삶을 내려놓고 약자들의 호소에 귀를 기울일 줄 안다. 약한 자들을 긍휼히 여기며 베풀고 섬기는 삶을 살 때 사람들도 얻고 삶에서 보람도 맛볼 수 있다.

열한째, 대인관계의 문제점이 주증상인 성격장애적 요소를 인식하고 치유에 노력을 기울일 필요가 있다. 완벽주의가 특징인 강박성 성격장애를 예로 든다면, 그들은 큰 그림을 보지 못한 채 지나치게 원칙을 따지거나 사소한 부분까지 간섭하고 잔소리할 수 있다. 그러나 그런 태도로는 다른 이들과 좋은 사회적 관계를 지속할 수 없다. 마음과 이해력을 넓히고 공감하는 태도를 가질 때 대인관계가 상호적이며 장기적으로 유지될 수 있다. 상대방의 실수와 차이를 간과할 수 있는 너그러움을 가지면 심리적, 신앙적으로 성숙해지는 노년기를 보낼 수 있다.

마지막으로, 사회적 관계가 중요하지만 아울러 사회적 관계의 한계를 인식하는 것이 중요하다. 사회적 관계에 목숨을 거는 것은 균형을 잃은 것이다. “우리의 겉사람은 낡아지나(wasting away) 우리의 속사람은 날로 새로워지도다”라고 고백한 바울의 말씀을 기억하라(고후 4:16). 은퇴 후의 삶은 자연스럽게 사회적 관계가 점점 줄어들고 심지어 배우자와의 관계도 언제 끝이 날지 알 수 없는 삶이라는 사실을 명심할 필요가 있다. 기력이 줄어들며 외부로 향하는 에너지가 감소하는 현실을 순리로 받아들이며 하나님과 더 깊고 친밀한 관계를 맺어야 할 것이다. 이 세상의 모든 관계는 기독교 신앙의 관점에서 볼 때 다 ‘잠정적인 대상관계’(transitory object relations)라는 사실을 명심해야 한다. 하나님과의 관계보다 사회적 관계를 더 추구한다면 그것은 관계가 우상화되는 것임을 기억해야 할 것이다.

Part 3.

성도가 고통과 고난을 이겨 내기 위하여

chapter 9 •

누구나 정신질환 위험에 노출되어 있다[1]

각종 스트레스가 신체질환뿐 아니라 각종 정신질환을 유발하는 주요 요인이라는 사실은 이미 널리 알려진 사실이다. 가벼운 수준부터 심각한 수준에 이르는 각종 정신질환은 현대 정신의학과 심리학의 발달과 더불어 다양한 진단명으로 분류되고 규명되어 왔다.

정신질환으로부터 조금의 얽매임 없이 자유로운 인간은 단 한 명도 없다. 세상은 죄 때문에 깨어졌고, 그 속에서 살아가는 성도들도 정신질환을 면제받지 못했다. 모든 인간은 에덴에서 축출된 이후 죄의 영향으

---

1 "목회자가 알아야 할 정신질환들", 〈목회와신학〉, 2017년 3월호 참조.

로 인하여 본성적으로 하나님이 원래 의도하셨던 정신적 기능을 온전하게 할 수 없는 존재가 되었다. 그럼에도 불구하고 하나님은 일반은총을 베푸셔서 우리가 어느 정도의 정신적인 건강과 기능성을 유지하면서 살아갈 수 있게 하셨다.

정신질환은 크게 유전적 요인과 환경적 요인으로 이해할 수 있다. 유전적 요인이라는 것은 정신질환이 유전된다는 것을 의미하지 않는다. 정신질환에 걸릴 수 있는 취약성이 유전적으로 높을 수 있다는 의미이다. 동일한 가정 환경에서 성장한 형제자매들 중에 정신질환이 생기는 사람이 있고 생기지 않는 사람이 있는 것은 취약성의 수준이 다르기 때문이다. 극단적인 입장을 지향하는 정신과 의사들은 모든 정신질환은 뇌세포와 신경전달물질의 문제이므로 약물 처방으로 치료해야 한다고 주장한다. 그러나 일반적으로 상담 심리학자들은 인간은 죽을 때까지 환경의 영향을 받으면서 살기 때문에 환경적 요인이 더 크다고 본다. 이 두 가지 요인들을 상호보완적으로 이해하는 것이 필요하다.

기독교적인 관점을 견지하는 정신과 의사나 상담사들은 정신질환이 귀신들림과 관련이 있다는 사실을 인정한다. 이 책에서는 목회자들이 기본적으로 이해해야 할 정신질환에 대해서 소개하고자 한다. 귀신들림의 영역은 다루지 않을 것이다. 아울러 정신질환이라고 할 때 소위 말하는 정신병과는 다른 의미로 사용된다는 점을 명심할 필요가 있다. 정신병 또는 정신증(psychosis)은 현실 인식 능력이 현저하게 떨어지는 정신질환이며 주로 환각이나 망상과 같은 증상이 특징인 정신질환을 의미한다. 이 책에서는 심리적 장애를 포함하는 넓은 의미의 정신질환을 다

룬다.

목회자들은 성도의 정신 건강 상태를 파악할 수 있는 최전선에 있다. 따라서 정신 건강을 잃을 때 나타날 수 있는 증상들과 진단 기준들에 대하여 기본적인 지식을 갖고 있어야 한다. 그래야 문제 증상을 호소하는 성도를 초기에 발견해서 적절한 치료책을 강구하도록 도움을 줄 수 있다. 뿐만 아니라 목회자는 정신 건강에 관한 설교나 세미나를 함으로써 예방 차원에서 성도들을 교육할 필요가 있다. 더 나아가 필요시 전문 상담사나 정신과 의사에게 문제 증상을 호소하는 성도를 의뢰함으로써 성도 개인과 가정과 교회가 건강성을 유지하는 데 기여할 수 있다. 그리고 정신질환과 장기적으로 씨름하는 성도들을 지탱하고, 위로하며, 안내하고, 교육하며, 치료하는 데 정신적, 영적 버팀목 역할을 하며 자원을 제공할 수 있다.

이 책에서는 크게 다섯 부류의 정신질환 또는 장애들을 증상 위주로 소개하고 치료적 방안을 간략하게 제시할 것이다.

기분장애, 자살충동을 조심해야 한다

인간에게 주신 하나님의 은총 중 하나는 다양한 감정을 느끼며 표현할 수 있는 능력이다. 감정, 정서, 또는 기분이라는 용어로 달리 표현하지만 기분장애는 한 마디로 감정 기능이 손상된 장애다. 대표적인 것이 우울증이다.

어느 정도의 우울한 기분은 모든 인간이 이 땅에 살면서 겪는다. 이런 우울감은 인간에게 생각의 기회를 제공하는 순기능성을 갖고 있다는 점에서 삶에 필요한 감정이다. 하루 이틀 기분이 좋지 않고 입맛이 없을 정도로 힘들다가도 일상으로 돌아올 수 있는 '회복탄력성'이 있는 사람은 우울증을 앓고 있다고 진단하지 않는다. 상실에 수반되는 우울감도 정상적인 반응이다. 그러나 여러 원인에 의해서 생기는 우울증은 증상이 최소한 2주 이상 지속될 때 임상적으로 치료가 필요한 우울증으로 진단한다.

우울증의 증상은 전인격적으로 나타난다. 신체적으로는 체중이 감소하거나 증가하는 것이다(보통은 감소한다). 식욕, 성욕 등과 같은 욕구가 감소한다. 수면장애가 있다. 에너지가 감소한다. 그리고 일상적인 기능을 잘 감당하지 못한다. 심리적 증상으로는 낮은 자존감이 특징이다. 슬픔과 짜증, 무력감과 절망감을 경험한다. 부정적인 사고가 지배하며 자살충동을 느끼거나 시도한다. 대인관계에서는 외로움과 사회적 철수가 특징이다. 신앙인들의 경우에는 예배가 무미건조해지고 의미가 없어진다. 기도생활 및 말씀생활에서 무력해진다. 정신 집중을 할 수 없기 때문에 성경을 집중해서 읽을 수 없다.

목회자가 관심을 가져야 할 부분은 '자살충동' 및 '자살희구'라는 증상이다. 많은 우울증 환자는 자살충동을 느낀다. 자신에 대한 무가치감, 무력감, 절망감 때문에 삶의 의미를 잃고 자살이 유일한 대안책인 것 같은 생각을 한다. 따라서 크리스천이라고 할지라도 우울증에 빠지면 자살을 하고 싶은 충동과 씨름할 수도 있다는 사실을 목회자는 인식해야 한다. 그래서 우울증을 앓는 성도와 상담할 때에는 자살 가능성에 대해서 직접 물어보고 대책을 세우는 것이 꼭 필요하다. 자살하지 않겠다는 서약서를 쓰고 상담하는 것도 예방적으로 도움이 된다. 그러나 자살충동에 시달릴 정도의 우울증 수준이라면 상담으로만 도우려고 하는 것은 위험하다. 정신과 의사로부터 항우울제 처방을 받거나 입원 치료를 받도록 설득하는 것이 성도를 자살 위험성으로부터 보호하는 접근이 될 것이다.

우울증은 아동부터 노인에 이르기까지 평생에 걸쳐서 나타난다는 점이 특징이다. 생리적으로는 호르몬의 분비와 밀접한 관계가 있다. 여성들이 남성들보다 최소한 두 배 이상 평생 유병률이 높다. 여성들은 산후 우울증과 폐경에 따른 우울증을 겪을 확률이 높기 때문에 남성들에 비해서 우울증에 취약하다.

우울증의 원인들은 여러 각도에서 이해할 수 있다. 뇌의 신경전달물질(각종 호르몬)의 불균형, 햇빛의 감소(가을 또는 겨울에 생기는 계절성 우울증의 경우), 분노의 억압, 부정적인 사고, 부정적인 자아상, 상실, 그리고 고질적인 역기능 환경 등이 원인으로 규명되어 왔다. 치료에는 항우울제가 효과적이다. 심리적인 원인으로 생긴 우울증의 경우에는 상담이 병행되어야 할 것이다.

양극성(bipolar)장애라고 불리는 조울증은 특별한 이유 없이 일정한 기간 동안 기분이 매우 좋고 에너지가 넘치다가 갑자기 우울해지는 증상이 반복되는 특징을 가진 기분장애이다. 조울증은 무모하게 일을 벌일 수 있다는 점에서 위험한 정신질환이다. 약물 처방이 꼭 필요하다.

불안장애, '혹시 그렇게 되면 어떡하지?'

적절한 불안과 두려움은 이 세상에서 살아가는 동안 필요한 감정이다. 하지만 불안이 불필요한 상황에서 작동되면 삶의 질을 떨어뜨리며 장애로 진단받는 고통을 야기할 수 있다. 불안장애의 특징은 '혹시 그렇게 되면 어떡하지?'라고 미래의 상황을 예상하는 질문을 던지는 것이다. 이 질문이 이따금 유익할 때가 있지만 대부분 도움이 되지 않는다.

불안장애와 씨름하는 이들의 대표적인 반응은 '회피'이다. 불안한 상황이 일어날까 봐 그런 상황에 직면하는 것을 피하거나 통제해서 안전을 추구하려는 행동을 반복하는 것이 특징이다. 그런 점에서 신경증적이며 강박적이다. 문제는 안전을 추구하려는 행동이 삶의 활력을 떨어뜨리며 활동 반경을 제한하는 데 있다.

대표적인 불안장애는 공포증, 공황장애, 강박장애, 범불안장애(generalized anxiety disorder)이다.

첫째, 공포증은 특정 대상을 두려워하여 회피하는 장애이다. 사람마다 다른데 흔한 것이 고공공포증과 폐소공포증이다. 이런 공포증이 있는 사람은 비행기나 엘리베이터를 타지 못한다. 그밖에도 사람들이 많이 모이는 곳을 피하는 광장공포증, 물이나 피를 두려워하는 공포증, 대인공포증, 뱀공포증, 거미공포증이 대표적이다. 이런 공포증이 있는 사람은 대부분 사람들이 괜찮게 여기는 대상에게 감당하기 어려운 수준의 공포감을 느낀다.

도시에서 생활하는 사람들이 뱀을 만나는 경우는 극히 드물기 때문에 뱀공포증 같은 것은 별로 문제를 야기하지 않는다. 이렇게 일상생활에 지장을 주지 않는다면 어떤 공포증이 있어도 큰 문제가 되지 않는다. 그러나 공포의 대상이 일상생활을 저해하는 경우에는 치료가 필요하다. 주로 '체계적 둔감법'(systemic desensitization)을 사용한다. 공포의 자극에 서서히 노출시킴으로써 뇌의 반응을 점차적으로 둔감하게 하여 공포 반응을 소거하는 식의 치료법이다.

둘째, 공황장애의 증상은 심장마비 증상과 유사해서 처음 공황장애를 겪는 사람은 응급실에 여러 번 실려 간 후에야 공황장애라는 진단을 받고 치료를 받는 것이 일반적이다. 공황장애는 어느 날 불청객처럼 갑자기 찾아오는 것이 특징이다. 첫 발병 에피소드 전에 누적된 스트레스가 있는 경우가 많다. 심장이 빠르게 뛰는 것, 호흡곤란, 비현실적인 느낌, 현기증 등이 대표적인 증상이다. 고속도로에서 운전하다가 첫 공황발작(panic attack)이 생기는 경우가 많으며 밤에 자다가 깼을 때 찾아오기도 한다. 공황발작이 있었다고 반드시 공황장애로 진전되는 것은 아니다. 공황발작이 또 찾아올까 봐 불안해하는 '불안에 대한 불안'에 시달리고 증상이 반복되면 공황장애로 진단한다.

공황발작으로 심장이 빨리 뛰더라도 심장마비로 죽지 않는다는 점을 인식하는 것이 중요하다. 공황발작은 증상이 나타나도 대부분 몇 분 정도로 끝난다. 따라서 증상을 두려워하지 않고 받아들이고 심호흡과 더불어 마음속으로 "지난 번보다는 좀 덜 힘들게 하고 지나가 줘"라고 스스로를 달래면(self-soothing) 공황발작의 강도나 빈번도가 줄어든다. 따라서 '죽으면 죽으리라'고 생각하고 공황장애를 삶의 일부로 받아들이고 친구처럼 대하면 점점 증상은 약해지며, 따라서 치료 가능성이 높아진다. 약물 처방도 효과적이다.

최근에는 일부 연예인들이 공황장애를 겪었다고 자기개방을 하는 덕분에 공황장애에 대한 인식도가 높아졌다. 스트레스를 피할 수 없는 현대인의 삶에서 공황장애 유병률이 증가하는 추세이다. 목회자가 공황장애의 기본 증상들과 치료방법에 대해서 기본적인 지식을 갖고 있으면 당황하지 않고 도울 수 있다. 목회자 자신 또한 공황장애로부터 자유롭지 않다는 점을 인식할 필요가 있다.

셋째, 강박장애는 강박증이라고도 불린다. 이 장애는 불안을 야기하는 어떤 생각이 들면 강박적으로 특정한 행동을 해야만 하는 특성이 있다. 예를 들면, 손을 강박적으로 씻는 이들이 있다. 손이 조금이라도 더러워졌다는 생각이 들면 손을 씻어야만 오염되었다는 불안이 사라지는 것이다. 심한 경우 너무 꼼꼼하게 오래 씻어서 손가락 피부가 상할 정도가 된다. 한 번 쓴 수건은 쓰지 않는 강박적인 행동을 하기도 한다. 선을 밟는 것을 피한다든지, 물건이 제자리에 있지 않으면 견디지 못한다든지 냉장고의 물건도 다 키를 맞추어서 배열한다든지 하는 증상을 보인다. 정도의 차이가 있지만 삶에서 자신과 타인에게 고통을 줄 정도가 되면 강박장애라고 진단한다.

넷째, 범불안장애는 삶의 전반에 걸쳐서 염려, 근심, 걱정이 지나칠 정도로 많은 것이다.

네 가지의 불안장애는 때로 서로 다른 불안장애를 동반하는 경우가 많다. '공병'(共病) 현상이다. 한 장애에 취약해지면 다른 장애에도 취약해지기 때문이다. 더 나아가 불안장애를 호소하는 이들은 우울증을 갖고 있거나 뒤에서 다루게 될 성격장애도 같이 진단받게 될 가능성이 높다.

불안장애를 치료하는 목표는 주로 증상을 경감시키는 데 있다. 인지행동치료가 많이 사용되는데 불안으로 반응하는 사람의 생각의 틀(schema)에 문제가 있음을 인식시키는 접근을 한다. 그리고 행동적으로는 불안에 점차적으로 노출되도록 하여 둔감하게 느끼도록 돕는다. 반면 정신분석적인 접근에서는 불안장애자가 호소하는 증상이 상징하는 바가 무엇인지를 탐색하며 보다 근본적이며 심층적인 이슈들을 탐색하는 장기적인 심리 치료를 한다.

DSM-5에서는 이전에 불안장애의 하위 유형으로 포함시켰던 외상 후 스트레스 장애(PTSD: post-traumatic stress disorder)를 독립된 진단 범주로 구분했다. 하지만 외상 후 스트레스 장애의 증상들은 불안, 두려움과 밀접한 관계가 있다는 점에서 불안장애의 범주로 이해해도 틀린 것은 아니다. 외상(트라우마) 후에 나타날 수 있는 스트레스 장애의 대표적인 증상들로는 악몽, 플래시백, 심계항진, 사회적 철수, 약물 의존 등이 있다. 주로 전쟁을 겪은 퇴역 군인들, 치명적인 교통사고를 겪은 사람들, 가정폭력에 노출된 아동들, 성폭행을 경험한 이들, 트라우마 상황을 목격한 이들 중에서 일부가 이 스트레스 장애를 겪는다. 약물 치료와 심리 치료를 병행할 때가 많다.

성격장애, 누구나 약간의 증상을 갖고 있다

성격장애는 사고(인지), 감정(정서), 충동 조절 능력, 대인관계의 영역에서 문제를 야기하거나 어려움을 겪는 성인들에게 진단한다. 다른 정신질환들의 경우에는 약물 처방이 비교적 효과적이지만 성격장애는 약물로 치료되지 않는다. 심리적 발달과 관계된 장애이므로 장기적인 심리 치료가 필요하다. 성인기에 접어든 사람은 심리적 틀이 어느 정도 형성되었기 때문에 웬만한 치료적 환경에 지속적으로 노출되지 않는 한 그 틀을 견지할 가능성이 높다. 따라서 성격장애는 당사자가 인식을 해도 변화하기 어렵고 치료가 더딘 특성이 있다.

진단받을 정도의 성격장애가 되려면 각 성격장애의 증상들이 적어도 절반 이상 해당되어야 한다. 하지만 아무리 심리적으로 건강한 사람이라고 할지라도 엄밀한 의미에서 약간의 성격장애적 증상을 갖고 있다. 인간 본연의 죄성과 무관하지 않기 때문이다.

현재 진단명으로 사용되는 성격장애는 총 열 가지가 있다. 크게 세 집단으로 나뉘는데 편집성, 분열성, 분열형이 한 집단을 이룬다. 자기애성, 연극성, 경계성(경계선), 반사회성이 한 집단을 이룬다. 의존성, 회피성, 강박성이 한 집단을 이룬다. 불안과 관련해서 이해한다면 편집성, 분열성, 분열형 성격장애는 불안한 상황으로부터 거리두기의 방어기제로 불안을 처리하는 것이 특징이다. 그래서 '사회적 철수'(social withdrawal)가 특징이다. 자기애성, 연극성, 경계성, 반사회성 성격장애는 '저돌적으로 접근하기'(moving against)라는 방어기제를 사용하는 것이 특징이다. 양상은 다르지만 사람들에게 접근하는 유형이다. 의존성, 회피성, 강박성 성격장애는 '순응하기'(moving toward)의 방어기제를 사용하는 것이 특징이다. 불안을 야기하는 사람이나 상황에서 자기를 표현하기보다는 억압하고 순응함으로써 불안을 회피하려는 경향성이 높다.

편집성 성격장애는 사고의 왜곡이 특징이다. 이 장애를 가진 사람은 대인관계에서 의심이 많고 사소한 상처도 크게 받아들인다. 역공격하거나 용서하지 않는다. 분열성 성격장애를 가진 사람은 대인관계의 욕구가 거의 없어서 혼자서 사는 것을 불편해 하거나 외로워하지 않는다. 타인의 관심이나 비판에도 별로 개의치 않는다. 분열형 성격장애는 기괴한 생각과 행동, 제한된 정서, 사회적 철수, 텔레파시 경험과 같은 증상을 보인다. 조현병 만큼 심각하지는 않지만 조현병과 연관성이 있는 성격장애이다.

자기애성 성격장애는 웅대한 자기감, 공감력의 결여, 대우받는 것을 당연시하는 것이 대표적인 증상이다. 연극성 성격장애는 타인들로부터 관심과 인정을 받고자 하는 욕구가 지나친 것, 이성적인 면에서 유혹적인 태도나 행동, 피상적인 말이나 관계가 특징이다. 그리고 이 장애를 가진 사람은 자신이 초점이 되지 않는 상황을 힘들어한다. 경계성 성격장애는 '불안정성'이 특징이다. 이 불안정성은 불안정한 사고와 자아상, 불안정한 정서, 이상화와 가치절하가 특징인 불안정한 대인관계 패턴으로 나타난다. 충동적인 행동(예를 들면, 충동적인 소비활동이나 충동적인 성관계)과 자살 제스처 및 자살 시도가 특징이다. 이 장애를 가진 사람은 대인관계에서 좋은 면과 안 좋은 면을 통합해서 보는 능력이 결여되어 있어서 미성숙한 대인관계를 맺는다. 목회자를 이상화했다가 사소한 결점에도 크게 실망한 나머지 동일한 대상을 백퍼센트 가치절하하며 극심하게 분노하는 성도들은 경계성 성격장애의 역동성을 갖고 있는 이들이다. 교회를 향해서 인터넷 공간을 사용하여 익명으로 온갖 욕설을 하며 비하하는 이들도 이 역동성으로 이해할 수 있다. 반사회성 성격장애는 양심과 공감력이 발달되지 않는 것이 특징이다. 이 장애를 가진 사람은 법을 무시하며 타인에게 해를 끼치는 형태로 대인관계를 한다. 일정한 직업이 없거나 책임감이 매우 결여되어 있다. 심한 경우에는 법을 어겨 투옥되기까지 한다.

의존성 성격장애를 가진 사람은 대인관계에서 의존적이며 스스로 결정하거나 책임질 수 있는 능력이 약하다. 따라서 사소한 일에도 여러 사람의 의견을 묻고 행동한다. 회피성 성격장애를 가진 사람은 대인관계의 욕구는 있지만 먼저 다가서지 못하며 부끄러움이 많다. 거절과 실패에 대한 두려움이 있어서 모험하지 못한다. 강박성 성격장애는 강박장애와 다르다. 이 장애를 가진 사람은 삶의 전반에 불안이 깔려 있어서 통제 욕구가 강하며 위임하지 못하는 증상을 갖고 있다. 효율성이 떨어질 정도로 사소한 일이나 지엽적인 내용까지 파악하며 통제하는 완벽주의를 갖고 있다. 마감일을 제대로 지키지 못하며, 경제적으로는 지나치게 검소한 것이 또 다른 증상들이다.

전반적으로 볼 때 성격장애는 심리적 발달이 성인 수준에 맞게 발달하지 못한 사람들에게서 찾아볼 수 있는 정신질환이다. 증상이 자신의 일부이기 때문에 스스로 문제의식을 갖지 못하는 경우가 많다. 따라서 자신의 장애적 요소를 쉽게 인정하려고 하지 않는다. 역기능적인 가정 환경이나 과도할 정도로 보호를 받은 환경에서 자란 사람들은 성격장애를 갖게 될 가능성이 크다. 예수를 믿은 후에도 이 성격장애는 쉽게 변화하거나 치료되지 않는 것이 특징이라는 점을 목회자는 이해할 필요가 있다. 이런 특징을 이해하면 쉽게 지치거나 포기하지 않고 온유한 심정으로 목양할 수 있다.

물질남용장애, 삶의 걸림돌이 될 수 있다

흔히 중독으로 알려진 정신질환이다. 물질남용(substance abuse)이라는 개념에서 물질은 주로 외부에 존재하는 약물을 의미하지만 몸 안에서 생기는 생화학물질을 의미할 수도 있다. 예를 들면, 일중독의 경우에 몸 안에서 스트레스에 대응하는 데 사용되는 아드레날린이라는 호르몬을 계속 분비하는데, 그래야 기분 좋게 일할 수 있기 때문이다. 그러나 이 화학물질에 의존한다는 점에서 일중독 또한 물질남용장애라고 이해할 수 있다.

대표적인 물질남용장애는 알코올중독이다. 우리나라의 정신병원에 입원한 환자의 절반 이상이 알코올중독 환자라고 할 만큼 심각한 정신질환이다. 사회 문화적으로 술에 대해서 관대한 것이 문제이다. 알코올중독은 개인과 가정의 행복과 건강성을 무너뜨릴 수 있는 치명적이며 고통스러운 정신질환이라는 점을 잊지 말아야 한다. 알코올중독은 개인의 불행으로 끝나지 않고 개인이 속한 가정을 역기능적으로 만드는 심각한 병이자 죄이다.

내성(tolerance), 금단(withdrawal), 재발(relapse)이 특징인 각종 중독은 특히 크리스천들을 수치스럽게 하며 더 숨기게끔 한다. 스마트폰 중독, 성중독, 경마 중독, 주식 중독 등 치명도가 강한 중독은 성도의 삶에서 위험한 걸림돌이 될 수 있다. 마귀는 죄에 빠진 성도를 쉽게 놓아 주지 않는다. 중독도 마찬가지다. 따라서 목회자는 성도들이 각종 중독에 빠지지 않도록 미연에 예방 교육을 정기적으로 하는 것이 꼭 필요하다.

조현병, 약물 치료가 효과적이다

조현병은 과거 '조발(早發)성 치매'(dementia praecox)라고 부르던 정신질환으로, 최근까지 '정신분열증'(schizophrenia)이라고 불렀다. 하지만 정신분열증이라는 진단명이 일반인들에게 거부감을 준다는 의미에서 최근부터 조현병으로 바꿔 사용하고 있다. 조발성 치매라는 용어를 쓴 것은 노년층에서 나타나는 치매 증상과 유사한 증상이 젊은이들에게서 나타났기 때문이다.

앞에서 언급했던 정신질환은 현실파악 능력을 갖고 있다는 점에서 큰 범주에서 볼 때 '신경증'(neurosis)에 포함된다. 그러나 조현병은 현실파악 능력이 매우 손상된 병이라는 점에서 '정신증'(psychosis)에 포함된다. 조현병의 대표적인 증상은 환각과 망상이다. 망상만 있으면 망상장애로 진단한다. 환각은 주로 환청으로 나타나며 종종 환시가 수반된다. 간혹 환촉, 환미, 환후 경험이 동반되기도 한다. 환청이나 환시의 경우에 조현병 환자는 그런 것들을 선명하게 듣거나 보기 때문에 현실로 생각한다. 망상 증상은 주로 감시망상과 과대망상이 대표적이다. 예를 들면, 국정원에서 자신의 집에 도청 장치를 설치해 두었다고 의심하거나 누군가 자신을 계속 추적하며 감시한다고 믿는 것이다. 과대망상의 경우는 자신이 유명한 사람과 연결되어 있다거나 자기가 유명인이라고 믿는 것이다. 환각과 망상이 양성 증상이라면 음성 증상으로는 사회적 철수와 정서적 마비가 있다.

조현병은 주로 청소년기 후기부터 나타난다. 평균 발병 나이는 남성 약 25세, 여성 약 27세이다. 여성이 조현병으로부터 치료될 예후가 더 좋다고 알려져 있다. 조현병이 급성으로 나타났다가 아무런 치료책을 쓰지 않았는데도 하루 이틀 사이에 증상이 호전되며 완전히 사라지는 경우도 있다. 일반적으로 조현병은 잠복기를 거쳐서 어떤 스트레스 사건이 병을 촉발함으로써 발병된다.

초기에 증상을 파악하여 정신과 의사의 도움을 받아 항정신성 약을 처방 기간 동안 잘 지켜 복용하면 환각과 망상과 같은 양성 증상은 매우 효과적으로 치료될 수 있다. 음성적인 증상 중에서 정서적 마비도 상당히 호전된다. 항정신성 약을 복용하면 살이 찌거나 무기력해지며 잠을 많이 자는 부작용이 있지만 양성 증상이 효과적으로 사라진다. 약의 부작용을 오해하여 약이 효과가 없다고 생각하거나 평생 먹어야 하는 줄 알고 항정신성 약 복용을 거부하는 이들이 많다. 혹은 병원에 입원해 있을 때는 억지로라도 약을 먹음으로써 증상이 호전되는데 퇴원한 후에 의사의 처방을 따르지 않고 약을 복용하지 않는 경우도 있다. 그러나 약을 복용하지 않으면 재발할 확률이 매우 높다. 재발하면 약 복용기간이 배로 늘어난다는 점을 잘 인식해야 한다. 증상이 없어지더라도 의사를 신뢰함으로 지시한 기간까지는 약을 복용하는 것이 재발을 방지하는 좋은 방법이다. 이런 내용을 목회자가 알고 환자와 가족에게 잘 설명해 줌으로써 정신과 약에 대한 거부감을 줄이는 것이 조현병 환자를 치료하는 데 구체적인 도움을 주는 길이다.

부작용을 최소화시키는 조현병 약이 계속 개발되고 있다. 각 환자에게 맞는 브랜드의 약이 있다는 점에서 담당 의사를 신뢰하고 처방에 따르는 것이 중요하다. 조현병은 상담에 별로 효과적으로 반응하지 않는다. 대화를 통해서 치료하는 것이 상담의 주요 방법인데 내담자가 약을 복용하지 않으면 환각과 망상으로 인하여 기본적인 대화조차 하기 어렵고 자신의 병에 대한 인식을 하지 못하기 때문에 피드백을 할 수 없다. 그러므로 특히 청소년과 청년들을 대상으로 사역하는 목회자들은 그들이 조현병 증상을 보이지는 않는지 관심 있게 살펴야 할 것이다.

chapter 10 •

상한 마음이 치유되면 사랑이 깃든다[1]

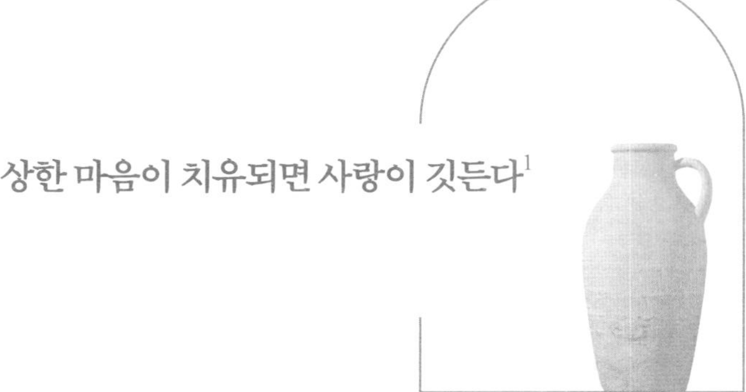

'상한 감정의 치유'라는 말을 들어 봤을 것이다. 여기에서 '상한 감정'이란 무엇인가? 데이빗 씨맨즈(David Seamands)의 《상한 감정의 치유》(*Healing for Damaged Emotions*)에서 감정은 단순히 'feeling'이나 'emotions'을 의미하기보다는 '속사람'(inner being), '내면세계', '마음'을 뜻한다고 말한다. 이 책에서도 인지기능을 포함하는 사고 영역, 감정(feeling 또는 emotion)을 포함하는 정서 영역, 그리고 충동 조절 기능을 포함한 의지 영역을 포괄적으로 묶는 것으로서의 '상한 감정'을 다룰 것이다.

---

1 "성경신학적, 심리학적 관점에서 본 상한 감정의 치유", 〈그말씀〉, 2013년 5월호 참조.

그렇다면 '치유'란 무엇을 의미하는가? 무엇으로부터의 치유가 필요할까? 무엇을 위한 치유일까? 어떻게 해야 치유할 수 있을까? 이 모든 질문에 답하는 것은 이 글의 범위를 넘어선다. 치유는 신체적인 온전감, 감정적인 웰빙, 정신적인 기능성, 영적으로 생동력을 회복하는 과정이다.[2] 기독교적인 치유는 그 과정에서 영적인 진보를 특징으로 성취해 왔다. 그리고 힐링은 깨어진 인간관계에서 화해하는 과정을 의미하기도 한다. 더 나아가 공정한 사회 질서와 국가 간의 정치 질서의 발달 과정을 의미하기도 한다. 이 책에서는 상한 마음의 치유를 성경신학적, 심리학적 관점에서 접근할 것이다.

마음의 가시덤불을 걷어 내고 사랑을 심다

치유를 기독교적인 세계관에서 이해하는 것이 중요하다. 인간을 포함하는 피조물들의 치유는 창조, 타락, 구속이라는 큰 틀 안에서 이해해야 한다. 성경은 태초에 하나님이 모든 만물을 창조하셨고 창조 사역 마지막 날에 인간을 남자와 여자로 만드셨다고 선언한다. "여호와 하나님이 땅의 흙으로 사람을 지으시고 생기를 그 코에 불어넣으시니 사람이 생령이 되니라"(창 2:7)는 말씀은 인간이 물질적인 요소와 영적인 요소로 지음받았음을 알려 준다. 인간은 신체와 영혼이 살아 있는 동안에는 구별하기 힘들 정도로 전인격적으로 하나가 되도록 지어졌다. 또한 인간

2 Hunter, Rodney J. Hunter, *Dictionary of Pastoral Care and Counseling*(Abingdon Press, 1990), 497.

은 하나님의 형상대로 지어졌다. 그래서 다른 동물들이 갖지 못한 탁월한 두뇌의 기능을 통하여 인간만이 가질 수 있는 사고 능력과 감정 능력 그리고 의지 능력을 본성적으로 부여받았다.

인간이 하나님의 명령에 순종하여 죄를 범하지 않았더라면 에덴동산이라는 완벽하며 안전한 환경에서 하나님과 관계하며 영생하는 존재로 살았을 것이다. 서로 상처를 주고받는 일도 없었을 것이다. 그러나 인간은 하나님의 명령에 불순종하고 마귀의 말에 순종함으로써 치명적인 죄를 지었다. 그리고 에덴동산으로부터 축출되었다. 죄로 말미암아 지성과 감성, 의지, 그리고 영성 모두 타락했고 부패함으로써 원래 하나님이 의도하셨던 마음의 기능이 제대로 작동할 수 없게 되었다. 예레미야 선지자는 이 사실을 다음과 같이 시적으로 잘 묘사했다.

> 만물보다 거짓되고 심히 부패한 것은 마음이라 누가 능히 이를 알리요마는 렘 17:9

하나님은 무화과 나뭇잎으로 만든 치마 대신 가죽옷을 지어 입히심으로 징벌 중에서도 은총을 입히셨다. 그리고 일반은총을 베푸셔서 인간의 지성과 감성과 의지 기능이 완전히 망가지지 않도록 하셨다. 그래서 인간이 이 세상에서 기본적인 양심과 사회성, 그리고 세상적인 지혜를 갖고 살 수 있게 되었다.

아담과 하와는 에덴동산으로부터 축출당하면서 후손들에게 하나님으로부터 거절당했으며 소외되었고 유기되었던 그들의 마음을 마치 원죄처럼 유전으로 물려주었다. 그런 점에서 인간은 거절감과 소외감과 유기감이라는 핵심 감정을 태생적으로 가진 존재라고 볼 수 있다.

가인의 삶에서 이 핵심 감정들은 제사 사건을 통해 증상으로 표출되었다. 가인은 하나님이 그의 제사를 기뻐하지 않았을 때 거절감과 분노를 느꼈다. 그는 하나님으로부터 상처를 입었다고 생각했다. 그러나 그는 그 상처 입은 마음을 하나님 앞에서 고백하고 인정하고 치유해 달라고 기도하지 않았다. 하나님이 원하시는 제사는 '상한 마음'(broken heart)인데 그는 그 상한 마음을 해결해달라고 하나님과 직면하지 못했다(시 51:17). 어리석게도 가인은 이 상처 입은 마음을 하나님께 인정받은 동생에게 전이하여 그를 죽이는 최초의 살인자가 되고 말았다.

노아 시대 사람들은 겉으로는 번성했지만 하나님의 뜻과 정반대의 삶을 살았다. 창세기 기자인 모세는 노아 홍수 사건 전의 사람들의 모습을 다음과 같이 잘 묘사했다.

> 여호와께서 사람의 죄악이 세상에 가득함과 그의 마음으로 생각하는 모든 계획이 항상 악할 뿐임을 보시고 창 6:5

그들은 부패한 지성과 감성 때문에 생각과 계획이 항상 악한 상태에 있었던 것이다. 바울은 에베소서에서 이 인간상을 다음과 같이 잘 묘사했다.

> 전에는 우리도 다 그 가운데서 우리 육체의 욕심을 따라 지내며 육체와 마음

> 의 원하는 것을 하여 다른 이들과 같이 본질상 진노의 자녀이었더니 엡 2:3
> 18 그들의 총명이 어두워지고 그들 가운데 있는 무지함과 그들의 마음이 굳어
> 짐으로 말미암아 하나님의 생명에서 떠나 있도다 19 그들이 감각 없는 자가 되
> 어 자신을 방탕에 방임하여 모든 더러운 것을 욕심으로 행하되 엡 4:18-19

성경적으로 볼 때 상한 마음은 하나님을 아는 지성의 눈, 즉 마음의 눈이 감겨 있고 무지함과 완악함과 돌처럼 굳은 감성 때문에 영적 생명력이 전혀 없는 마음을 의미한다. 죄성이 편만한 마음이다. 그리고 육체의 본성과 욕구에 따라 쾌락을 추구하거나 고통을 회피하는 동기로 살아가게 하는 마음이다. 살았다고 하는 이름은 있지만 실상은 죽은 자의 마음이다(계 3:1). 경건의 모양은 갖출 수도 있지만 경건의 능력이 나타나지 않는 마음이다(딤후 3:5).

바울은 죄 가운데 살아가면서도 죄에 대한 인식이 없고 병이 있지만 병식이 없는 말세의 인간상을 다음과 같이 잘 묘사했다.

> 2 사람들이 자기를 사랑하며 돈을 사랑하며 자랑하며 교만하며 비방하며 부
> 모를 거역하며 감사하지 아니하며 거룩하지 아니하며 3 무정하며 원통함을
> 풀지 아니하며 모함하며 절제하지 못하며 사나우며 선한 것을 좋아하지 아니
> 하며 4 배신하며 조급하며 자만하며 쾌락을 사랑하기를 하나님 사랑하는 것
> 보다 더하며 딤후 3:2-4

성경이 말하는 자연인의 모습은 양육 환경이나 사회규범이나 도덕

또는 법으로 어느 정도 죄성의 수위를 조절할 수 있기는 하지만 본질상 죄로 인하여 마음의 기능이 영적으로는 완전히 손상된 모습이다. 자연인은 바울이 앞에서 지적한 증상들을 환경만 주어지면 외현적으로(explicitly) 또는 내현적으로(implicitly) 드러내게 되어 있다.

하나님과 인간 사이는 죄 탓에 넘을 수 없는 담이 생겼다. 하나님은 우리가 죄인되었을 때 예수 그리스도의 십자가를 통하여 막힌 담을 허무셨다. 예수님을 믿는 자마다 속죄의 은총을 베푸신다. 그리고 그 마음을 성령님의 역사로 거듭나게 하신다. 하나님은 돌같이 굳은 심장을 부드럽게 해서 회개와 변화의 욕구가 생명력 있게 작동하도록 성령님을 통하여 역사하신다.

> 내가 그들에게 한 마음(an undivided heart)을 주고 그 속에 새 영(a new spirit)을 주며 그 몸에서 돌 같은 마음(heart of stone)을 제거하고 살처럼 부드러운 마음(a heart of flesh)을 주어 겔 11:19

하나님은 죄의 문제만 해결하실 뿐 아니라 역기능적인 가정 환경이나 사회 환경에서 손상을 입은 마음을 치료하신다. 즉 사고와 감정과 의지가 작동하는 내면세계가 예수 그리스도와의 인격적인 만남을 통하여 치료되도록 하신다. 하나님의 자녀가 됨으로써 하나님과 '좋은 대상관계'(good object relation)를 맺는 마음으로 변화시키신다. 성령 하나님께서 믿는 자의 마음에 친히 내주하시며 역사하심으로써 그의 마음에서 죄성과 죄의 힘을 점점 약화시키신다. 하나님의 형상을 회복시키시며 예수 그리스도를 닮아 가는 삶으로 변화시키신다. 육체의 할례가 아닌 마음의 할례를 행하심으로써 하나님이 원래 설계하고 의도하셨던 마음의 기능이 점진적으로 회복되도록 치료하신다. 완전한 치유는 종말론적인 나라가 임할 때 이루어지겠지만, 현실에서도 부분적인 치유가 '지금 여기에서' 경험되도록 성령을 통하여 지속적으로 은총을 베푸신다. 그래서 마음이 하나님의 다스림을 받는 하나님 나라로 변화하게 하신다.

하나님은 예수 그리스도의 십자가 보혈을 통하여 죄를 속량하심으로써 자기 자녀들이 하나님의 사랑을 받아들일 수 있는 수용력이 생기도록 그들의 마음을 기경하신다. 가시덤불을 걷어 내시고 돌을 골라내신다. 이 작업에서 하나님은 목회자와 기독교 상담사를 동역자로 사용하신다. 그들은 엄마의 태중에서부터 경험했을 수 있는 트라우마, 역기능적인 환경에서 자라면서 생긴 자기중심적인 마음, 불안정한 마음, 폐쇄적인 마음, 의존적인 마음, 편집적인 마음, 공격적인 마음을 가진 성도들을 공감하며 치료하는 '좋은 대상'이 될 수 있다. 하나님의 사랑의 빛이 마음 깊숙한 곳까지 비취도록 돕는 촉매의 역할을 할 수 있다.

하나님의 사랑을 체험하고 수용하며 소화한 사람은 하나님께 적극적으로 반응하며 사랑할 수 있는 행사력을 점점 갖게 된다. 수동적으로 받기만 하는 사람이 아니라 하나님께 능동적으로 사랑을 표현하며, 성령과 진리로 예배할 수 있으며, 마음을 다하고 목숨을 다하고 뜻을 다하고 힘을 다하여 사랑하며, 전심으로 순종하며 좇을 수 있는 사람으로 변화할 수 있다(요 4:23, 막 12:30, 민 32:12). 세상과 하나님, 우상화된 대상과 하나님 사이에서 마음이 나뉘지 않는 사람이 될 수 있다(겔 11:19). 이런 성도의 마음에는 하나님과 하나님 나라를 우선순위에 두고 추구하는 욕구가 더 생긴다(마 6:33). 하나님의 사랑이 내면화된 성도는 각종 죄에 중독적으로 매여 있던 삶에서 자유를 경험할 수 있다. 수치심과 죄책감에 시달리던 삶에서 자긍심과 해방감을 맛볼 수 있다.

더 나아가 하나님의 사랑을 경험한 성도는 수평적으로 다른 사람들과의 관계에서 변화가 일어나는 것이 정상적이다. 본성적으로 자기애적인 삶에서 벗어나 이타적인 삶, 즉 타인에 대한 공감과 사랑을 할 수 있는 마음을 갖게 된다. 가장 가까운 이웃인 가족부터 시작하여 이웃을 자기 자신을 대하듯이 사랑할 수 있는 성숙한 마음으로, 더디지만 점점 변할 수 있다. 기뻐하는 자와 함께 기뻐할 수 있을 만큼 자존감과 정체성이 분명하며, 슬퍼하는 자와 함께 슬퍼할 수 있는 정서적인 능력과 공감 능력이 발달한다(롬 12:15). 약한 자, 가난한 자, 소외된 자들에 대하여 긍휼의 마음을 품게 되고 그들에 대하여 관심을 가질 수 있는 마음을 소유한다. 그와 같은 마음에 하나님 나라의 통치가 이루어진다. 그리고 삼위 하나님이 그의 삶에서 주가 되시는 삶으로 변화한다.

상한 마음, 상한 감정은 죄에 대한 취약성을 증가시키며 면역성을 약화시킨다. 상한 감정을 가진 사람은 특정한 감정이나 특정한 상처 이야기의 버튼이 눌러지면 쉽게 분노하거나 불안해한다. 또는 쉽게 중독의 삶으로 미끌어질 수 있다. 그래서 마귀는 상한 마음을 좋아한다. 마귀는 마음의 성이 무너져 있는 곳을 잘 알며 그곳을 집중적으로 공략한다. 분노를 오랫동안 품으면 마귀에게 발판을 제공할 수 있다고 경계한 에베소서의 말씀은 다른 영역에도 동일하게 적용할 수 있다.

26 분을 내어도 죄를 짓지 말며 해가 지도록 분을 품지 말고 27 마귀에게 틈을 주지 말라 엡 4:26-27

상한 감정은 하나님의 초청장이다

*Dictionary of Pastoral Care and Counseling*은 감정을 "인지와 행동을 조직화하며 안내하는 특성으로, 동기를 주고 단서를 야기하는 느낌의 상태"라고 정의했다. 일반적으로 감정은 인지와 매우 밀접한 관계에 있다고 알려져 있다. 인지 치료는 부정적인 감정이 부정적인 인지 및 평가에 수반되는 것으로 이해한다. 따라서 내담자가 부정적인 감정을 극복하고 치료하려면 환경과 자신에 대한 인식을 긍정적이며 적극적으로 바꾸어야 한다고 본다.

좁은 의미에서 감정을 심리학적으로 이해하면 양육 경험과 연결할 수 있다. 아이들에게 있어서 감정은 불안정한 것이 정상이다. 그러나 양육 경험이 일관성 있게 비교적 긍정적일 때 아이는 스스로 감정을 다독일 수 있는 능력을 갖게 된다. 그리고 감정을 적절하게 인식하며 적절한 수준에서 표현하는 능력을 갖게 된다. 아이가 좀 더 발달하면 타인들의 감정에 민감하게 반응하고 인식하며 대처할 수 있는 능력까지 갖추게 된다.

상한 감정 또는 손상된 감정의 증상은 어떻게 나타날까? 상한 감정과 방어기제 사이에는 어떤 관계가 있을까? 우선 상한 감정은 전인격적인 영역에 영향을 끼친다. 상한 감정은 낮은 자존감, 과도한 불안, 과도한 분노, 피해의식, 사회적 철퇴, 공격적인 언사나 행동 등의 증상으로 표출될 수 있다. 상한 감정을 가진 사람들은 문제가 외부에 있다고 생각하고 자신을 피해자로 생각하며 자신의 행동에 대해서 책임을 지려고 하지 않는다. 역으로 문제가 자신에게만 있다고 생각하고 자신을 지나치게 가해자로 생각하고 신경증적인 죄책감이나 수치심을 갖고 위축된 삶을 사는 이들도 있다.

상한 감정은 부정적인 의미에서 통증을 과도하게 또는 자주 야기할 수 있다. 그렇게 되면 정신세계에서는 무의식적으로 방어기제라는 시스템이 작동한다. 방어기제는 억압, 투사, 합리화, 회피 등 다양한 모습으로 운용된다. 방어기제는 과도한 고통을 느끼지 못하도록 스스로를 보호하는 역할을 하는 반면, 자주 사용하면 비싼 대가를 요구한다. 성장으로 나아가는 길을 막아 버리는 것이다.

상한 감정을 가진 사람들은 상처받지 않기 위해서 여러 방어기제를 사용한다. 스스로 치료하려고 하기 때문에 치료가 제대로 이루어지지 않는다. 증상을 밖으로 드러내지 않고 숨긴다. 수치스럽고 두렵기 때문이다. 그래서 겉으로 더 화려하게 화장하고 포장하면서 외식하는 행동을 한다.

크리스천들에게 독특하게 나타나는 상한 감정의 모습은 어떤 것이 있을까? 대표적인 것이 완벽주의와 외식주의이다. 있는 모습 그대로 자신을 수용할 수 있는 능력이 약하기 때문에 조금이라도 실수하지 않으려고 통제하거나 다른 사람을 믿지 못하며 위임하지 못하는 증상을 보이는 것이 완벽주의의 특징이다. 외식주의는 자신의 진정한 모습과 외부로 나타내는 모습이 불일치하거나 '공적 자기'(public self) 또는 '페르소나'를 자신으로 동일시해서 '참 자기'와의 접촉이 거의 일어나지 않는 것이 특징이다. 바리새인들이 빠졌던 외식은 그들 내면의 허약한 영성과 허약한 심리적 수준을 잘 보여 주는 것이었다. 완벽주의는 강박성 성격장애의 특징적인 증상이며 외식주의는 연극성 성격장애의 특징적인 증상이다. 그런 점에서 상한 감정은 성격장애와 밀접한 관계가 있다.

현대 한국 교회는 상한 감정을 치유하는 교회로서 기능하기보다는 상한 감정 상태를 계속 유지하도록 하는 반치유적인 교회로 기능하는 면이 많다. 성도들이 교회에 와서 자신의 참 모습을 드러내며 수치스러운 부분들조차 서로 나누며 함께 기도해 줄 수 있는 환경을 제공하지 못하기 때문이다. 웬만해서는 참 자기를 드러내지 않은 채 방어기제들을 과도하게 사용하면서 교회생활을 하는 성도들이 너무나 많다. 안타까운 일이다.

상한 감정을 가진 사람은 하나님을 성경이 계시하는 대로 머리와 가슴으로 온전히 이해하고 수용하지 못한다. 하나님의 이미지를 왜곡하여 인식할 가능성이 높다. 하나님의 이미지도 '부분 대상'으로서 경험하는 이들이 많다. 즉 하나님에 대한 이미지가 일부만 인식된다는 의미이다. 이들은 하나님의 대상 이미지를 전체적으로 경험하지 못한다. 하나님과의 관계에서 기쁘고 즐겁고 감사하고 친밀하게 느껴지는 긍정적인 관계 경험보다는 두렵고 불안하고 지나치게 죄책감이 느껴지는 부정적 경험이 이들의 마음을 지배한다. 이런 경우 문제는 하나님에게 있는 것이 아니라 상한 감정의 상태에 머물러 있는 나에게 있다는 병식이 생겨야 한다. 그러나 너무 많은 성도가 자신의 내면에 문제가 있다는 사실을 인식하지 못한 채 하나님이 자신을 사랑하신다는 것을 머리와 가슴으로 온전히 느끼지 못한다. 이런 이들에게 마음의 치료가 필요하다.

심층 심리학이 마음 치료의 영역에서 기여한 점은 인간의 내면에 무의식화된 영역이 있음을 규명한 데 있다. 심층적인 심리 치료는 의식적인 차원에서 인식하지 못했던 심층적인 감정(죄책감, 수치심, 불안, 분노 등과 같은 핵심 감정)을 인식하고 그 감정들과 연결되었던 삶의 이야기들을 의식화하며 직면하여 '미해결 과제'(unfinished business)에 마침표를 찍을 수 있도록 도울 수 있다. 과거의 상처 경험이 현재의 삶에 더 이상 역동적으로 힘을 행사하지 못하도록 도울 수 있다. 이런 심리 치료는 일반 목회자가 하기에는 시간적으로도 부담이 크고 전문성에서도 어려움을 야기한다. 따라서 전문적인 교육과 수련 과정을 통하여 임상적인 능력과 인간에 대한 이해력을 가진 전문 기독교 상담사들의 도움을 받도록 안내하며 의뢰해야 한다.

타인과의 관계에서 가난한 자, 약자들을 공감할 수 있는 마음이 되며, 방어적이거나 공격적인 삶의 태도를 취하지 않는 것이 치유를 경험한 사람의 삶의 모습이다. 치유가 일어날 때 타인과 함께 기뻐할 줄 알며 함께 슬퍼할 줄 아는 공감력이 회복된다. 그리고 자신의 내면에서 생기는 과도한 갈등을 직면하고 해결하며 창조적으로 갈등을 인식하며 활용할 수 있게 된다. 자신을 지나치게 비하하거나 학대하지 않게 된다. 그리고 과장되게 자신을 인식하는 왜곡된 자기 인식의 틀에서 벗어나 장점과 단점을 있는 그대로 보며 수용할 수 있는 삶을 살게 된다. 하나님과의 관계에서는 자신의 한계와 죄성을 솔직히 인식하고 인정하며 용서를 구할 수 있는 성숙한 삶으로 나아갈 수 있다.

상한 감정은 치료적인 관계를 통하여 치유가 일어날 수 있다. 삼위 하나님과의 인격적인 만남, 구원의 은총을 경험하는 관계, 성령님과 동행하는 관계, 성경 말씀을 통해 삼위 하나님을 지속적으로 만나는 관계, 경건의 능력을 가진 치료자 또는 상담자와의 치료적인 만남과 관계를 통하여 손상된 감정이 회복되기 시작하며 상처가 아물게 된다. 상처가 아물면 흉터는 남지만 더 이상 통증 때문에 아파하거나 동일한 문제를 반복하여 겪지 않을 수 있다.

상처는 그 수준에 따라서 심각성에 차이가 있다. 응급실 환자들 중에서도 1급 트라우마 센터에서 치료를 받아야 할 정도로 상처가 치명적일 때에는 트라우마를 다룰 수 있는 전문성과 시설이 필요하다. 중한 상처를 대충 고쳐 주거나 반창고를 붙여 주는 수준으로 끝내서는 곤란하다. 예레미야서에 나타나는 유다의 상처는 오늘을 살아가는 현대인들과 현대 크리스천들의 내면의 모습을 잘 보여 주고 있다. 당시의 거짓 선지자들을 포함한 지도자들은 진단을 제대로 하지 못했고 결과적으로 적절한 치료책도 제시하지 못했다. 치료자 자신들이 심각한 죄에 빠져 있었고 심각한 상처를 갖고 있는 사람들임에도 불구하고 고통스러워하거나 회개하지 않았다. 예레미야는 그들의 핵심 문제를 정확하게 진단했다.

> 내 백성이 두 가지 악을 행하였나니 곧 그들이 생수의 근원되는 나를 버린 것과 스스로 웅덩이를 판 것인데 그것은 그 물을 가두지 못할 터진 웅덩이들이

니라 렘 2:13

상한 감정은 하나님을 찾을 수 있는 가장 좋은 환경을 제공한다. 불안할 때, 외로울 때, 두려울 때, 수치스러울 때, 성도들은 그 증상이 무엇을 상징하는지를 알기 위하여 하나님께 기도하며 성경 말씀과 씨름한다. 상한 감정은 하나님을 진정으로 만나도록 초청하는 하나님의 초청장이 될 수 있다.

끝으로, 마음을 치료하는 궁극적인 치유자는 하나님이시라는 인식이 중요하다. 상담자나 목회자는 치유가 일어날 수 있도록 돕는 조력자이다. 산파와 같다. 바울은 이 사실을 다음과 같이 멋지게 표현했다.

> 6 나는 심었고 아볼로는 물을 주었으되 오직 하나님께서 자라나게 하셨나니
> 7 그런즉 심는 이나 물 주는 이는 아무것도 아니로되 오직 자라게 하시는 이는 하나님뿐이니라 고전 3:6-7

새로운 변화로 나아가도록 초대하며 능력을 주시며 역사하시는 분은 특히 보혜사 성령님이시다.

상한 감정의 치유는 마음 밭을 기경하는 것이다

현대 교회 내 치유의 두 가지 큰 흐름은 자연적인 치유와 초자연적인 치유로 나누어 이해할 수 있다. 상한 감정을 치유하는 방법에 있어서

성령의 직접적이며 초자연적인 치유 사역을 강조하는 '내적치유'(inner healing) 운동이 은사중심적인 교회들을 중심으로 진행되어 왔다. 또 다른 흐름은 자연적인 치유 방법인데, 그것은 상담과 심리 치료라는 관계적인 방법이다. 영적 치유 방법으로는 치유 은사자를 중심으로 이루어지는 안수 기도, 죄의 고백, 찬양, 묵상, 영적 지도가 있다. 치유 집회를 통해서 집단적으로 치유를 경험하며 신체적인 병이 낫거나 심리적인 카타르시스, 가해자들에 대한 용서, 성령 체험 등을 경험하기도 한다. 래리 그래이엄(Larry Graham)은 은사 중심의 치유 운동은 인간의 신체적인 면과 영적인 면을 강조한 나머지 인간이 갖고 있는 인지적이며, 감정적이며, 관계적인 차원의 치유를 소홀히 한 면이 있다고 잘 지적했다. 반면 상담 치유 운동은 하나님의 말씀과 기도의 치유적인 힘과 능력, 성령의 초자연적인 치유 능력을 균형 있게 강조할 필요가 있다고 지적했다.

목회자는 분별력이 필요하다. 지나치게 어느 한쪽만을 강조하거나 자신이 경험한 것만을 최고로 생각하거나 다른 접근들을 불신앙적인 것으로 치부하면 위험하다. 실제 광신적이라고 판단될 만큼의 행동을 하는 이들 중에는 일반 치료를 거부하고 기도만 강조함으로써 병을 악화시키거나 죽음에 이르게 하는 영적 의료 사고를 일으키는 이들도 있다. 아울러 치유 자체가 최고의 가치가 되거나, 치유자가 관심과 영광을 받는 것은 매우 위험한 일이라는 점을 지적하고 싶다.

한국 교회는 관계적인 치유 방법을 좀 더 적극적으로 활용할 필요가 있다. 사람의 마음은 치료적인 대상, 즉 '좋은 대상'을 만나서 자신이 한

번도 해 보지 못한 이야기를 나눌 때 억눌린 이야기, 얼어 있는 이야기, 수치스러운 이야기가 감정과 결부되면서 표출되며 감정의 정화가 일어날 수 있기 때문이다. 영적으로는 심리 치료를 통하여 중독과 같은 마귀의 매임으로부터 풀려나며 해방될 수 있다. 좋은 대상, 이상화할 수 있는 대상이 사용하는 치료적인 언어, 축복의 언어를 내면화할 때 성도는 힘과 용기를 얻을 수 있다.

하나님의 사랑과 복을 머리와 가슴으로 연결해서 수용할 수 있을 때 치료가 일어난다. 권위를 표상하는 목회자가 당신은 하나님의 형상으로 지음 받은 존재이며 가치 있는 존재이며 의미 있는 존재라는 축복을 하나님의 심정으로 진정성을 담아 말해 줄 때 내담자 성도는 마음의 빈 잔이 채워지는 경험을 할 수 있다. 잠정적인 인정과 즐거움에 목말라하던 삶에서 "내 잔이 넘치나이다"라고 고백할 수 있는 삶으로 바뀔 수 있다(시 23:5).

기독교적인 치유의 목표는 자기중심성을 강화하는 데 있지 않다. 하나님을 전심으로 사랑하며 이웃을 자기 자신처럼 사랑할 수 있도록 내면세계를 회복하는 데 있다. 즉 하나님의 뜻을 분별하고 실천하는 데 상한 감정이 계속해서 걸림돌 역할을 하고 있음을 인식하고, 마음 밭을 기경해서 가시덤불을 걷어 내며 돌들을 골라냄으로써 좋은 밭이 되도록 하는 데 있는 것이다. 좋은 밭에서 삼십 배, 육십 배, 백배의 선한 열매가 맺힐 수 있기 때문이다.

chapter 11

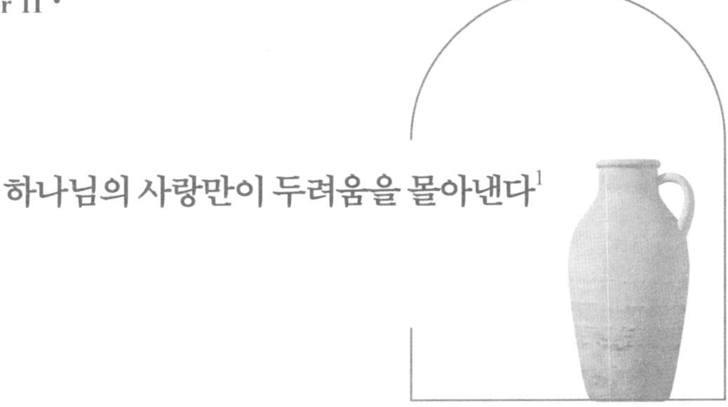

하나님의 사랑만이 두려움을 몰아낸다[1]

에덴을 떠난 인간은 죽는 순간까지 불안, 두려움과 씨름하면서 살아간다. 죄로 깨어진 세상은 인간이 살기에 안전한 곳이 아니기 때문이다.

이 세상에 살면서 불안과 두려움은 위험한 상황에 대비할 수 있도록 돕는 순기능적인 센서로서의 역할을 한다. 따라서 적절한 불안과 두려움은 필요하다. 이 센서가 지나치게 민감하거나 둔감해서 제 기능을 하지 못하면 고통을 야기한다. 불필요하게, 과도하게 불안을 느끼면 불안장애로 진단될 수 있다. 반대로 불안을 거의 느끼지 않는 것도 문제가

1 "크리스천을 위한 불안 극복 방안", 〈빛과소금〉, 2017년 11월호 참조.

될 수 있다. 특히 죄와 사망에 대해서 불안과 두려움을 거의 못 느끼는 것은 그리스도와 연결되지 않은 현대인들에게 치명적이다. 영원한 심판과 지옥에 대한 두려움을 느껴야 자신의 삶에 대해서 고민하며 점검할 텐데 두려움을 전혀 느끼지 못한 채 평안하게 죽음을 맞이한다면 그것 자체가 심판이다.

불안과 두려움은 인본주의적인 믿음 없음에서 온다

크리스천은 불안과 두려움을 어떻게 이해하고 대처해야 할까? 이에 대한 답을 성경에서 찾아 보고자 한다.

첫째, 두려움을 주는 상황에서 하나님과 연결짓기를 하는 것이다. 연결짓기와 구별짓기를 잘하면 지혜롭고 신앙적인 삶을 살 수 있다. 하나님이 어떤 분이시며 과거 어떤 일을 행하셨고 지금 행하고 계시며 앞으로 행하실 것인지를 되새기며 의식화하는 것은 두려움을 극복하는 가장 핵심적인 방안이다.

하나님은 광대한 분이다. 천지 만물을 창조하시며 다스리시며 오늘도 섭리하시는 분이다. 만물이 그분으로부터 나와서 그분을 통하여 존재하다가 그분에게로 돌아갈 것이다(롬 11:36). 그분은 살아계신 전능하신 하나님이다. 우리의 일거수일투족을 익히 아시는 분이다(시 139:1-5). "귀를 지으신 이가 듣지 아니하시랴 눈을 만드신 이가 보지 아니하시랴"(시 94:9)라고 우리에게 오늘도 말씀하신다. 그분은 우리의 생사화복을 주관하신다. 그분의 허락 없이는 참새 한 마리도 땅에 떨어지지 않는다(마 10:29). 하나님은 우리에게 일용할 양식을 공급하신다. 성자 하나님은 "목숨을 위하여 무엇을 먹을까 무엇을 마실까 몸을 위하여 무엇을 입을까 염려하지 말라"고 말씀하셨다(마 6:25). 우리가 참으로 경외해야 할 대상은 하나님이다. 세상에 대해서, 죽음에 대해서, 그 무엇에 대해서 두려워하는 것은 하나님에 대한 지식과 믿음을 제대로 활성화하지 못하기 때문이다.

둘째, 하나님께 시선을 고정하는 것이다. 두려움이라는 '반응'을 야기하는 '자극'과 정보를 해석하는 '유기체'는 물론 중요하다. 사건과 환경을 어떻게 보느냐도 중요하다. 현실을 정확하게 인식하는 인지 역시 중요하다. 그러나 신앙인에게는 보이지 않는 세계를 보는 신앙의 눈이 열려 있어야 한다. 불안과 두려움을 쉽게 몰아내기 위한 효과적인 세상적 방법은 돈을 많이 가지고 있는 것이다. 예수님은 불안 때문에 보물을 땅에 쌓아 두려는 인간의 마음을 "눈은 몸의 등불이니 그러므로 네 눈이 성하면 온몸이 밝을 것이요"(마 6:22)라고 지적하면서 흥미롭게도 눈에 대한 말씀을 하셨다. 그리고 "하나님과 재물을 겸하여 섬기지 못 하느니라"고 덧붙이셨다(마 6:24). 불안을 극복하는 방안으로서 하나님께 시선을 고정하면서 돈에도 시선을 고정할 수는 없다고 말씀하신 것이다. 만약 할 수 있다면 그것은 구약 이스라엘 백성이 취한 태도와 같은 것이다. 하나님도 섬기고 바알도 섬기는 것이다. 즉 두 마음을 품는 것이다(약 1:8). 이것은 두려움을 해결하는 성경적인 방식이 아니다.

바울은 사방으로 우겨쌈을 당하는 두려움과 고통 속에서도 질그릇처럼 연약한 자신의 중심에 내주하시는 예수 그리스도의 영, 즉 성령의 내주를 인식했고 그 때문에 낙심하지 않을 수 있었다고 고백했다(고후 4:7-8). 그리고 "우리가 주목하는 것은 보이는 것이 아니요 보이지 않는 것"이라는 귀한 말씀을 남겼다(고후 4:18). 주목한다는 것을 NIV 성경은 'We fix our eyes on'이라고 번역했다. 보이지 않는 하나님께 시선을 고정하는 것이야말로 두려움을 극복하는 가장 핵심적인 방법이다. 히브리서 기자는 이것을 '소망과 영혼의 닻'이라고 표현했다(히 6:19).

셋째, 삶의 통제권을 하나님께 위임하는 것이다. 불안이 삶 전반에 깔려 있는 범불안장애나 강박성 성격장애를 갖고 있는 사람들의 특징적 증상은 삶에서 통제하려는 욕구가 강한 것이다. 이들은 불안하기 때문에 지나치게 신경을 쓰며 자신과 타인 그리고 환경을 통제한다. 크리스천의 경우 자신의 삶의 주권을 하나님께 맡기지 못한다. 이들은 "하늘은 스스로 돕는 자를 돕는다"는 식의 사고를 한다. 실제로 이들 중에는 자수성가형의 사람들이 많다. 결과적으로 이들 자신이 피곤한 삶을 살며 주변 사람들을 힘들게 한다.

그러나 우리는 삶을 다 통제할 수 없다. 우리의 통제 밖에서 일어나는 일들이 너무나 많다. 베드로는 귀한 말씀으로 권면한다.

너희 염려를 다 주께 맡기라 이는 그가 너희를 돌보심이라 벧전 5:7

삶의 통제권을 하나님께 전적으로 맡기는 것이 사는 길이다. 하나님이 돌보신다. 졸지도 주무시지도 않는 하나님의 보호하심을 믿고 맡기면 불안과 두려움의 강도와 빈번도가 줄어든다(시 121:3-4).

넷째, 불안할 때 인본적인 방식으로 해결하려는 시도를 내려놓는 것이다. 하나님 중심적으로 사안을 바라보고 기도하며 기다리는 것은 인내가 필요하다. 하나님께 기도할 때 자주 응답이 더디다. 이때 하나님을 신뢰하지 못하면 세상 방식으로 문제를 해결하려고 시도하기 쉽다. 사울은 블레셋과의 전쟁을 앞두고 제사를 드려야 하는 상황에서 사무엘이 약속한 날짜에 오지 않고 백성이 두려워하며 흩어지자 두려움에 빠진다. 그래서 사무엘이 제사장으로서 드려야 할 제사를 자신이 드리는 인본적인 방식으로 백성과 자신의 두려움을 다독이려고 했다. 이 사건은 사울이 하나님께 버림받은 사건의 발단이 되었고 숨겨져 있던 그의 핵심 문제가 노출된 계기가 되었다(삼상 13:5-15).

이스라엘 백성이 바알신을 비롯한 이방신들을 섬겼던 것은 하나님만 섬기는 것으로는 그들의 삶이 안전할 것이라고 믿지 못했기 때문이었다. 예레미야는 그들의 인본주의적인 노력이 핵심적인 악이었다고 잘 지적했다.

> 내 백성이 두 가지 악을 행하였나니 곧 그들이 생수의 근원되는 나를 버린 것과 스스로 웅덩이를 판 것인데 그것은 그 물을 가두지 못할 터진 웅덩이들이니라 렘 2:13

예레미야는 흉년과 웅덩이를 메타포로 사용하여 그들의 인본적인 노력을 악으로 규정했다. 흉년을 대비해서 웅덩이를 파는 것은 세상적으로 지혜로운 행동이다. 그러나 그것은 하나님을 향한 이스라엘의 불신앙과 불안으로 말미암은 행동이었다는 점에 심각한 문제가 있었다.

다섯째, 모든 것을 합력해서 선을 이루시는 하나님을 믿는 것이다(롬 8:28). 우연히 일어나는 일은 없다는 것이 성경의 선언이다. 성경은 우리가 볼 때에는 고통스럽고 이해가 되지 않는 일조차 하나님의 섭리와 큰 계획 속에 일어나는 일이라고 말씀한다. 하나님은 불안과 두려움을 사용하여 개인과 사회와 국가를 빚으시는 분이다. 트라우마조차 예수 그리스도를 만나게끔 하는 기회로 삼으신다. 하나님은 애굽 백성에게 두려움을 주었던 열 가지 재앙을 통해 자신의 위대한 능력을 만천하에 나타내셨다. 홍해에서 이스라엘 백성은 패닉 상태에 빠졌지만 하나님은 바다를 육지처럼 건너도록 기적을 베푸심으로 유일신의 영광을 드러내셨다.

여섯째, 몸을 죽이는 자들을 두려워하지 말고 몸과 영혼을 능히 지옥 불에서 멸하시는 하나님을 두려워하는 것이다(마 10:28). 인간은 어리석어서 참으로 두려워해야 할 하나님은 두려워할 줄 모르고 두려워할 필요가 없는 자들을 두려워한다. 이스라엘 백성은 하나님을 두려워하지 않고 우상을 숭배했다. 대제국들을 두려워했기 때문이다. 그들이 두려워하는 신들을 두려워했고, 나아가 그들의 우상을 수입해서 섬겼다. 치명적인 전염병이나 전쟁, 핵무기는 물론 두려운 것이다. 그러나 그것들은 몸만 죽일 뿐이다.

불안과 두려움의 핵심은 죽음에 있다. 죽지 않으려고 하니 불안한 것이다. '죽으면 죽으리이다'는 태도를 취하면 세상에 무서울 것이 없다(에 4:16). 죽음은 죄의 삯이다(롬 6:23). 누구나 한 번 죽는다. 어떻게 죽느냐는 중요하지 않다. 중요한 것은 그리스도와 연결된 삶을 살았느냐에 있다. 그리스도와 연결된 자는 이미 영생을 가졌고 죽어도 하나님 나라에서 영원히 살 것이다. 죽어도 그리스도의 재림의 날에 영원토록 사는 몸으로 부활할 것이다. 꺼지지 않는 불로 심판을 받는 지옥에 결코 가지 않을 것이다. 영원한 하나님 나라에 들어갈 것이다. 살아도 좋고 죽어도 좋은 사람들이 크리스천들이다. "나팔 소리가 나매 죽은 자들이 썩지 아니할 것으로 다시 살아나고 우리도 변화되리라"(고전 15:52)는 성경 말씀은 변치 않는 진리다. 진리에 거하며 담대하게 살자. 마귀는 이 진리를 약화시켜 우리의 두려움을 자극한다. 마귀는 우리에게 죽는 것은 두렵다고 속삭인다. 마귀의 전략에 속지 말아야 한다.

마지막으로, "두려워하지 말라 내가 너와 함께 함이라"는 하나님의 말씀을 반복적으로 기억하는 것이다(사 41:10). 성경에서 '두려워하지 말라' 또는 '염려하지 말라'는 말씀이 365번 정도 등장한다는 글을 본 기억이 있다. 1년 동안 매일 한 번씩 하나님은 "두려워하지 말라"고 말씀하시는 셈이다. 우리는 불안하고 두려워하기 쉬운 존재이다. 하나님은 우리가 질그릇과 같이 연약한 존재임을 잘 아신다.

하나님이 동행하고 계심을 믿고 인식하면 두려움은 물러간다. 특히 성령 하나님은 우리 안에 내주하시며 세상 끝 날까지 동행하신다. "주 예수 그리스도의 은혜와 하나님의 사랑과 성령의 교통하심이 너희 무리와 함께 있을지어다"(고후 13:13)라는 축도를 들을 때마다 우리는 하나님이 우리의 귀에 들려주시는 그 축복의 말씀을 '아멘'으로 내면화해야 한다. 그리고 담대하게 두려움을 야기하는 세상에서 천성을 향해 전진해야 한다. 하나님의 사랑은 그 어떤 두려움도 몰아내는 능력이 있다(요일 4:18).

chapter 12 •

누가 재난 만난 성도의 이웃인가[1]

노아의 홍수 사건부터 시작해서 오늘에 이르기까지 인류는 많은 재난을 겪으면서 살아왔다. 노아의 홍수 사건은 그의 식구를 제외한 전 인류적인 참사이자 재난이었다는 점에서 전무후무한 대재난이었다. 노아의 홍수 사건과는 비교도 되지 않지만 초대형 혹은 대형 재난이 과거에도 일어났고 현재에도 생기고 있고 앞으로도 있을 것이다. 예수님께서 말씀하신 종말의 징조들 중 하나는 재난이다(마 24:7-8). 현대 과학 문명이 발달하면서 자연재해에 대응하기 위한 예방조치와 복구 대책은 이

1 "위기를 당한 성도를 돌보는 목회", 〈목회와신학〉, 2011년 5월호 참조.

전 세대보다 훨씬 양호해졌지만 자연재해를 완전히 예방한다는 것은 불가능한 일이다.

재난과 위기는 파괴적인 힘을 행사한다

재난은 인간의 생명과 실존을 위협하기 때문에 불안을 야기한다. 재난에 대한 불안을 심하게 느끼는 이들은 불안장애를 겪기도 한다. 강도가 높은 지진은 나라 전체를 공포에 몰아넣을 수 있을 만큼 위협적이다. 만약 우리나라에 대형 지진이 발생한다고 가정하면 그 결과는 상상하는 것조차 끔찍하다.

재난(災難)은 태풍이나 홍수, 폭풍, 쓰나미, 지진, 폭설, 가뭄, 냉해, 우박, 병충해, 구제역, 전염병과 같은 자연현상과 관련된 인명 또는 재산상의 피해를 의미한다. 아울러 대형 사고나 유조선 기름 누출, 비행기 추락과 같은 인재로 인한 피해를 포함한다. 예를 들면, 수련회를 마치고 교회 버스를 타고 귀가하던 청소년들이 예기치 않은 교통사고로 사망하는 일이 발생한다면 그 사건은 교회의 존립을 뒤흔들 만큼 충격적인 재난이 될 수 있다.

대부분의 재난은 전혀 예측치 못한 순간에 찾아온다. 그런 점에서 위기와 그 역동성이 비슷하다. 위기는 예견할 수 있는 위기와 예측하지 못한 위기로 구별해서 이해할 수 있다. 예측하지 못한 위기는 개인과 가정, 교회, 사회, 혹은 국가의 존립을 위협할 수 있는 위험한 사건 경험이다. 잔잔한 호수에 돌을 던지면 파문이 일어나듯이 위기는 개인의 삶 전반에 영향을 끼친다. 그리고 사회, 문화, 정치, 경제, 환경에까지 영향을 끼칠 수 있다. 그 영향은 부정적일 때가 많지만 긍정적일 때도 적지 않다.

위기는 종종 새로운 변화와 질서를 가져오는 순기능성을 갖고 있다. 위기 경험을 통해 가정이 회복될 수도 있다. 또 교회의 위기는 성도들의 신앙생활에 도전을 줄 수 있다. 예를 들면, 사사기에서 하나님은 영적으로 타락한 이스라엘 백성을 기근과 전쟁과 같은 재난을 통해 깨닫게 하시며 회복하도록 하셨다.

위기는 일반적으로 삶의 항상성을 깨뜨리며 큰 강도의 불안을 야기하는 것이 특징이다. 그래서 위기는 지금까지의 일상적인 삶을 위협하며 새로운 삶에서 항상성을 유지하게 될 때까지 고통을 야기할 수 있다. 어떤 이들은 새로운 항상성을 유지하는 삶으로 성장하지 못하고 퇴행하거나 고착되거나 완전히 망가진 삶을 살게 된다. 정신적으로 와해되며 심한 경우에는 자살하는 이들까지 생긴다. 위기 중에서 특히 재난은 사람들의 생명을 위협하거나 순식간에 수많은 생명을 쓸어 가는 엄청난 파괴적인 힘을 행사한다.

성도의 위기와 고통을 공감해야 한다

상담자로서 목회자는 위기와 관련된 몇 가지 변수를 인식하고 목회적으로 돌봐야 한다.

첫째, 위기를 당한 성도의 과거 위기 경험들이 무엇이었는지 탐색해야 한다. 과거에 위기 경험들을 잘 극복한 삶의 이야기를 기억해 내도록 하는 것이 중요하다. 위기 경험이 전혀 없었던 성도의 경우 현재의 위기는 큰 충격으로 다가올 수 있다는 점을 이해해야 한다. 어떤 성도들은 해결되지 않은 위기 경험들이 누적되어 오다가 새로운 위기를 만남으로써 감당할 수 있는 한계점을 넘어선 상태에 처할 수도 있다. 과거에 어떤 재난을 겪었던 사람들의 경우에는 외상 후 스트레스 장애 증상을 갖고 있을 가능성이 있다. 이런 사람들에게 새로운 위기나 충격은 가중적이다.

둘째, 사회적 지지망이 있는지 없는지를 파악하도록 한다. 주변에 도울 수 있는 가족이나 친구, 또는 경제적 자원과 같은 지지망이 든든할수록 위기를 잘 극복하기 때문이다. 지지망이 약한 이들의 경우에 목회자의 돌봄과 교회 공동체의 관심은 큰 힘이 될 수 있다.

셋째, 위기를 만난 성도의 영적, 심리적, 신체적 건강성이라는 변수를 고려하는 것이다. 정서적으로 약하거나 건강 상태가 좋지 못하거나 현실감이 부족하거나 영적으로 침체 상태에 있을수록 위기 상황에서 더 취약해질 수 있다. 전인격적인 이해가 필요하다.

넷째, 위기에 대한 의미를 발견하고 해석하도록 도와야 한다. 위기 상황에 처했어도 그 위기가 내 삶과 신앙에 어떤 의미가 있는지를 알고 붙잡고 있는 한 성도는 무너지지 않는다.

마지막으로, 위기의 강도와 빈번도이다. 재난 피해자가 주관적으로 인식하는 위기의 강도를 공감하고 이해할 필요가 있다. 객관적으로는 충격을 그렇게 받지 않을 것 같은 위기 상황에서 어떤 이들은 심한 충격을 받을 수 있다. 개인적인 차이와 변수가 있다는 점을 항상 명심하고 접근해야 한다.

일본에서 발생한 지진과 원전 사고는 수많은 생명을 앗아갔다. 방사능이 유출된 지역에 살고 있던 많은 사람은 삶의 터전을 잃었고, 다시는 그 땅에서 살 수 없다는 큰 상실을 경험했다. 인간의 기본적이며 중요한 욕구 중 하나인 안전감을 뒤흔드는 지진은 모든 인간의 핵심 감정이라고 말할 수 있는 불안을 야기하며 두려움과 공포를 불러왔다. 재난과 재해를 겪은 사람들은 이전 삶으로 되돌아갈 수 없을 때가 많다.

재난과 위기는 대부분 상실을 수반한다. 때로는 모든 것을 상실할 수 있다. 특히 회복할 수 없는 상실은 힘든 애도 과정을 겪게 한다. 목회자는 애도하는 성도가 겪는 충격과 무감각, 슬픔, 분노, 우울감, 수용에 이르는 애도의 오랜 과정을 이해하고 공감해 주어야 한다. 그리고 적절하게 반응해야 한다.

'외상 후 스트레스 장애'란 무엇인가

외상 후 스트레스 장애는 심한 감정적 스트레스를 경험했을 때 나타난다. 전쟁, 자동차, 기차, 비행기 등 교통수단으로 인한 사고와 산업현장에서의 사고, 개인적 피해를 끼치는 폭행, 강간, 테러 및 폭동, 때로는 홍수, 폭풍, 지진, 화산 폭발 등 생명을 위협하는 재난이 발생했을 때 당시 받은 충격에 의해 발병할 수 있다.[2] 최근까지지는 불안장애의 하위 장

2 민성길, 《최신정신의학》 (일조각, 1995), 254.

애로 분류되었으나 DSM-5에서는 독립된 장애명으로 바뀌었다.

대표적인 증상으로는 위협적이었던 사건에 대한 반복적인 플래시백이나 악몽, 외상을 연상시키는 것에 대한 회피 반응, 제한된 범위의 감정 인식이나 표현, 그리고 지속적인 과민상태가 있다. 이 같은 증상들이 3개월 이상 지속될 때 만성적인 장애로 진단되는데, 외상 경험 후 적어도 6개월 이후에 증상이 시작하는 경우도 있다.

외상을 겪는다고 모든 이가 다 이 외상 후 스트레스 장애를 갖게 되는 것은 아니다. 재난의 경우 상황에 따라 5퍼센트에서 75퍼센트에 이르는 사람들 중에서 이 장애를 겪게 될 수 있다.[3] 주로 약물 치료와 단기 정신 치료를 병행하며 심한 경우에는 입원 치료와 재활 치료를 받는다.

재난당한 성도들을 돕는 목회자들은 외상 후 스트레스 장애가 여러 다른 정신적 질환을 야기할 수 있다는 점을 잘 인식할 필요가 있다. 이 장애와 씨름하는 이들은 수면장애, 우울증, 알코올중독 및 다른 형태의 중독 등의 장애들을 공병 현상으로 겪게 될 수 있으며 불안 및 분노에 취약한 성격을 갖게 될 수 있다.

재난당한 성도를 위한 목회적 돌봄

목회자는 재난당한 성도를 구체적으로 어떻게 도울 수 있을까?

첫째, 하나님의 임재와 도우심을 경험할 수 있도록 가능한 한 빨리

3 민성길, 《최신정신의학》, 254-257.

방문하고 목회자 자신과 교회 공동체의 관심을 표현하는 것이 중요하다. 재난당한 성도 입장에서는 목회자의 따뜻한 관심이 큰 힘이 된다. 가능하면 빠른 시간 안에 개입하며 중재하는 것은 위기 상황으로부터 회복하는 데 매우 중요하다. 재난이 발생한 후 며칠이 지나서야 목회자가 찾아오거나 뒤늦게 교회에서 관심을 표현한다면 재난당한 성도는 이미 섭섭함과 분노로 마음을 닫을 가능성이 높다. 따라서 목회자는 비상연락망이나 당직 제도와 같은 틀을 통하여 재난 상황에 민첩하게 목회적 돌봄을 제공할 수 있는 시스템을 갖추어야 한다.

둘째, 재난을 겪은 이야기를 반복해서 이야기할 수 있도록 함으로써 그 이야기에 담긴 감정들을 정화할 수 있도록 돕는다. 여기에는 기본적인 위기 상담 기술이 필요하다. 먼저 상대방의 말을 경청하고 공감할 수 있어야 재난당한 성도가 안심하고 속마음을 표현할 수 있다. 혼란, 충격, 분노, 두려움, 무력감, 절망감과 같은 감정과 씨름할 때 그 감정들을 명료화시켜 주고 받아 주어야 한다. 그 후에 신앙적이며 합리적인 사고를 점차적으로 해 나갈 수 있도록 도와야 한다.

셋째, 상담자로서 목회자 자신의 불안과 두려움을 잘 인식하고 성도의 감정을 회피하거나 무시하지 않도록 해야 한다. 목회자도 인간이기 때문에 자신이 재난에 대해 불안이나 두려움을 가질 수 있다. 특히 성장기에 겪었던 심리적 외상 경험 때문에 불안장애적 증상을 갖고 있는 목회자는 재난 상황을 회피하고 싶을 수 있다. 그렇게 되면 위기 상담 상황에서 목회자 자신이 직접 방문하거나 개입하는 것을 의식적으로 혹은 무의식적으로 피하려고 할 것이다. 담임목사가 목회적 돌봄의 책임을 맡아 앞장서지 않고 부교역자들을 보냄으로써 그 상황을 일시적으로 회피하는 방어기제를 반복적으로 사용하게 되면 미성숙하게 목회를 할 수밖에 없다는 사실을 깨달아야 한다. 이를 극복하기 위해서는 비교적 강도가 약한 위기 상황에 자신을 서서히 노출시키는 '체계적 둔감법'을 시도해 볼 수 있다. 그리고 동역자나 성도들에게 자신이 가진 불안을 솔직하게 고백하고 이해를 요청하면 오히려 불안이 감소한다는 사실을 깨닫게 될 것이다. 아울러 자신의 과거 트라우마와 성도의 위기 상황을 '구별짓기'할 수 있는 통찰이 있어야 한다.

넷째, 스트레스에 대응하는 자원을 늘린다. 재난을 당한 성도가 겪는 스트레스 자체를 통제하기란 쉽지 않다. 그러나 스트레스에 대응하는 자원을 다양한 채널을 통해 늘릴 수 있다. 위기 상담에서 사용하는 공식이 있다. '스트레스를 합한 분자의 수치'를 '자원들을 합한 분모의 수치'로 나누었을 때 그 값이 1 이하로 나오도록 하는 것이다. 무너지지 않도록 지탱하며 지지하는 것이 재난을 당한 성도를 위한 목회적 돌봄에서 가장 중요한 기능이다. 그러려면 스트레스에 대응할 수 있는 자원의 합을 늘여 가는 것이 중요하다. 교회 공동체가 가지고 있는 다양한 자원을 활용하되 예배, 기도, 찬송, 의식과 같은 신앙적 자원을 활용하도록 한다. 더 나아가 각 지역교회, 또는 노회나 총회가 유기적으로 대응하면서 가지고 있는 자원을 운용할 때 재난을 겪은 이들은 새 힘을 얻어 일어설 수 있을 것이다.

다섯째, 교회 공동체 전체가 죄를 회개하며 영적으로 각성하는 기회로 삼는다. "땅의 주민아 두려움과 함정과 올무가 네게 이르렀나니 두려운 소리로 말미암아 도망하는 자는 함정에 빠지겠고 함정 속에서 올라오는 자는 올무에 걸리리니 이는 위에 있는 문이 열리고 땅의 기초가 진동함이라 땅이 깨지고 깨지며 땅이 갈라지고 갈라지며 땅이 흔들리고 흔들리며 땅이 취한 자 같이 비틀비틀하며 원두막 같이 흔들리며 그 위의 죄악이 중하므로 떨어져서 다시는 일어나지 못하리라"(사 24:17-20)는 말씀에서 하나님은 땅을 벌하신다. 이는 곧 그 땅에 거하는 주민들을 벌하신다는 것이다. 하나님은 죄를 범하는 자들과 백성을 회개시키기 위하여 '쓴 약'을 처방하실 수 있다는 사실을 인식할 때 성도들은 경각심을 갖게 된다.

징계를 받을 때 일찍 깨닫고 회개하면 파국적인 상황까지는 가지 않는다. 그러나 어리석게도 계속 목을 곧게 하고 반항하면 하나님은 징계의 수준을 대폭 증가시키신다.[4] 재난을 자연주의적인 세계관으로만 해석하는 것은 한계가 있다. 초자연주의적인 세계관을 통해서 재난을 해석하는 지혜도 필요하다. 우리가 보기에는 우연히 일어나는 것처럼 보이는 자연재해나 사고들 중에는 하나님의 징계와 심판으로 인한 것들도 있다. 하나님의 주권적인 섭리 속에서 사실상 우연이란 없다. 세상의 모든 일과 삶은 하나님이 허용하시든지 아니면 직접 명하셔서 일어나는 것이다. 우리의 지혜로 다 이해할 수 없을 따름이다.[5]

여섯째, 단기적인 충격 완화와 장기적인 변화를 시도하게끔 돕는다.

---

4 이관직, 《성경과 분노심리》(대서, 2007), 23-24.

5 이관직, 《성경과 분노심리》, 31.

위기 상담은 응급의학의 접근과 비슷하다. 위험 상황을 극복하는 것을 주 목표로 하되 장기적으로 삶의 전반에서 긍정적인 변화가 일어나는 계기가 되도록 한다면 위기 경험은 의미가 있을 것이다. 특히 신앙적으로 도약하는 발판을 삼도록 돕는다면 목회적 돌봄은 다른 위기 상담자가 도울 수 없는 부분에서 기여할 수 있다.

일곱째, 위기가 기회가 될 수 있다는 시각의 전환을 시도한다. 동일한 사건이지만 어떤 관점에서 재해석하느냐에 따라 위기의 의미가 달라질 수 있다. 재난 사건에 대한 해석과 신앙이 중요하다.

여덟째, 신체화 증상으로 심리적 이슈들을 표출하는 성도들에게 전문 상담의 필요성을 추천하고 전문가에게 의뢰한다. 심리적 충격이나 갈등을 잘 표현하지 못함으로써 신체적인 고통을 호소하는 성도들은 상담사들을 통하여 심리적 치료를 경험하도록 의뢰하는 기술이 필요하다. 의뢰한 후에도 지속적인 관심(follow up)을 보여야 할 것이다.

아홉째, 성도의 시각을 열어 하나님의 주권을 바라보도록 하며 하나님께서는 보이는 현상 너머에서 그 성도의 상황을 보고 계시며 알고 계신다는 사실에 대해서 확신시킨다. 재난으로 인해 정죄감, 수치감, 소외감에 시달리는 성도에게 하나님의 사랑의 견고성과 안정성을 확신시켜 주어야 할 것이다.

> 35 누가 우리를 그리스도의 사랑에서 끊으리요 환난이나 곤고나 박해나 기근이나 적신이나 위험이나 칼이랴… 37 그러나 이 모든 일에 우리를 사랑하시는 이로 말미암아 우리가 넉넉히 이기느니라 롬 8:35-37

열째, 평소 재난을 예방하는 노력을 한다. 설교, 세미나, 개인 상담을 통하여 믿는 자에게도 위기는 예고 없이 찾아올 수 있음을 교육할 필요가 있다. 위기로부터 면제받는 사람은 없다는 사실을 평소에 인식시키는 것은 위기 대처에 도움이 된다. 크리스천이라고 해서 위기가 피해 가는 것은 아니다. 죄로 인하여 깨어진 세상 속에서 살아가는 성도들에게 위기는 씨줄과 날줄로 엮어져 가는 삶의 일부이다.

울 때가 있고 웃을 때가 있으며 슬퍼할 때가 있고 춤출 때가 있으며 전 3:4

씨줄과 날줄이 교차된 직조물에서 마침내 아름다운 무늬와 그림이 드러난다. 하나님은 모든 일을 합력하여 아름다움과 선을 만드시는 예술가이심을 평소에 가르쳐야 한다.

열한째, 성도의 상태에 대하여 일차적으로 공감하고 이해하는 태도를 취한다. 아울러 위기를 당한 성도가 보이는 일시적인 증상들을 정상적인 것으로 해석해 준다. 혼란스러워하는 성도들에게 일정한 기간의 충격과 슬픔의 과정은 필요하다. 따라서 증상을 회복하는 데 거쳐야 하는 과정으로 재해석해 줄 필요가 있다. 그러나 애도 과정이 너무 길어지거나 우울증이 심해질 때에는 전문적인 상담 또는 약 처방을 받을 수 있도록 권한다.

열두째, 재난이 가지고 있는 상징적 의미와 영적 의미를 발견할 수 있도록 돕는다. 재난은 교회 공동체가 영적으로 각성하는 계기와 기회가 될 수 있으며 종말론적으로 성도들을 잠에서 깨어나게끔 하는 영적 경보 기능을 갖고 있다. 예수님의 재림이 임박함을 알리는 처처의 재난 소식은 단지 두려움을 야기하는 우연한 사건으로 지나쳐서는 안 된다. 더 나아가 재난 속에서도 생사화복을 주관하시는 하나님께 삶의 통제권을 위임하는 계기가 되도록 해야 할 것이다.

교회는 재난이라는 강도를 만난 성도들의 이웃이 되어야 한다. 교회는 스스로의 힘으로 일어나기 힘든 성도들에게 긍휼과 자비를 갖고 다가서는 목회적 돌봄을 제공해야 한다. 선한 사마리아인이 그랬던 것처럼 상처를 싸매고 기름과 포도주로 응급조치를 하며 주막으로 데려가서 전문적인 도움을 받게 하는 식의 지속적인 관심을 보여야 할 것이다(눅 10:29-37).

> 1 하나님은 우리의 피난처시요 힘이시니 환난 중에 만날 큰 도움이시라 2 그러
> 므로 땅이 변하든지 산이 흔들려 바다 가운데에 빠지든지 3 바닷물이 솟아나
> 고 뛰놀든지 그것이 넘침으로 산이 흔들릴지라도 우리는 두려워하지 아니하
> 리로다(셀라) 시 46:1-3

chapter 13 •

중독보다 하나님이 더 크시다

중독은 학습된 행동으로, 장애이자 병이고 죄이다. 모든 중독은 관계를 손상시킨다. 관계에서 책임질 수 없게 만든다. 사람들과의 관계뿐만 아니라 하나님과의 관계에도 손상을 가져온다. 중독의 핵심 문제는 하나님과 단절된 관계에 있다. 칼 구스타브 융은 알코올중독은 하나님과 연결되지 않는 인간이 내면의 공허감을 채우려는 노력임을 간파했다. 하나님과의 관계 경험을 대체하는 것이라는 점에서 중독은 우상숭배이다.

참되신 하나님을 만나지 못할 때 인간은 우상을 찾는다. 기독교를 제외한 모든 종교는 하나님을 대체하는 우상이다. 종교성으로 하나님 경험을 흉내 내는 가짜이다. 기독교는 인간이 불안해서 만든 종교가 아니다. 하나님이 자신을 계시한 종교이다. 반면 다른 종교들은 프로이트가 지적한 바와 같이 '인간의 불안을 신경증적으로 해결하기 위해 만들어 낸 신'을 섬기는 것이다.

우상을 섬기는 동기는 인간의 불안 심리에 있다. 눈에 보이는 우상에게 신적 요소를 투사한다. 이사야와 예레미야가 지적했듯이 어리석게도 사람은 나무를 잘라 일부는 땔감으로 쓰고 일부는 어떤 모양을 정교하게 새기고 옷을 입히거나 금은으로 세공해서 세워 놓고 복을 비는 어리석은 행동을 한다. 이는 불안을 해결하려는 신경증에 기반으로 두고 있다. 우상숭배는 무지와 미신으로 인한 것이다. 현대인들은 보이지 않는 수많은 우상에 노출되어 있는데, 이것들에 의해 중독에 빠진다.

중독은 인간이 하나님과 연결짓기가 되어 있지 않음을 알려 주는 증상일 뿐만 아니라 인간관계, 특히 가족관계에 문제가 있음을 알려 주는 증상이다. 수평적으로 이해하면 중독은 진정한 인간관계를 경험하지 못함에서 오는 증상이다. 중독은 진정한 인간관계를 대체하는 역할을 한다. "꿩 대신 닭"이라는 속담은 중독의 역동성을 잘 드러낸다. 건강한 인간관계에서 고통과 외로움을 해결하지 못하고 일시적으로 도움을 주는 행동으로 해결하고자 하는 것이 중독이기 때문이다.

중독에 빠지면 인간관계는 악순환이 된다. 스스로를 망가뜨리고 자신과 연결된 사람들을 고통으로 이끈다. 중독 증상은 가족관계에 악영향을 끼친다. 가족은 중독자의 중독 행동을 통제하는 데 많은 에너지를 소모해야 하기 때문이다. 결국 중독 때문에 가족이 역기능 시스템으로 전락한다. 신체의 한 부분이 암세포화 될 때 주변 세포들을 빠르게 잠식하듯이 중독은 가족을 병리화시킨다.

그 대표가 알코올중독이다. 성인아이들의 대부분이 알코올중독 가정에서 성장한 배경을 갖고 있다. 이들은 핵심적으로 자존감에 문제가 있다. 이 자존감 문제는 성인아이들의 삶 전반에 영향을 끼친다. 그래서 그들은 대인관계에 어려움을 겪는다. 외로움을 호소하며, 권위자들과의 관계가 어렵고, 순응적이거나 공격적이 된다.

중독을 '물질의존장애'(substance dependency disorder)라고 부르기도 한다. 이들은 알코올, 니코틴, 마약 등의 물질 뿐만 아니라 중독과 관련되어 몸 안에서 생기는 화학물질, 예를 들면 아드레날린에 의존한다. 쾌감을 증가시키며 고통을 경감시키려는 인간의 심리를 가장 빠른 시간에 효과적으로 채워 주는 것이 중독의 특징이다. 그 효과는 잠정적이다. 그런 점에서 각종 중독은 우상이자 '유사 신'이다. 하나님을 의지할 때 기다려야 하는 고통을 겪지 않아도 일시적인 응답을 해 주기 때문이다. 오늘날 중독에 걸린 사람이 너무 많다. 중독 물질도 다양하고 대상도 다양하다. 또 그런 물질과 대상에 접근하기도 쉽다. 반면 스트레스와 고통은 증가한다.

여러 중독 중에서 몇 가지만 다루고자 한다. 성중독을 제외하고는 각 중독에 대해서 일일이 구체적인 치유 방안과 대처 방안을 제시하지는 않았다. 중독의 역동성은 사실 거의 동일하기 때문이다.

알코올중독은 나뿐 아니라 타인의 생명도 위협한다

Q는 성장기에 술 마시고 늦게 귀가하는 아버지 때문에 늘 가슴 졸이며 살았다. Q의 아버지는 술 냄새를 풍기며 밤늦게 들어와서는 잠자는 아이들을 깨워 평소에 하지 않던 잔소리를 습관처럼 했다. Q의 아버지는 아이들이 졸려 하면 화를 내면서 무슨 말을 했는지 되물어보고 대답하지 못하면 처음부터 다시 녹음테이프 틀듯이 장황설을 늘어놓았다. Q는 그런 아버지가 너무 미웠다. 아침이 되면 언제 그랬느냐는 듯이 멀쩡한 아버지를 보면서 Q는 술 먹는 남편은 절대 만나지 않겠다고 다짐하면서 자랐다. 결혼 초기에는 술을 전혀 하지 않던 남편이 직장 회식에서 술을 한 잔씩 하는 것조차 싫고 불안했다. 술 냄새를 풍기고 들어오는 남편을 보면 화가 났다.

선교사의 아들인 R은 대학생 때부터 술을 마시기 시작했다. 술은 마시면 만취할 때가 많았다. 술에 취할 때 자신도 모르게 다른 사람에게 시비를 걸어서 결국 상대방과 신체적으로 싸움까지 한 적도 여러 번 있었다. 어떤 때는 응급실에 실려 가기도 했다. 가해자가 되어 경찰서에 불려 간 적도 있었다. 그럴 때 R의 부모는 피해자에게 치료비와 위로금을 주어야 했다. 상담실에서 만난 R은 착해 보이는 청년이었다. 상담을 통해 그는 선교사인 부모님에게 짐이 되지 않기 위해서 늘 착하게 살아왔고 분노도 억압해 왔음을 이야기했다. 그는 알코올중독 상태는 아니었지만 그의 술 문제는 부모에게 큰 스트레스를 안겨다 주었다. 뿐만 아니라 그의 술 문제는 선교사 가정 전체가 씨름하고 있는 역기능성이 표출된 한 증상이기도 했다.

한 가족 구성원의 알코올중독 또는 의존은 그 가족 시스템을 역기능적으로 만든다. 역으로 알코올중독은 역기능가정임을 알려 주는 증상이기도 하다. 즉 원인이자 결과이다. 술을 과도하게 마시는 부모 밑에서 성장기를 거친 자녀를 '성인아이'라고 부른다. 성인이지만 아이 시절의 이슈와 여전히 씨름하는 사람이라고 정의할 수 있다.

성인아이는 형제 순위에 따라 영웅, 잃어버린 아이, 희생양, 그리고 마스코트 유형으로 특정한 역할을 맡게 될 가능성이 높다. 성인아이가 대인관계에서 보이는 특성은 극단성이다. 지나치게 책임을 지려고 하거나 지나치게 무책임하다. 지나치게 독립적이거나 지나치게 의존적이다. 쉽게 분노하거나 분노를 표현할 줄 모른다. 특히 자존감이 약하기 때문에 건강한 대인관계를 유지하는 데 어려움을 겪는다. 이와 같이 부모의 알코올중독은 중독자와 가장 가까이 관계하는 배우자나 자녀들과의 관계에 걸림돌이 된다.

알코올에 영향을 받는 뇌는 정상적이지 않다. 그들은 일반적으로 술이 인간관계에 촉매제가 된다고 생각한다. 술자리에서는 방어기제가 약화되기 때문에 서로의 속내를 쉽게 드러낼 수 있고, 일시적으로 친밀감을 경험하는 데 도움을 주기 때문이다. 그러나 취하지 않으면 안 될 정도로 알코올에 의존된 사람은 대인관계가 점차적으로 망가질 수밖에 없다. 사회적 기능도 제대로 할 수 없다. 음주운전까지 하면 대인관계에 매우 악영향을 끼칠 수 있다. 자신만 위험할 뿐 아니라 타인의 생명을 위협하는 무서운 결과를 가져온다.

관계중독은 떠나고 싶어도 떠나지 못한다

S는 모태 신앙으로 자란 청년이었다. 중학교 2학년 시절 부모님이 오랜 부부 갈등 끝에 이혼을 했다. 대학시절부터 S는 여러 여성들과 성관계를 이어 왔다. 관계했던 여성이 20명도 넘었다. 그 누구와도 몇 달 이상을 지속적으로 관계해 본 적이 없었다. 왜냐하면 상대방도 진지하게 자신에게 다가온 적이 없었고 자신 또한 그들과 어떻게 관계를 이어가야 할지 몰랐기 때문이다. 자신이 원하면 거의 언제나 새로운 여성을 만나 성관계를 할 수 있다는 것에서 자신감을 확인하기도 했다. 헤어지는 것에 대해서도 크게 슬퍼해 본 적이 없었다. 그러면서도 성관계 후에 찾아오는 공허감과 죄책감을 피할 수는 없었다.

관계중독이란 삶의 핵심 문제나 감정을 일시적으로 경감시키거나 회피하는 데 도움을 주는 관계에 의존하는 것을 의미한다. 진정한 변화와 성장 없이는 이 동반 의존적인 관계를 청산하기 어렵다. 사마리아 여인이 남편이 다섯이나 있었고 지금 있는 남편도 자신의 남편이라고 부를 수 없었다는 것은 그녀가 마치 곧 목이 마르는 우물물과 같은 대상을 반복적으로 찾고 있었음을 말해 준다.

보편적으로 모든 인간은 하나님 대신 하나님의 특성을 일부 표현하는 사람이나 우상에게 의존한다. 집착하기까지 한다. 포기하지 못한다. 두렵기 때문이다. 고통스럽기 때문이다. 목마르기 때문이다. 그런데 어떤 사람과의 인간관계가 최고의 가치를 갖게 되면 관계중독이라고 부를 수 있다. 관계중독도 우상숭배이다. 하나님과의 영원한 관계보다 특정한 사람과의 잠정적인 관계에 더 가치를 부여하기 때문이다. 이 관계는 보통 동반의존적이다. 즉 떠나고 싶어도 떠나지 못한다. 그런 점에서 관계중독은 마귀적이다. 마귀는 관계에 매이는 것을 기뻐한다. 풀어주지 않는다. 위협하거나 조종하거나 달래는 방식을 통해 상대방을 떠나지 못하게 한다.

중독의 특징은 내성, 금단, 그리고 재발이다. 이 특징은 관계중독에도 있다. 관계중독자는 누군가를 점점 자주 만나거나 좀 더 오래 함께 있어야 좋은 느낌을 갖는다. 하루라도 못 만나면 미칠 것 같다. 만나지 않거나 관계를 끊으면 불안하고 초조해서 견딜 수 없는 금단 증상이 생긴다. 관계를 끊었다가도 다시 만나는 것을 반복하는 재발이 쉽게 일어난다. 젊은이들 중에 만나고 헤어지기를 반복하는 이들이 있다. 경계선 성격장애와 아울러 관계중독의 역동성이 추정되는 이들이다.

성중독은 수치와 상처만 남긴다

T는 신학대학원 학생이다. 그는 미혼으로, 자신에게 생기는 성충동을 이기지 못해 주말이면 성매매업소를 찾곤 했다. 성충동을 조절해 보고자 자학도 하고 격렬한 운동도 해 봤지만 잠시 효과가 있을 뿐 다시 넘어지는 자신이 원망스러웠다. 정신과 의사를 찾아가 면담도 받아 봤지만 별 도움이 되지 않았다. 성중독적인 행동에 차도가 없었다. 단기간의 상담으로는 도움을 얻지 못했다.

어쩔 수 없이 한 학기의 유예기간을 주고 T 스스로 결정하도록 권했다. 성중독이 치료되지 않는 한 그는 목회자의 삶을 살아가기에는 적합하지 않을 수 있다고도 말해 주었다. 결국 다음 학기부터 T를 캠퍼스에서 더는 볼 수 없었다. 만약 지금 다시 그를 도울 수 있다면 다른 결과를 가져올 수 있을까? 그가 만약 결혼하면 성중독적 행동을 멈출 수 있을까? 그렇다고 자신 있게 말할 수 없다. 결혼이 성중독의 근본적인 원인을 치료하지 못하는 사례를 상담 현장에서 많이 보고 있기 때문이다. 그에게는 강박적으로 성매매업소를 찾을 만큼의 내적 결핍감과 낮은 자존감 등의 심층적인 이슈들이 있었다. 이런 이슈들은 결혼을 통해 성적인 욕구가 만족된다고 해서 제대로 해결되지는 않는다.

U는 목사였는데, 음란영상물을 보다가 아내에게 들켰다. 그는 처음에는 당황하고 수치스러워서 잘못했다고 빌기도 했다. 그러나 얼마 가지 않아 다시 같은 행동을 하다가 아내에게 들키고 말았다. 이번에도 다시는 그러지 않겠노라고 약속했다. 그 약속은 오래가지 못했다. 오히려 당당했다. 음란영상물을 보는 것은 목회 사역에 아무런 영향을 끼치고 있지 않으며, 그냥 스트레스를 해소하는 취미라고 합리화했다. 아내를 대하는 데에도 문제가 없다면서 심각성을 부인하는 방어기제까지 사용했다. U의 아내는 사모로서 이러지도 저러지도 못하는 상황에 빠져 힘들어했다. 교회에 알릴 수도 없고 자신의 힘으로 중단시킬 수도 없는 이중구속적인 상황에 빠졌기 때문이다.

오래 전에 상담 현장에서 만났던 V는 남편이 스와핑을 원하는 것 때문에 괴로워했다. V는 원하지 않는다고 의사를 밝혔음에도 남편이 여러 번 스와핑을 하자고 조르는 통에 V는 매우 혼란스러웠다. 남편은 매우 자기중심적이고 유아적인 사람이었다. 스와핑 후에 찾아올 부부간의 고통을 미리 헤아리지 못할 만큼 미성숙한 사람이었다.

W는 크리스천이었는데, 스트레스를 받거나 불쾌한 감정이 들면 성 관계까지 하는 퇴폐 이발소에 출입하고 있었다. 습관적으로 다니다 보니 처음에 느꼈던 죄책감의 수준은 점점 낮아지고 약간의 불안감과 죄책감을 느끼는 정도였다. 그러면서도 집에 가면 아내에게 잘했다. 예배에 출석해도 스스로를 합리화하며 이제는 회개도 하지 않는 삶을 살고 있었다. 삶이 상당한 해리 상태에 있었다. W는 원하면 언제든지 그만 둘 수 있다고 호언장담했다. 이런 사람은 하나님 앞에서 자신의 모습을 직면해야 한다.

현대 기술의 발달로 빠른 속도와 뛰어난 화질을 제공하는 인터넷을 통하여 인간의 성적 욕구를 자극하는 온갖 콘텐츠들이 즐비하다. 실제 이성과 성적 관계를 맺는 것보다 더 쉽고 편안하며 자극적인 방식으로 유혹하는 것들이 너무 많다. 현대 크리스천들이 신앙생활을 할 때 큰 적수이자 유혹자는 인터넷 공간에서 제공하는 음란물이다. 신학생들이나 목회자들조차 예외가 아니다. 음란물에 노출되면 성중독에 빠질 위험성이 커진다. 수치심과 죄책감, 무력감과 우울감 때문에 다시 기분을 좋게 하려고 또 음란물에 접근하는 사이클을 반복한다. 마귀가 손쉽게 우리를 공략할 수 있는 무기가 성적인 유혹이다.

음란영상물을 보면 뇌는 학습한다. 불안하고 스트레스를 받고 힘들면 쉽게 기분을 좋게 만들어 주는 행동이 하고 싶어진다. 중독적인 사이클을 반복할 위험성이 높아지는 것이다. 게다가 남성들은 남성호르몬이 비교적 일정하게 분비되며 시각적으로 성적인 자극을 받는 편이다.

그래서 여성들에 비해 성중독에 빠질 위험성이 높다.

결혼생활에서 아내와의 관계에서 성을 포함한 불만과 분노가 있을 때, 외롭고 불안할 때 강박적으로 음란영상물을 보며 성충동을 해결하는 남편들이 있다. 일부는 아내와의 성생활이 비교적 만족스러움에도 불구하고 음란영상물을 보다가 중독에 빠지기도 한다. 여성들도 예외는 아니다. 성중독에 빠진 사람은 배우자와 진정한 의미에서 친밀한 관계를 맺기 어렵다. 어렵고 힘들 때 직면하는 대신 중독적인 행동으로 회피하기 때문이다.

거짓과 기만이 있는 곳에는 진정한 친밀감이 생길 수 없다. 하나님과의 관계도 마찬가지다. 구약의 이스라엘 백성은 여호와 하나님에 대한 신앙과 이방 신들에 대한 종교적 의식을 병행하는 우상숭배의 죄를 지었다. 둘 다 가지려는 탐욕이 작용한 것이다.

이러한 성중독을 어떻게 대처하고 치유할 수 있을까?

첫째, 자족하는 것이다. 건강한 결혼관계를 이어가려면 자신의 결혼관계에 자족하는 지혜와 성숙이 필요하다. 탐욕은 채워지지 않는다. 성적인 욕망도 한계가 있을 때 만족할 수 있다. 솔로몬은 배우자와의 관계 안에서 자족할 것을 강하게 권면했다.

… 너는 그의 품을 항상 족하게 여기며 그의 사랑을 항상 연모하라 잠 5:19

그러나 정작 솔로몬은 수많은 여성과 편력적인 관계를 맺었던 실패자였다. 열왕기상 기자는 그가 후궁만 700명이고 첩이 300명이라고 기록하면서 "솔로몬이 그들을 사랑하였더라"라고 그의 성중독적이며 관계중독적인 면을 지적했다(왕상 11:2). 이방 나라 출신의 후궁과 첩들이 들여온 우상들을 위한 산당들을 짓고 제사함으로써 여호와의 눈앞에서 악을 행하는 삶이 되고 말았다(왕상 11:6).

둘째, 배우자와 분방하지 않는 것이다. 바울은 기도하는 일 외에는 분방하지 말라고 권면했다(고전 7:5). 정욕적인 욕구에 취약해질 위험이 있기 때문이다. 분방하지 않으려면 서로의 노력과 배려가 필요하다. 잠자는 시간대의 차이, 잠 습관의 차이, 코골이, 수면 상태에 들어가는 시간의 차이 등으로 인해서 침대를 같이 사용하지 못하는 부부들도 있다. 더 큰 그림을 보고 의논하고 결정해야 한다. 분방하지 않는 원리는 지키되 구체적인 적용에서는 각 부부의 특징과 상황에 맞게 접목하는 유연성이 필요하다.

셋째, 간과하거나 직면하는 것이다. 배우자가 야동을 본다는 사실을 알게 되었을 때 직면하는 방법과 간과하는 방법이 있다. 실수로 여겨 주고 간과하는 것이 지혜로울 때가 있다. 큰 그림을 보고 배우자가 시행착오를 겪으면서 회복하기를 기다려 주는 것이다. 그러나 직면하는 것이 효과적일 수도 있다. 진실에 직면하는 것이 관계를 자유하게 한다. 관계가 깨어질까 봐 두려워서 간과하는 것은 성숙한 대처 방안이 아니다. 기도를 통해 하나님의 지혜를 구하면서 유연성 있게 대처하면 합력해서 선을 이루시는 하나님의 도우심을 체험할 수 있을 것이다.

넷째, 치명적인 결과를 미리 예측하는 것이다. 일시적인 쾌감을 위해서 성매매업소를 찾는 이들이 적지 않다. 주로 남성들이다. 사회지도층에 있는 사람들 중에도 모순적으로 성매매업소를 찾는 이들이 적지 않다. 성병에 걸려 아내에게 고통을 주는 어리석은 사람들도 있다. 단속 나온 경찰에 걸려 벌금을 물고, 심지어 얼굴과 이름까지 노출되는 수치를 겪을 수 있다. 연예인, 운동선수, 정치인, 공무원, 심지어 크리스천까지도 하루아침에 범죄자로 전락할 수 있다. 회복하기가 힘들 정도로 수치를 겪게 된다. 자신만 아니라 아내와 자녀들까지 수치를 겪는다.

단기적인 쾌락을 만족시키기 위해 너무나 큰 희생을 치를 수도 있다. 위험부담을 안고 불구덩이에 뛰어드는 사람들은 참으로 어리석다. 하나님 앞에서 죄가 되는 것은 말할 것도 없다. 보통 이런 사람들은 '설마'라고 스스로 위로하다가 '갑자기' 닥치는 재난의 날을 겪게 될 것이다. 신문에 이름이 오르내리는 것이 자신과는 상관없을 것이라고 구별짓기만 한다면 어리석은 행동을 중단하지 못할 것이다. 자신에게도 수치가 임할 수 있음을 미리 예측하여 연결짓기를 했더라면 무모한 행동을 하지 않았을 것이다. 솔로몬은 이런 사람들을 잘 비유했다.

> 22 젊은이가 곧 그를 따랐으니 소가 도수장으로 가는 것 같고 미련한 자가 벌을 받으려고 쇠사슬에 매이러 가는 것과 같도다 23 필경은 화살이 그 간을 뚫게 되리라 새가 빨리 그물로 들어가되 그의 생명을 잃어버릴 줄을 알지 못함과 같으니라 잠 7:22-23

다섯째, 자신의 성의 경계선을 지키며 상대방의 경계선을 존중하는 것이다. 성장기에 부모와 친밀감을 잘 경험하지 못했던 한 크리스천 남성 청년 X는 데이트하는 과정에서 상대방이 성적으로 자신에게 문을 열지 않는 것에 대해서 불안을 느꼈다. 그러나 상대방 여성이 마침내 자신에게 성적으로 문을 열었을 때 그는 자신의 내면의 취약한 자존감을 반복되는 성적 관계로 채울 수 없다는 것을 깨닫게 되었다. 전에는 그토록 원했던 성관계였지만 상대방에 대한 충분한 신뢰감과 인격적인 교감이 약한 상태에서 이루어지는 성관계의 기쁨과 즐거움은 반복될수록 점점 약화되었다. 결국 그는 상대방 여성에게 절교를 선언하고 말았다. 자신에게도 상처가 남고, 상대방에게도 큰 상처만 남기고 후회스러운 관계로 끝나고 말았다.

발달심리학자 에릭 에릭슨(Erik Erikson)은 청년기의 심리적 과제를 이성간의 친밀감 형성으로 보았다. 이성과의 친밀감을 형성하기 위해서도 연결짓기와 구별짓기를 잘해야 한다. 상대방과 친밀감을 형성하기 위하여 신체적, 심리적, 영적으로 개방하고 나누어야 할 부분이 있다. 그러나 그 친밀감을 성적 경계선을 허무는 것으로 형성하려는 것은 미성숙한 태도이다. 이성 관계에서 자신의 성의 경계선을 지킬 수 있는 것이 건강한 것이다. 아울러 성적으로 충동을 느끼더라도 절제하며 상대방의 성의 경계선을 지켜주는 것이 성숙한 이성관계를 유지하는 길이다. 성관계가 우선은 즐겁고 반복하고 싶겠지만 단기적인 유익을 위해서 장기적인 유익을 손상시키는 어리석은 관계로 전락할 가능성이 매우 높다. 그리고 하나님 앞에서 악한 죄가 된다는 사실을 진지하게 생각해야 한다.

혼전 성관계에 대한 죄의식이 크리스천 청년들 사이에서 점점 흐려져 가는 것은 두려운 일이다. 문화적으로 성적인 개방성이 점점 당연시되는 사회에서 성의 경계선은 여전히 지키고 존중해야 한다. 그래야 장기적으로 후회하지 않는 삶을 살 수 있다. 많은 청년이 자신의 성적 행동에 대한 책임을 충분히 인식하지 못하고 혼전 임신을 해서 결혼하거나 낙태를 한다. 낙태의 경험은 여성에게 있어서 평생 마음에 트라우마를 남긴다는 사실을 꼭 기억해야 한다. 안타까운 것은 많은 크리스천 청년들조차 하나님과의 관계에서 삶의 큰 그림을 보지 못한 채 눈앞에 보이는 것만 보고 어리석게 성적인 문을 쉽게 연다는 것이다. 결과적으로 하나님 앞에서 죄 짓는 행동을 반복하고 있는 것이다. 정신 차려야 한다.

여섯째, 신뢰할 수 있는 주변 사람에게 자신의 연약함을 나누는 것이다. 성중독자도 알코올중독자와 마찬가지로 자신이 중독자임을 부인한다. 이런 관계에서 외부적인 도움이 필요하다. 수치스럽지만 비밀보장을 약속하는 신뢰할 만한 상담사와의 만남을 통해 성중독이 상징하는 의미를 탐색하며 자신의 내면을 살피는 것은 성숙으로 나아가는 계기가 될 수 있다. 용기가 필요하다.

하나님은 성중독과 씨름하는 성도들을 극약처방을 해서라도 치료하고 회복하신다. 그것은 성중독의 수치가 드러나도록 허용하는 것이다. 그런 경우에는 자신과 온 가족이 수치를 당한다. 특히 목회자의 경우 자신의 교회 성도들까지도 상처를 입으며 수치를 입는다. 이런 치명적인 결과를 미리 예상하고 탐심을 버려야 한다. "욕심이 잉태한즉 죄를 낳고 죄가 장성한즉 사망을 낳느니라"(약 1:15)는 성경의 경고를 미리 새겨

듣고 순종하는 것이 진정한 기쁨과 자유를 누리는 길이다.

한국 사회와 직장 시스템이 일중독을 양산하고 있다

Y는 신학대학원에 다닐 때부터 하루에 6시간 이상 잠을 잔 적 없이 열심히 살아 온 50대 목사이다. 그는 신학대학원 재학 중에 준전임 수준으로 사역했다. 공부에 대한 욕심도 있어서 수석은 아니지만 매우 높은 평점으로 신학대학원을 졸업할 수 있었다. 40대 초반에는 중형 교회의 담임목사로 청빙을 받아 열심히 사역했다. Y에게 힘든 문제는 아내와 자녀들과의 관계였다. 가족과 함께하는 시간이 거의 없는 자신을 발견했기 때문이다. 아내와도 편안하게 대화해 본 적이 별로 없었다. 월요일에도 이런 저런 세미나 모임에 참석하느라 최근 몇 년간 아내가 좋아하는 영화를 보러 간 적도 없었다. 자녀들도 이제는 대학생이 되어 각자 알아서 지내곤 했다. Y는 집에 있으면 불안하고 초조했다. 오히려 교회에서 성도들을 만나고 성경공부 모임을 인도하고 저녁 늦게까지 사무실에서 설교 준비할 때 오히려 편안하고 재미있었다. 최근에는 집에서 밥을 먹는 일도 몇 번 없었다. 교회는 자신이 부임하기 전보다 주일예배 참석 성도 수가 배나 증가했다. 아내가 폐경을 겪으면서 우울이 심해지자 상담을 받기 시작했는데, 그 과정에 Y가 참여하면서 스스로 일중독자임을 자각하기 시작했다.

목회상담학자 웨인 오츠(Wayne Oates)는 《어느 일중독자의 고백》(*Confessions of a Workaholic*)이라는 책을 저술했다. 남침례신학교의 첫 목회상담학 교수였던 그는 일중독자였으며 '일중독증'(workaholism)이란 용어를 최초로 사용했다. 역기능가정에서 성장했으며 자신의 자존감을 일과 성취로 확인하면서 살았다. 일중독 덕분에 많은 연구와 저술을 남겼다. 그러던 어느 날 가족과의 관계에서 친밀감을 누리지 못하는 자신을 별견했다. 그리고 현대인들에게 일중독의 위험성을 알리는 자기고백적인 책을 씀으로써 '상처 입은 치유자'가 되었다.

한국 교회 목회자들이 일중독 증상과 씨름하고 있다. 한국 사회와 직장 시스템이 일중독자를 양산하고 있다. 한국의 중고등학교 교육시스템이 자라나는 자녀들을 일중독에 취약하게 만들고 있다. 일중독도 다른 중독과 마찬가지로 중독이다. 신앙적으로 말하자면 일중독은 일이 우상화되는 죄이다. 그런 점에서 많은 목회자가 자신도 인식하지 못한 채 죄를 짓고 있는 셈이다. 그런데 오히려 일중독자 목회자가 교인들로부터 인정을 받고 있는 것은 아이러니한 현실이다.

Y목사의 사례에서 볼 수 있듯이 일중독은 부부관계에서 친밀감을 느끼지 못하게 한다. 배우자와 함께하는 시간이 오히려 불안하고 초조하다. 뭔가 하고 있지 않으면 불안하기 때문이다. 생화학적으로 말하자면 일할 때 분비되는 아드레날린이 쉬고자 할 때에도 분비되기 때문이다. 아드레날린은 분비되는데 쉬려고 하면 오히려 불안하고 초조하다. 결국 일을 해야 기분이 좋아지는 악순환이 반복된다.

이 책을 읽는 당신 내면에도 일중독적인 요소가 있을 가능성이 있다. 성적과 성취로 자기 가치를 확인하려는 역기능적 환경 속에서 살고 있지는 않은지, 자신의 모습을 인식할 필요가 있다.

부끄러워도 다시 일어날 때 하나님은 용서하신다

중독을 어떻게 치유하고 극복할 수 있을까?

첫째, 수치심을 극복하고 고백하는 것이다. 중독자는 스스로 중독에 대한 수치심을 갖고 있다. 특히 사회가 용인하지 않는 중독과 씨름할 때 그 중독의 사이클에서 빠져나오기란 매우 어렵다. 수치심 때문에 자신의 중독성을 숨기기 때문이다. 가족에게까지 숨기며 전문적인 도움을 구하지 않는다. 문제와 증상을 드러내야 치료가 가능한데 수치심 때문에 숨기면 악화될 위험성만 높아진다.

역기능가정에서 성장한 성인아이 목회자들의 경우는 더욱 심하다. 성인아이의 공통적인 증상 중 하나는 중독성이다. 성인아이 목회자들은 중독과 씨름할 가능성이 있다. 목회자 자신이 사회적으로도 부끄럽게 여기는 중독과 씨름하고 있다는 사실을 언급하거나 고백한다는 것은 엄청난 용기가 필요하다. 드러났을 때 사람들로부터 쏟아질 비난과 손가락질을 견디기 어렵기 때문이다. 그래서 중독은 더 비밀스럽게 악화된다. 자조(self-help) 치료 단계를 넘어서는 것이다.

그러나 수치심을 무릅쓰고 가족이나 전문가에게 자신의 중독성을 고백하고 드러내면 중독은 파괴적인 힘을 잃는다. 중독으로부터 자유해지면 수치심이 물러간다. 대인관계에서 자신감이 생기며 당당해진다. 고백은 중독으로부터 치유되는 첫 번째 단계이다.

둘째, '중독은 죄'라는 사실을 인식하는 것이다. 크리스천이 각종 중독에 빠지면 자유를 빼앗긴다. 매인 자, 즉 죄의 종이 된다. 바울이 고백했던 마음 상태에 빠진다.

내가 원하는 바 선은 행하지 아니하고 도리어 원하지 아니하는 바 악을 행하는도다 롬 7:19

예수 그리스도의 십자가의 능력을 힘입어 그리스도와 함께 날마다 죽고 날마다 살아나는 과정을 의식화할 때 중독으로부터 단번에 또는 서서히 해방될 수 있다.

인간의 자유의지로 중독을 이기기란 매우 힘들다. 왜냐하면 내성과 금단 그리고 재발이 중독의 공통적인 특징이기 때문이다. 영적으로 본다면 마귀는 중독자를 포로로 삼으면 쉽게 포기하지 않는다. 이것은 마치 바로 왕이 이스라엘 백성을 놓아주겠다고 약속하지만 열 번씩이나 그 약속을 파기하고 놓아주지 않았던 것과 역동성이 매우 유사하다. 하나님의 은혜를 구하며 넘어지더라도 다시 일어나면 된다. 부끄럽지만 다시 일어나면 하나님은 언제나 용서하고 용납하신다는 사실을 잊지 말라.

셋째, 중독이 자신만 파괴하지 않고 온 가족을 전인격적으로 파괴한다는 사실을 깨닫는 것이다. 중독자는 역기능가정의 증상을 밖으로 표출한 '규명된 환자'(identified patient, IP)일 수 있다. 그러나 중독자 한 사람이 상호교류적으로 나머지 가족 구성원을 신체적, 정서적, 심리적, 경제적, 영적으로 파괴할 수 있다. 중독자들은 보통 자기중심적이다. 자신의 유익을 먼저 추구하기 때문이다. 도박 중독이나 주식 중독의 경우에 가족 구성원을 파괴시킬 수 있다는 사실을 인식하지 못한다. 오히려 돈을 벌어서 가족에게 도움을 주기 위해서 도박하며 주식에 투자한다고 합리화한다. 어리석은 생각이다.

마지막으로, 하나님의 은총을 늘 구하는 것이다. 수없이 넘어지더라도 다시 일으켜 세우시는 하나님을 바라보고 끝까지 포기하지 않는 것이다. 수치심과 죄책감이라는 걸림돌에 넘어져 계속 망가지지 않고 다시 일어나 중독의 힘보다 큰 능력을 가진 하나님의 은혜의 보좌 앞에 다시 나아가는 것이 치료와 회복으로 나아가는 길이다. 어떤 이들은 예기치 않은 순간에 그 중독의 굴레로부터 단숨에 해방되는 놀라운 은총을 경험하기도 한다. 중독조차 하나님의 사랑의 줄에서 믿음 안에 있는 성도를 끊을 수 없다는 기본적인 진리를 믿고 끝까지 포기하지 말아야 할 것이다.

Part 4.

교회의 분열 없는 성숙을 위하여

chapter 14 •

교회는 마음이 아픈 성도를 품어야 한다[1]

21세기의 현대인들은 매우 빠르게 변화하는 세상 속에서 살고 있다. 변화에 적응할 수 있는 능력이 약하거나 없는 사람들은 주류 사회에서 밀려나며 정신적으로 취약해질 위험에 노출된다.

최첨단의 정보통신기술이 정치, 사회, 경제, 문화, 종교 전반에 적용되고 융합되면서 미래는 급속도로 변화할 것이고, 이런 미래는 많은 사람의 인간성을 파괴할 것이다. 경쟁적인 사회 시스템 속에서 살아남지 못하는 사람들은 여러 형태의 증상으로 표출되는 정신 질환 및 장애와 씨름하게

1 "불안과 갈등의 시대, 늘어나는 마음 아픈 성도들", 〈목회와신학〉, 2018년 12월호 참조.

될 것이다. 현대인들의 인간성이 이전 세대 사람들의 인간성보다 더 보편적으로 파편화되며 망가질 것이라는 예측은 그리 어렵지 않다.

누구도 마음의 병으로부터 자유롭지 않다

세상의 국가와 사회는 보다 나은 사회와 인간성을 위하여 각종 프로그램과 사회복지 제도와 의료보험 제도와 교육 제도를 정비하고 보완하려고 계속 노력하고 있다. 그러나 영원한 진리의 말씀인 성경은 이 노력이 그렇게 효과적이지 않을 것이라고 밝히 지적한다. 오히려 성경은 종말 시대의 사람들이 더욱 악해지며 병적으로 변화할 것이라고 말씀한다. 바울은 21세기의 현대인들의 자화상을 정확하게 묘사한 바 있다(딤후 3:2-5).

하나님과 연결되지 않은 현대인들은 성경적인 의미에서 치명적인 마음의 병에 걸려 있다는 사실을 모른 채 살고 있다. 영혼이 죽어 있다는 사실을 자각하지 못한 채 영원한 죽음의 길을 향해 걷고 있다. 다가올 영원한 심판에 대해서 불안과 두려움을 자각하는 센서가 전혀 작동되지 않은 채 행복을 지향하면서 살고 있다. 스스로 지혜롭다고 착각하며 참 하나님이 아닌 그 무엇을 신격화하며, 소위 종교 생활을 하는 것으로 만족하며 사는 이들도 적지 않다. 그리고 이들 중에는 정신 건강 관점에서 볼 때 비교적 건강하고 행복한 삶을 사는 이들도 있다.

그러나 성도들은 하나님과 연결된 자들이라는 점에서 앞에서 언급한 현대인들의 모습과는 구별된다. 그럼에도 불구하고 성도들도 빠르게 변화하는 현대 사회 속에서 살고 있으며 세속화된 도시에서 오염된 공기와 물을 마시면서 살아야 한다. 이 현실적인 삶에서 마음에 깊은 상처를 입을 수도 있고 심지어 정신 질환으로 고통을 겪기도 한다.

롯이 소돔에서 겪었던 신앙적인 갈등과 고통이 세속화의 길을 걷고 있는 현대 성도들의 갈등, 고통과 크게 다르지 않다.

> **7 무법한 자들의 음란한 행실로 말미암아 고통당하는 의로운 롯을 건지셨으니 8 (이는 이 의인이 그들 중에 거하여 날마다 저 불법한 행실을 보고 들음으로 그 의로운 심령이 상함이라)** 벧후 2:7-8

NIV성경은 이 구절에서 '고통당하는'을 'distressed'(아파하다, 괴로워하다)라고 번역했고 '그 의로운 심령이 상함이라'를 'tormented in his righteous soul'(의로운 심령에 고통을 안겨 주었다)이라고 번역했다. 이 번역은 롯이 심리적으로 상당한 스트레스와 고통을 겪었음을 잘 표현한다.

많은 정신적인 질환은 내면적 또는 관계적 갈등을 잘 처리하지 못함에서 생겨난다. 현대 성도들은 소돔과 같은 세상 속에서 이러지도 저러지도 못하는 이중구속 상황을 겪으며 일시적으로 여러 방어기제를 사용해 갈등을 처리하면서 살고 있다. 적지 않은 성도들이 지속된 갈등 속에서 더 이상 방어기제마저 제대로 작동하지 않아 정신적인 와해까지 겪기도 한다. 크리스천라고 해서 스트레스와 정신적인 상처 및 질환으로부터 완전히 면제받는 것이 아니기 때문이다. 복음을 믿는 성도들도 각종 불안장애나 우울증을 겪을 수 있다. 정도가 심한 경우에는 크리스천 청소년들과 청년들 중에 조현병에 걸려 고통하는 이들도 있다.

마음의 병은 신체적인 병과 달리 증상이 눈에 잘 띄지 않기 때문에 자신이나 타인이 인식하기가 어렵다. 특히 성격장애나 조현병과 같은 장애를 가진 사람은 병식이 없거나 약한 것이 일반적이다. 그래서 주변 사람들이 전문적인 도움을 받을 것을 권면해도 병을 부인하거나 합리화하며 상담사나 정신과 의사를 찾는 것을 거부할 때가 많다. 게다가 상담은 정신질환자가 받는 것으로 오해하는 이들이 여전히 적지 않다. 정신병에 걸리면 오히려 상담은 거의 효과가 없음에도 불구하고 상담에 대하여 잘못된 인식을 갖고 있는 것이다. 정신병의 경우에는 정신과 의사를 통해 약물 치료를 꼭 받아야 한다. 상담은 일상생활을 어느 정도 할 수 있는 사람들에게 효과적이라는 사실을 평소에 목회자가 성도들에게 설교나 세미나를 통해 교육해야 한다.

더욱 안타까운 사실은 성도들을 목양하는 목회자들 중에 상담에 대해 부정적인 견해를 갖고 있는 이들이 적지 않다는 것이다. 상담을 인본주의적인 접근이라고 매도하며 하나님을 찾지 않고 인간을 찾는 것은 믿음이 약한 것으로 치부하는 것이다. 이들은 성도들이 상담을 받는 것을 수치스럽게 여기도록 설교한다. 의외로 조현병의 증상에 대해서 모르는 목회자들이 많다. 실제로 신학대학원 강의 시간에 신학생들에게 조현병의 전형적인 증상에 대해서 질문해 보면 그 병이 무엇인지조차 모르는 학생들이 많다. 이 사실은 목회 현장에 있는 목회자들 중에 많은 이들이 마음의 병에 대한 기본적인 이해와 지식이 부족하다는 사실을 반증한다.

목회자들도 마음의 병으로부터 자유롭지 못하다. 일부이지만 목회자 중에는 조현병과 씨름하거나 망상장애를 가진 이들도 있다. 적지 않은 목회자들이 불안장애, 우울증, 성격장애와 같은 마음의 병과 씨름하고 있다. 목회자의 배우자도 마찬가지이다. 목회자 가족 중에서 한 명이 마음의 병을 갖게 되면 나머지 가족들까지 마음의 병에 걸릴 수 있다. 마음의 상처와 병은 개인의 문제로만 끝나지 않기 때문이다. 개인이 속한 가정과 교회 시스템에 영향을 끼치게 되어 있다.

교회는 성도를 돌보는 시스템을 도입해야 한다

전통적으로 목회적 돌봄이 지향해 왔던 대표적인 네 가지 기능을 중심으로 목회자들이 각종 마음의 병으로 고통하는 성도들을 어떻게 도울 수 있을지에 대하여 제안해 보고자 한다.

첫째, 지탱하는 기능이다. 마음의 병이 가져온 위기 상황에서 성도가 자신의 삶을 포기하지 않도록, 정신적으로 와해되지 않도록 위로하고 격려하는 것이다. 경제적인 위기 때문에 과중한 스트레스를 받는 성도가 있다면 교회 예산 또는 특별 헌금을 통해 지원하는 것은 교회 공동체가 그 짐을 나누어지는 현실적인 방법이 될 수 있다. "만일 형제나 자매가 헐벗고 일용할 양식이 없는데 너희 중에 누구든지 그에게 이르되 평안히 가라, 덥게 하라, 배부르게 하라 하며 그 몸에 쓸 것을 주지 아니하면 무슨 유익이 있으리요"(약 2:15-16)라고 지적한 야고보의 가르침을 따라 실제적인 도움을 제공하는 것은 실존적인 위협 때문에 고통하는 성도들에게 큰 힘이 될 수 있다.

목회자는 우울증, 조현병, 경계성 성격장애, 귀신들림 등으로 고통하는 성도들의 경우 자살 위험성이 다른 마음의 병으로 씨름하는 성도들에 비해 높다는 사실을 잘 알고 있어야 한다. 이런 성도와 상담을 한다면 자살에 대한 생각이나 시도에 대해서 반드시 질문해 보아야 한다. 이 질문은 위기에 처한 성도의 자살을 미연에 예방하는 데 꼭 필요하다. 이런 성도와 단기적인 상담을 한다면 상담 기간 중에 자살하지 않겠다는 자살 예방 확인서에 서명을 받고 상담하는 것이 목회자와 내담자 성도 모두에게 유익하다.

둘째, 안내하는 기능이다. 이것은 교육적인 차원까지 포함해서 생각할 수 있다. 예를 들면, 정신 건강과 관련된 세미나를 정기적으로 개최하여 성도들이 마음의 병에 대한 기본적인 지식을 갖추도록 하고 이에 대한 인식을 긍정적으로 변화시키는 것이다. 많은 성도가 마음의 병과 씨름하면서도 수치심 때문에 숨기거나 전문적인 상담사나 정신과 의사의 도움을 거부하기도 한다. 정기적인 세미나는 이런 성도가 자신의 상태를 숨기지 않고 외부의 도움을 받을 수 있는 용기를 줄 수 있다. 더 나아가 목회자들은 전문가들의 도움에 앞서 일차적으로 성도의 정신 건강 상태를 파악하며 단기적인 도움을 주거나 전문가에게 의뢰할 수 있는 제너럴리스트로서의 기능을 담당해야 할 것이다.

그리고 예방 교육으로써의 세미나는 마음의 병으로 고통하는 지체를 다른 성도들이 이해하며 공감하는 데 매우 유익하다. 마음의 병에 대한 무지와 무식으로 인하여 공감 대신에 오히려 상처를 입히는 경우가 적지 않기 때문이다. 죄를 지어서 병이 생긴 것이라고 말한다든지 회개하라고 권면하면 이미 느끼고 있는 스티그마(stigma)를 오히려 더 심각하게 만드는 결과를 초래할 수 있다.

셋째, 치유하는 기능이다. 개 교회의 목회자가 마음의 병으로 아파하는 성도를 치유하는 것은 분명히 한계가 있다. 시간적으로 장기적인 관계를 맺는 것이 거의 불가능하며 바람직하지도 않다. 그 이유는 설령 목회자가 좋은 의도를 갖고 장기적인 상담을 제공한다고 할지라도 상담관계가 종결된 후에는 내담자로서 마음의 비밀을 열어 보였던 성도가 수치심을 견디지 못해 다른 교회로 떠날 가능성이 매우 높기 때문이다. 뿐만 아니라 대부분의 목회자들은 전문적인 상담 수련 과정을 거치지 않았기 때문에 장기적인 상담을 이끌 수 있는 능력을 갖추지 못한 것이 현실이다. 따라서 4-5회기 정도의 단기적인 상담을 통해 성도의 상태를 파악하고 공감하며 증상을 경감시킨 후에는 전문적인 기독교 상담사에게 의뢰하는 것이 꼭 필요하다. 정신병의 경우에는 교회 공동체나 목회자가 치유적으로 접근하기에는 어려운 영역임을 겸손하게 인정하고 한계를 정해야 한다. 반드시 외래나 입원치료의 형태로 정신과 의사의 진단과 처방을 받도록 성도와 그 가족을 도와야 할 것이다. 그러려면 신뢰하고 추천할 수 있는 정신과 의사의 이름과 연락처, 또는 병원을 평소에 파악해 두는 것이 좋다. 그래야 의뢰해야 할 일이 생겼을 때 당황하지 않고 성도를 도울 수 있다.

그런 면에서 한국 교회는 전문적인 상담센터를 건립하고 운영하는데 관심을 가져야 할 시점에 이미 접어들었다고 생각한다. 약 20년 전부터 기독교상담학 전공 분야로 석사 또는 박사 학위 과정을 제공하는 대학원과 임상 훈련을 제공하는 수련 센터들이 점점 많아지고 있다. 목회 상담사나 기독교 상담사의 자격증을 주는 공신력 있는 두 개의 상담 협회를 소개한다면 한국목회상담협회와 한국기독교상담심리학회이다. 이 협회에 소속된 상담사들 중에서 1급 이상의 상담사들은 더 이상 수퍼비전을 받지 않고 독립적으로 전문성 있는 상담을 제공할 수 있는 자격을 갖추었다. 이러한 기독교 상담사의 수는 적어도 각각 천 명이 넘는데, 앞으로 더 많아질 것이다. 다만 대부분의 전문 기독교 상담사들이 서울 경기 지역에 몰려 있다는 것은 아쉬운 점이다. 더 많은 지역에서도 자격을 갖춘 기독교 상담사들이 더 많이 활동하도록 양 협회가 노력하고 있는 것으로 알고 있다.

아울러 지역 교회가 개 교회 성도들과 지역 사회 주민들을 위한 전문적인 기독교 상담센터(또는 상담실)를 만드는 것을 진지하게 고민해 보길 제안하고 싶다. 굳이 중대형 교회가 아니더라도 상담실을 운영하는 것은 가능하기 때문이다. 예배당 건물 내부나 외부에서 상담실 공간을 방 한 칸이라도 마련할 수 있다면 전문적인 상담 서비스는 가능하다. 한 명의 상담사만 근무하는 상담실 규모에서부터 시작할 수 있다. 일반적으로 통용되는 상담료의 절반 정도만 받더라도 유료 상담 시스템만 허락된다면 교회가 상담사에게 봉급을 주지 않아도 되기 때문에 교회 재정에 부담을 주지 않고서도 상담실을 운영할 수 있다. 이 경우 일주일에 몇 시간 정도 출장 형식으로 방문해서 상담하기를 원하는 전문 기독교 상담사들이 많이 있다. 필요하다면 앞에서 언급한 양 협회의 홈페이지에 객원 상담사를 모집하는 공고를 낼 수 있다.

해당 교회에 출석하는 내부 상담사가 상담을 하는 경우 이중관계의 어려움 때문에 성도들이 상담 받는 것을 매우 꺼려할 수 있다. 따라서 전문적인 상담은 외부에서 객원 상담사 형식으로 초빙해서 제공하는 것이 바람직하다. 남서울교회에는 한 개의 상담실이 있다. 교회에서는 상담 협동목사와 전임 간사에게 사례비를 제공하고 상담실 공간을 제공하는 정도로 지원하고 있다. 내부 상담사와 외부 상담사들이 매주 두세 시간 정도의 시간대를 나누어 맡아 자기 시간대에 상담 약속이 잡히면 상담실을 방문해서 내담자와 만난다. 처음 이 상담실을 맡았을 때 남서울교회 교인들이 내담자로 오는 경우는 일주일에 두 세 명 정도에 불과했다. 그것도 협동목사에게 찾아오고 내부 전문 상담사를 찾는 성도들은 거의 없었다. 왜냐하면 상담사들이 모두 내부 상담사들 뿐이었기 때문이다. 게다가 무료 상담이어서 상담사들의 동기부여가 약했고 성도들도 비밀보장에 대한 확신이 약했다. 이와 같은 문제점을 파악하여 1년 후부터 외부 상담사들을 초빙했고 유료 시스템으로 바꿨다. 다행히 당회가 이와 같은 변화의 필요성을 받아들여 주어 오늘까지 순조롭게 상담실이 잘 운영되고 있다.

할렐루야교회가 설립한 할렐루야상담센터의 초대 센터장으로도 1년 반을 섬겼는데, 남서울교회 상담실의 모델을 그대로 적용해서 센터를 운영했다. 할렐루야상담센터는 교회 밖에 네 개의 상담실과 내담자 대기 공간과 간사 근무 공간이 확보된 오피스텔을 월세로 빌려 운영하고 있다. 남서울교회 상담실과 할렐루야상담센터는 개척교회 목회자나 신학생, 탈북민 등 경제적으로 어려운 내담자들의 경우에는 그들의 경제적 형편에 따라 상담료를 정하는 '슬라이딩 스케일'(sliding scale) 제를 도입해서 유료 상담이 잘 정착되고 있다. 이러한 경험에 비추어 볼 때 지역 교회가 상담실로 기능할 수 있는 작은 공간 하나만이라도 확보할 수 있다면 큰 재정적 지원이 없더라도 전문적인 상담을 필요로 하는 본 교회 교인들과 지역 사회 주민들을 위하여 전문적인 상담실을 운영할 수 있다고 확신 있게 말할 수 있다.

넷째로, 화해시키는 기능이다. 불안 또는 분노는 마음의 병이 갖는 핵심 감정이자 문제이다. 특히 분노는 여러 형태의 정신적인 질환과 연결된다. 화내는 것 자체를 죄라고 오해하여 분노를 주로 억압하며 사는 성도들이 적지 않다. 우울증의 주요 원인 중 하나가 분노의 억압이라는 점에서 분노를 적절하게 인식하며 표현하도록 돕는 것은 화해가 일어나는 데 촉매제가 될 수 있다.

분노 치유 과정에서 '용서'를 실천하도록 돕는 지혜가 필요하다. 수평적인 관계에서 마음의 상처 때문에 계속 분노하거나 보복하려는 생각을 품게 되면 내면세계는 혼란과 갈등과 무질서로 인하여 점점 병리화된다. 일반 심리학자들 중에서도 용서의 중요성을 인식하고 '용서 심리학'이라는 분야를 발전시키고 있다. 용서 심리학의 기본적인 접근은 피해자 자신의 유익을 위해서라도 가해자를 용서하는 것이 낫다는 것이다. 이런 주장은 용서하는 자가 먼저 신체적으로나 심리적으로 건강해지고 평화를 누린다는 연구 결과에 근거한 것이다.

성도들은 용서 심리학의 통찰을 활용할 뿐 아니라 하나님이 자신을 용서하신 그 용서를 의식화할 필요가 있다. “우리가 우리에게 죄 지은 자를 사하여 준 것 같이 우리 죄를 사하여 주시옵고”라는 주기도를 삶으로 실천할 때 마음의 상처와 고통으로부터 자유해지며 마음의 병이 치유될 수 있다(마 6:12). 뿐만 아니라 하나님과의 수직적인 관계에서 지나친 죄책감으로 고통하는 성도들이 있다면 그들에게 과민한 초자아가 작동할 수도 있음을 인식시키는 지혜가 목회자에게 필요하다. 하나님과의 화해가 진정으로 내면화될 때 성도들은 마음의 큰 짐을 내려놓고 살 수 있으며 웬만한 위기와 충격에도 무너지지 않고 인내하며 버티는 ‘회복탄력성’을 가질 수 있다.

성도의 마음을 이해하는 목회자가 필요하다

목회자는 교회의 리더로서 교회 공동체가 순기능적인 확대 가족 시스템으로서 기능하도록 건강한 리더십을 발휘해야 한다. 성경적인 교회 공동체는 구성원들이 함께 기뻐하고 함께 슬퍼할 수 있는 유기적인 시스템을 지향한다. 따라서 이런 교회 시스템은 마음의 병으로 씨름하는 성도들이 있을 때 그들을 이해하고 만족감을 주며 기도하고 품어 줄 수 있는 환경을 제공한다. 목회자는 자신이 섬기는 교회가 이런 유기성을 지닌 시스템이 될 수 있도록 성도들을 가르치고 권면하며 인도해야 할 것이다.

그러기 위해서는 목회자 자신과 가정이 정신적으로 건강을 유지하는 것이 중요하다. 그것의 일환으로 목회자들이 전문 기독교 상담을 정기적으로 받을 것을 권하고 싶다. 신뢰할 수 있는 전문 상담사에게 목회자 자신이 가진 고민과 갈등을 말로 풀어내는 것은 자신과 성도들에게 유익하다. 상담은 '말을 통한 치료'이기 때문이다. 이를 위해 목회자 스스로가 자격을 갖춘 임상심리사에게 정기적으로 심리검사 받기를 권한다. 대한민국 국민들이 2년에 한 번씩은 의무적으로 건강검진을 받는 것처럼 목회자들이 적어도 2년에 한 번 정도 '풀 배터리 검사'라고 부르는 종합심리검사를 받는다면 목회자 자신과 가정, 교회가 혜택을 보게 될 것이다. 목회자들에게 심리검사가 유익한 점은 객관적인 데이터를 통해서 자신을 이해할 수 있으며, 더 나아가 심리적인 이슈로 씨름하는 성도들을 심방하거나 대화할 때 그들의 내면세계를 좀 더 이해하고 공감할 수 있는 눈을 갖게 된다는 것이다.

현대 의학의 발전과 더불어 여러 정신적인 질환들을 약으로 치료할 수 있게 된 것은 이전 세대 목회자들이 누리지 못했던 큰 혜택이 아닐 수 없다. 정신 의학의 발달이 목회자들의 어깨에서 짐을 많이 덜어 주었다는 사실을 고마워해야 할 것이다. 약물 치료 방법이 없는 상태에서 교인 중 하나라도 조현병에 걸렸다고 가정한다면 목회자와 그 가족과 전 교회 공동체가 상당한 스트레스와 고통을 겪어야 할 것이다. 감사하게도 정신질환의 생리적이며 생체학적인 메커니즘을 이전 세대보다 더 알게 된 현 시대에서는 부작용을 최소화하면서 각 정신질환에 치료적인 효과를 가져다주는 약이 계속해서 개발, 사용되고 있다. 어떤 정신질환에 있어서 약의 효과는 때로 믿어지지 않을 정도로 탁월하다.

크리스천들에게 "모든 것이 합력하여 선을 이루느니라"는 말씀은 불변의 진리이다(롬 8:28). 고난과 고통과 역경조차 하나님의 섭리하심 속에서 빚어지면 아름다운 열매를 맺기 때문이다. 상처와 마음의 병조차 잘 극복하면 심리적, 영적으로 성숙의 길로 가는 디딤돌이 될 수 있다는 점을 잊지 말아야 할 것이다.

20세기 초 미국에서 목회상담 운동이 시작되었을 때 중요한 영향을 끼쳤던 인물들 중의 하나인 안톤 보이슨(Anton Boisen) 목사는 정신병원의 원목으로 사역했지만 자신의 삶에서 세 번이나 발병한 조현병과 씨름했던 역사적인 인물이다. 그는 평생 조현병의 음성적인 증상인 정서적 마비와 사회적 철퇴로부터 완전히 자유롭지 못한 채 독신으로 살았고 죽을 때까지 외로웠다. 그럼에도 그는 자신에게 불청객처럼 찾아온 조현병 경험을 관찰하고 기록해 논문을 썼다. 그뿐 아니라 정신병원이나 종합병원에서 환자들과 직접적인 관계를 맺음으로써 신학 교육을 받도록 도전하며 그들에게 임상 수퍼비전을 제공하는 창의적인 삶을 살았다. 그는 환자가 겪는 정서적인 혼돈이 그동안 그의 삶에서 성장을 저해해 왔던 악성 은폐 장치들을 깨뜨리는 기능을 하며 누적되어 온 독성을 정화시키는 기능을 할 수도 있다고 재해석했다. 그는 실로 '상처 입은 치유자'였다.

안톤 보이슨 목사의 삶이 보여 준 것처럼 목회자들은 자신이 목양하는 성도들에게 찾아올 수도 있는 마음의 병이 그들이 그동안 주로 세상으로 향했던 시선을 자신의 내면세계와 보이지 않는 세계로 향하게 하는 기회로 승화될 수 있다는 점을 아울러 인식할 필요가 있다. 따라서 마음의 병은 피상적인 삶의 자세를 벗어나 사망의 음침한 골짜기를 통과할 때만 얻을 수 있는 영적 변화와 성숙으로 초대하는 하나님의 초대장이 될 수 있다는 사실을 성도들에게 평소 설교나 세미나를 통해 가르쳐야 할 것이다.

chapter 15 •

쉼표 없는 악보는 없다[1]

구약에서 '안식'의 의미로 사용된 히브리어는 '사바트'(sabbat)이며, 안식일을 뜻하는 영단어 'sabbath'의 어근이다. 이 단어에는 안식 외에도 '중지, 쉼의 시간'이라는 뜻이 있다. 같은 의미의 헬라어 'anapausis'는 명사형으로서 영어로 'rest'로 번역되었으며, 역시 '중지, 쉼, 쉼터'의 뜻이 있다. 헬라어 동사는 'anapauo'인데 '쉬게 하다'는 뜻이다.

1 "성경을 통해 바라본 '쉼'의 의미와 필요성", 〈라일락〉, 2015년 봄호 참조.

하나님은 탈진한 엘리야를 먹고 자게 하셨다

안식일 제도는 창조 역사까지 거슬러 올라간다. 하나님은 6일간의 창조 사역을 마치신 후에 일곱째 날을 구별하여 쉬셨다. 따라서 인간은 지음을 받은 다음날 하나님의 안식에 동참한 셈이 되었다. 인간은 처음부터 일한 후에 휴식하고 쉬었던 것이 아니라 쉼을 은총으로 먼저 누리고 일했던 존재였다. 창세기는 인간이 6일 동안 일한 것에 대한 보상으로 안식일이 주어진 것이 아니라 은총으로 안식일을 경험한 후에 감사함으로 6일간의 삶을 이어가는 존재임을 알려 준다.

'하나님은 어떤 분이신가'라는 질문은 쉼과 관련성이 깊다. 큰 그림으로 표현하자면 하나님은 선하신 분이다. 따라서 하나님이 제정한 안식일은 선하다. 안식과 휴식은 하나님의 선한 의도가 숨겨진 은총이다. 만약 하나님이 인간을 계속 일하는 존재로 만드셨다면 인간 사회는 정말 삭막해졌을 것이다. 일에 중독되어 노동의 악순환에서 기계화되었을 것이다. 쉬고 싶어도 불안해서 쉴 수 없는 존재로 살다가 죽게 되었을 것이다.

안식일은 종말론적인 하나님 나라를 표상하는 것이다. 하나님 나라의 통치를 미리 이 땅에서 경험하는 것이다. 안식하고 휴식하는 과정에도 하나님의 통치와 임재가 임한다. 하나님은 인간이 휴식하고 안식하며 잠자는 동안에도 졸지도 주무시지도 않으신다. 우리가 쉴 때에도 지구를 돌보고 계시며 우주만물을 주관하신다. 하나님의 주권성을 신뢰할 때 우리는 일에 대한 통제권을 내려놓고 쉴 수 있다.

일부의 이스라엘 백성이 광야에서 첫 안식일에 만나를 거두러 나갔던 행동은 탐욕과 불안의 심리로 이해할 수 있다. 그들의 행동은 하나님의 신실하심과 말씀에 대한 불순종이자 불신의 발로였다. 안식일에도 만나를 거두러 나간 백성은 에릭 에릭슨이 지적한 삶의 초기 발달과정의 심리적 과제인 신뢰감 형성에서 문제가 있는 자들이다. 광야생활 발달 초기에 그들은 하나님에 대한 기본적인 신뢰감이 형성되어 있지 않았다. 그리고 미래에 대한 불안 때문에 스스로 삶을 통제하려는 강박적인 욕구가 강했다. 더 나아가 그들은 다른 백성은 굶어 죽더라도 나만은 살겠다고 생각하는 자기애적인 욕구가 강했던 미성숙한 자들이었다.

안식일, 안식년, 희년과 같은 휴식을 하나님이 명하셨다는 것도 의미가 있다. 규정으로 주지 않으면 인간은 한계를 넘어가는 죄 성향을 갖고 있다는 사실을 하나님은 너무나 잘 알고 계셨다. 안식일은 십계명의 제4계명으로 주어졌지만, 실제 이스라엘의 역사를 보면 이 계명은 잘 지켜지지 않았다(느 13:15-22).

안식일 계명에는 자유와 해방과 사회정의의 정신이 담겨 있다(신 5:12-15). 하나님께서는 이스라엘 백성을 이집트의 종되었던 삶에서 해방시키시면서 안식일을 허락하시고 일과 매임으로부터 놓임과 쉼을 누리도록 하셨다. 이 혜택은 주인뿐만 아니라 종들과 외국인들과 짐승들에게까지 베풀어져야 할 사회적 정의였다.

> 너는 엿새 동안에 네 일을 하고 일곱째 날에는 쉬라 네 소와 나귀가 쉴 것이며 네 여종의 자식과 나그네가 숨을 돌리리라 출 23:12

'숨'과 '쉼'은 연결된다. 숨 돌릴 틈도 주지 않고 일을 시키는 것은 불의한 일이다. 이 본문에서 '숨을 돌리리라'를 NIV 성경에서는 'may be refreshed'라고 번역했다.

이와 같이 안식과 휴식은 사회정의를 이루는 것이다. 하나님은 쉼이 필요한 약자들도 배려할 수 있도록 안식일 율법을 주셨다. 주인이 안식일을 지키지 않으면 피고용인은 안식할 수 없다. 하나님은 종이나 집안에 거하는 객이나 모든 동물조차 안식하게 하라고 명하셨다. 그리고 안식일을 어긴 자를 죽이라는 명령까지 하셨다. 안식일 계명은 인간의 탐욕이라는 중독을 치료하는 특단의 예방책이자 치료책이다.

더 나아가 안식년은 경작지가 쉼을 얻고 가난한 자들이 자연적인 소출로부터 혜택을 누리도록 하는 기회였다. 인간의 탐욕으로부터 자연세계를 보호하며 생태학적인 질서를 회복하는 기회였다. 그리고 희년은 종들이 자유민이 될 수 있는 기회였다. 이사야는 희년을 "여호와의 은혜의 해"라고 표현했으며(사 61:2), 예수님은 이사야의 예언을 자신의 사명 선언문으로 이해하셨다(눅 4:18-19).

구약의 쉼과 관련된 대표적 에피소드는 엘리야의 좌절 사건이다. 하나님은 사명의식을 잃고 활동 지역을 벗어나 남쪽 유다로 내려가 광야에서 하나님께 죽기를 구했던 엘리야의 탈진을 치료하실 때 휴식의 방법을 사용하셨다. 완전히 탈진한 사람에게는 어떤 형태의 대화나 권면도 효과적이지 않다. 하나님은 그 사실을 잘 아셨다. 천사를 통하여 물과 떡을 공급하셨고 잠을 자게 하셨다(왕상 19:5-8). 음식과 수면은 선지자의 고갈된 에너지를 재충전하는 데 탁월한 치료 방법이었다. 신앙인의 삶에서 재충전은 전인격적으로 일어날 필요가 있음을 잘 말해 준다. 자연 치료 방법을 무시해서는 안 된다.

예수님은 폭풍 속에서도 평안히 주무셨다

예수님의 사역 중에서 안식일이 문제로 대두된 적이 여러 번 있었다. 예수님은 안식일이 인간을 위해서 주어진 것이며 인간이 안식일을 위해서 존재하는 것이 아니라고 그 정신을 분명히 하셨다(막 2:27). 예수님은 구약의 율법과 바리새인들의 강박적인 규정들에 의하여 억눌린 삶을 사는 백성에게 예수 그리스도 자신이 인간을 죄로부터 구원하며 영원한 쉼을 제공하는 분임을 드러내셨다. 그의 멍에와 짐은 쉽고 가볍다고 말씀하셨다. 율법의 멍에 대신 그의 멍에를 메고 자신으로부터 배우라고 말씀하셨다(마 11:28-30).

안식일 또는 주일이 율법주의화되어 강박과 매임이 된다면 그것은 하나님의 뜻과는 전혀 다른 것이다. 안식일을 강박적으로 지키는 것을 신앙생활 잘하는 지표로 삼는 것은 안식일의 핵심 정신을 놓치는 것이다. 특정한 날 자체를 더 신성하게 대하는 것은 복음의 정신을 훼파하는 것이다(갈 4:8-11). 예수님 당시의 바리새인들과 서기관들은 안식일의 규정을 세분화하여 새로운 규정을 만들었고 그 규정들로 백성을 속박했다. 오늘날도 구약적인 의미에서 안식일 제도에 집착하는 유대교인들과 안식교인들이 있다. 이들은 계시의 점진성을 깨닫지 못하고 정신보다는 제도와 규정에 더 집착함으로써 복음의 빛으로 나아가지 못한다.

그러나 오늘날에도 안식일이나 안식년의 정신은 신앙생활 전반에 적용할 필요가 있다.

예수님이 그의 제자들을 부르신 목적에는 쉼과 교제가 포함되어 있었다.

> 14 이에 열둘을 세우셨으니 이는 자기와 함께 있게 하시고 또 보내사 전도도
> 하며 15 귀신을 내쫓는 권능도 가지게 하려 하심이러라 막 3:14-15

예수님은 제자들이 자신과 함께 있으면서 성품을 다듬고 쉼을 얻어 재충전하도록 하셨다. 예수님 자신이 사역 현장에서 쉼의 모범을 보이셨다. 행로에 곤하여 우물가에서 쉬셨으며 폭풍 속에서도 뱃고물에서 베개를 베고 주무셨다(요 4:6, 막 4:38). 제자들이 떡 먹을 시간도 없이 분주할 때 백성으로부터 격리시키고 따로 쉬도록 하셨다(막 6:30).

예수님은 산상수훈에서 휴식과 쉼을 갖지 못하는 핵심 문제와 핵심 감정을 잘 지적하셨다. 실존적인 두려움 때문에 걱정하고 염려하고 근심하면 쉴 수 없다. 마음에 평안을 누리지 못한다. 하나님에 대한 신뢰가 없으면, 하나님이 일용할 양식을 제공하시는 분이라는 신뢰가 없으면 계속 일해야만 살 수 있다는 생각에 사로잡힌다. 자는 시간이 아깝다고 생각한다. 그러면 우울해지고 수면 사이클도 깨진다. 자도 잔 것 같지 않을 정도로 피곤하다. 예수님은 예방책으로 다음과 같은 말씀을 주셨다

> 32 이는 다 이방인들이 구하는 것이라 너희 하늘 아버지께서 이 모든 것이 너

희에게 있어야 할 줄을 아시느니라 33 그런즉 너희는 먼저 그의 나라와 그의
의를 구하라 그리하면 이 모든 것을 너희에게 더하시리라 34 그러므로 내일
일을 위하여 염려하지 말라 내일 일은 내일이 염려할 것이요 한 날의 괴로움
은 그 날로 족하니라 마 6:32-34

근심, 염려, 걱정으로부터의 자유가 안식과 휴식이다. 크리스천들은 삶의 통제권을 주님께 온전히 맡길 때 쉼과 안식을 경험할 수 있다. 쉼 없이 활동하는 것은 죄이다. 하나님의 뜻을 거스르는 일이기 때문이다. 쉼 없는 삶을 반복하면 실제적으로 죽음에 이를 수 있다. 과도한 스트레스에 노출되어 신체적으로도 한계를 넘기 때문이다. 과도한 스트레스 때문에 심장마비나 뇌경색으로 반신불수나 죽음에 이르는 안타까운 경우를 보고 자신과는 상관없는 일로 생각하면 안 된다.

"그들이 수고를 그치고 쉬리니"라는 말씀은 믿는 자의 죽음과 쉼을 연결한다(계 14:13). 쉼은 죽음을 상징한다. 잠도 죽음을 상징한다. 그런 점에서 쉼은 죽음을 친숙하게 받아들이는 연습을 하는 것이다. 죽음은 그리스도인들에게 쉼과 안식이라는 소망을 주는 사건이다. 세상의 죄와 걱정과 염려와 수고로부터 자유하게 되는 것이 죽음이다. 그런 의미에서 믿는 자의 죽음은 치유적이다.

쉼은 하나님께 대한 순종이다

쉼의 사회적 정의의 의미를 목회 현장에 접목해 보려고 한다. 우선

담임목사가 쉼의 본을 보여야 한다. 그래야 부교역자들은 물론 성도들도 쉼을 누릴 수 있다. 특히 재학 중에 교회 사역을 병행하는 신학대학원생들은 학교에서 공부하는 시간 외에 대부분의 시간을 교회 사역하느라 쉬지 못한다. 신학대학원 2~3학년생들 중에 탈진 과정에 있는 학생들이 매우 많다. 기혼자들의 경우 그들의 탈진 때문에 배우자와 자녀들이 외로움과 스트레스를 많이 받고 있다. 교회는 그들이 가족과 시간을 보낼 수 있는 쉼의 시간을 제공하는 정의를 베풀어야 한다.

대부분 한국의 직장 문화에는 쉼이 없다. 주 5일제를 실시했지만 여전히 일에 떠밀려서 사는 사람들이 너무나 많다. 목회자와 성도들은 이런 세속적인 문화의 물결을 거스를 수 있는 성경적 정신을 몸소 실천하는 모범을 보여야 교회와 사회가 건강해질 것이다. 주일은 성도들이 안식을 누리는 날이 되어야 한다. 주일에 너무 사역에 집중함으로써 자신을 돌보지 못하고, 가족과의 관계를 돌보지 못하고, 영적으로 재충전하는 시간을 내지 못한 채 일터로 돌아간다면 성도들은 직장 업무와 사역에 치여서 오래지 않아 탈진할 가능성이 높다. 목회자들은 주중에 안식의 정신을 실천하는 날을 따로 떼어 놓고 쉬어야 한다. 자신을 돌보며 가정을 돌볼 수 있는 시간이 있어야 신체적, 심리적, 관계적, 영적으로 건강한 목회를 할 수 있다.

하나님 나라라는 오케스트라의 일원으로서 자신이 맡은 악기를 훌륭히 연주하는 것은 중요하다. 그러나 모든 악기를 혼자서 연주할 수는 없다. 누구에게나 한계가 있기 마련이다. 또한 어떤 연주든 주자들이 쉬는 부분이 있다. 처음부터 끝날 때까지 주자를 쉼 없이 연주하게 하는 악보는 거의 없다. 특히 트럼펫 같은 관악기는 중간 중간 쉬지 않으면 계속 연주하기가 매우 어렵다. 이렇듯 대부분의 악보에는 쉼표가 있다. 온쉼표가 있고 절반 쉼표도 있고 한 박자만 쉬는 4분 쉼표도 있다. 쉼표 없는 음악은 없다. 쉼표가 없이는 음악다운 연주를 하기 어렵다. 그뿐인가. 바이올린과 같은 현악기는 연주할 때는 줄을 팽팽하게 죄지만 평소에는 줄을 풀어 두어야 한다. 튜닝하기 싫어서 줄을 계속 조인 채로 둔다면 얼마 가지 못해 휘어져서 쓸 수 없는 악기가 된다.

미국 칼빈신학교 석사 논문을 쓰면서 "휴식은 하나님에 대한 순종이자 신뢰를 의미한다. 우리의 사역에서 하나님을 신뢰하는 방법은 휴식을 취함으로써 학습될 수 있다"라고 주장한 바 있다. 목회자나 성도의 쉼과 안식 여부는 결국 하나님이 누구신가에 대한 관점과 고백에 달려 있다.

chapter 16 •

노년기, 상실의 위기는 우울증을 부른다[1]

인간의 평균 수명이 점점 늘어나면서 이전에는 60세부터를 노년기로 정의했다면 지금은 그 기준이 70세로 늘어났다. 앞으로 80세를 노년기의 시작으로 정의해야 할 때가 올 것이다. 이 땅에 태어나 노년기까지 경험하고 삶을 마무리할 수 있는 기회는 모두에게 주어지지 않는다. 노년기를 누릴 수 있다는 것은 은총이다.

노인 또는 노년이라는 표현 대신 요즘 한국 교회에서는 영어 단어를

1 "시니어의 정서적 어려움과 대처방안", 〈시니어 매일성경〉, 2019년 1월호; "시니어들이 겪는 우울증의 이해", 2019년 3월호 참조.

그대로 사용해서 '시니어'(senior)라고 쓰는 경우가 많다. 아마도 '늙음'에 대한 사회적 편견과 거부감 때문이리라 생각한다. 미국에서는 고등학교나 대학교의 최상급 학년을 '시니어'라고 부른다. 어떤 의미에서는 인생 학교의 최상급 학년에 있는 연령층에 해당하는 이들이라는 점에서 시니어라는 단어를 그대로 써도 무방하리라 생각한다.

그렇다면 시니어 세대가 겪는 정서적인 어려움들은 어떤 것들이 있으며, 그 요인은 무엇이고, 어떻게 그 어려움들을 잘 극복하고 대처할 수 있는지에 대해 알아보자.

애착했던 것들을 잃어 가는 시기이다

노년기는 개인의 종말을 앞둔 기간이다. 전도서에는 이 노년기의 특징을 잘 설명한 구절이 등장한다.

> 1 너는 청년의 때에 너의 창조주를 기억하라 곧 곤고한 날이 이르기 전에, 나는 아무 낙이 없다고 할 해들이 가깝기 전에 2 해와 빛과 달과 별들이 어둡기 전에, 비 뒤에 구름이 다시 일어나기 전에 그리하라 전 12:1-2

솔로몬은 노년기를 "아무 낙이 없다고 할 해들"이라고 표현했다. 그의 표현은 극단적이기는 하지만 노년기의 특징을 잘 지적한다. 하지만 전도자 솔로몬의 고백처럼 "헛되고 헛되며 헛되고 헛되니 모든 것이 헛되도다"(전 1:2)라고 고백할 수 있는 영적인 지혜와 통찰을 가질 수 있는 시기 또한 노년기이다. 노년기는 살아온 시간들과 살아갈 남은 시간들조차 어떤 의미에서는 "바람을 잡으려는 것"임을 깨달을 수 있는 기회가 주어지는 시기이다(전 1:14, 17).

노년기는 대부분의 사람들에게 정서적으로 애착했던 것들을 하나둘씩 잃어 가는 기간이다. 관계적으로 본다면 배우자를 먼저 보내야 하며 친구들이 세상을 떠나는 것을 지켜보아야 한다. 신체적으로는 흰머리가 늘어나는 것, 머리털 굵기가 얇아지며 빠지는 것, 얼굴에 주름살이 늘어 가는 것, 시력 또는 청력이 약해지는 것, 체력이 약해지는 것, 근육이 줄어드는 것, 기억력이 감퇴하는 것, 성욕이 감소하는 것, 틀니 또는 임플란트를 해야 하는 것, 당뇨와 같은 질병의 숫자가 늘어나면서 복용해야 하는 약이 늘어나는 것 등은 무엇인가 중요한 것을 잃어버리는 대표적인 예이다. 뇌졸중 때문에 다시는 올바른 자세로 걸을 수 없게 되거나 휠체어를 타야 한다거나, 심하면 침대에 24시간 누워서 남은 노년기를 보내야 한다면 그것은 전인격적인 영역에 크나큰 상실이 아닐 수 없다. 사회적으로 역할이 줄어들며, 대인관계의 폭이 좁아지고, '꼰대' 세대로 취급당하며 이전에 가졌던 목소리와 힘을 잃어 가는 것도 상실의 경험이다. 경제적으로 본다면, 연금 준비가 되지 않은 시니어의 경우에는 이 시기의 삶에 대한 두려움과 열등감에 시달릴 수 있다.

청장년기에 성격장애가 치유되지 않은 채 노년기를 맞은 이들은 성격장애를 그대로 가지고 살 가능성이 높다. 성격장애는 인지 기능의 문제, 정서 인식 및 표현에서의 어려움, 충동 조절이 되지 않는 것, 그리고 대인관계에서의 어려움이 반복되는 것이 특징이다. 성격장애가 심한 시니어들은 대인관계에서 반복적으로 어려움과 갈등을 겪음으로써 자신도 불행하고 가까이 있는 사람들까지 고통스럽게 하는 삶을 살다가 인생을 마무리할 수 있다.

예기치 못한 상실이 우울증에 빠트린다

우울증은 '마음의 감기'라고 표현할 만큼 남녀노소를 가리지 않는 정신질환이다. 특히 시니어들이 겪는 우울증의 요인을 알아보고자 한다.

첫째, 생화학적(biochemical) 요인이다. 성호르몬의 감소는 중년기에 두드러지지만 노년기에는 더 두드러지는 현상이다. 다윗만큼 용맹과 에너지가 넘치는 삶을 살았던 인물이 있을까. 그런 그조차도 나이가 들고 나니 성욕이 감퇴한 모습을 보인다.

> 1 다윗 왕이 나이가 많아 늙으니 이불을 덮어도 따뜻하지 아니한지라… 3 이스
> 라엘 사방 영토 내에 아리따운 처녀를 구하던 중 수넴 여자 아비삭을 얻어 왕
> 께 데려왔으니 4 이 처녀는 심히 아름다워 그가 왕을 받들어 시중들었으나 왕
> 이 잠자리는 같이 하지 아니하였더라 _ 왕상 1:1-4

성호르몬은 신체적인 건강뿐 아니라 정신적인 건강과도 밀접한 관련이 있다. 성호르몬이 감소하면 각종 병에 걸리기 쉽고 의욕과 활기가 저하된다. 수면장애와도 밀접한 관계가 있다. 잠을 잘 못 자면 쉽게 피곤을 느끼고 기분이 저하된다. 수면장애는 우울증의 대표적인 증상이다.

아울러 우울증을 유발하는 요인이다.

또 다른 생화학적인 요인은 시니어들이 복용하는 약의 종류와 양이 늘어나는 것과 연결된다. 약은 화학 물질로 구성되는데 대부분 불가피하게 부작용(side effect)을 동반한다. 기억력이 감퇴되거나 정서적으로 불안, 충동, 분노 등에 취약해질 수 있다. 경도의 치매 현상이 생기면 일상생활에서는 큰 어려움은 없지만 정서적으로 어려움을 겪을 수 있다. 충동성이 증가하고 분노조절을 못하고 심리적으로 퇴행 현상을 보일 수 있다. 특히 불안에 취약해지며 배우자나 주변 사람들에 대한 신뢰감을 갖지 못하는 증상을 드러낼 수도 있다. 이런 약들을 장기적으로 복용하는 시니어는 우울증에 취약하다.

둘째, 신체적 요인이다. 시니어들은 신체 전반적으로, 그리고 특정적으로 뇌의 노화 과정을 거치면서 점진적으로 기능을 상실해 가는 노년기를 살아간다. 바울이 잘 표현했듯이 우리의 겉 사람은 낡아진다(고후 4:16). 어릴 때에는 사소한 일에도 감동하며 정서적으로도 감수성 있게 반응한다. 그러나 노년기에 접어들면 몸의 반응이 늦어진다. 정서적 반응도 늦어지며 공감하는 힘이 약해진다. 반면 사소한 일에도 감정적인 상처를 쉽게 입는다. 신체적, 정신적 면역력이 떨어진다. 기억력이 감소하면서 자신감이 약화된다. 자기가치감이 낮아지는 반면 우울증에 대한 취약성은 증가한다.

셋째, 심리적 요인이다. 반응성 우울증(reactive depression)은 상실, 위기와 연결된다. 노년기에 겪는 예측할 수 있는 위기들과 예측하지 못하는 위기들은 대부분 상실을 동반한다. 시니어들에게 있어서 예측할 수 있는 위기와 상실은 퇴직, 빈 둥우리 증후군, 배우자의 죽음 등이다. 예측할 수 없는 위기와 상실은 각종 사고로 인한 신체 손상, 각종 암 등이 있다.

상실은 일반적으로 애도 과정을 겪게 한다. 시니어들은 생각보다 많은 상실들과 씨름하면서 상실에 수반되는 애도 과정을 알게 모르게 겪고 있다. 이 애도 과정에서 슬픔과 분노, 혼란을 겪으면서 거치는 것이 반응성 우울증이다. 상실한 대상과 정서적으로 애착했던 기간과 강도가 길고 클수록 애도 기간은 늘어나며 슬픔의 강도가 크다. 특히 배우자의 죽음은 노년기에 겪는 가장 큰 스트레스이자 상실 경험이다. 배우자가 죽은 후에 비교적 건강하게 애도 과정을 거치며 슬픔을 극복하는 시니어들이 많지만 일부는 우울증, 알코올중독에 빠지며 심한 경우에 자살까지 한다.

특히 심리적으로 취약한 내적 구조를 가진 시니어들은 큰 상실을 겪으면서 정신적인 와해가 일어나거나 심리적으로 퇴행하는 증상을 보일 위험성이 높다. 모래 위에 지은 집이 태풍이나 홍수와 같은 위기 상황에 쉽게 무너지듯이 이들은 심리적 구조물이 취약한 상태에서 배우자가 죽을 때 패닉 상태에 빠져 헤어나지 못할 수 있다. 성격장애로 말하자면 의존성 성격장애적인 삶을 살아왔던 시니어들은 스스로 삶을 지탱할 수 있는 능력이 없어서 새로운 이성 친구나 배우자를 찾으려고 할 가능성이 높다. 또는 그동안 자신을 버티게 해 주었던 배우자를 뒤따라간다는 심정으로 자살을 시도할 가능성이 있다. 삶의 의욕을 포기함으로써 생명이 단축되는 경우도 생긴다.

삶의 주요 과제를 '행복하게 살기'(to be happy)와 '선을 행하며 살기'(to do good)로 보았던 프로이트의 관점에서 시니어의 우울증 요인을 이해해 볼 수 있다. 노년기에 이르기까지 이 두 가지 핵심 과제를 잘 성취하지 못한 시니어들은 우울증에 취약할 수 있다. 씨를 뿌린 대로 거두게 하시는 하나님의 질서와 섭리가 두 주요 과제를 제대로 수행하지 못했던 시니어들에게 적용된다고 말할 수 있다(갈 6:7).

넷째, 경제적 요인이다. 예상 수명이 늘어나는 현실에서 노년기의 삶을 이어가는 데 실존적으로 필요한 돈을 벌 수 있는 능력이 없거나 노후 자금이 충분히 준비가 되지 않은 시니어들은 노후에 대한 불안과 두려움을 느낀다. 염려와 걱정이 점철되는 삶을 지속하게 되면 우울증에 취약해진다. 불안장애와 우울증은 공병 현상으로 연결될 가능성이 높다. 경제적 불안정으로 인해 불분명한 미래 내러티브는 시니어의 열등감과 무력감 또는 분노감과 연결된다. 경제적 어려움은 시니어의 가정생활과 사회생활에서 품위 있는 삶을 지키는 데 걸림돌 역할을 할 수 있다. 경제적인 어려움이 부부간에 갈등의 원인이 되며 자칫 자존감과 자기가치감을 손상시킬 수 있다.

마지막으로, 불행한 결혼생활이 우울증의 원인이 될 수 있다. 역기능적인 부부 관계를 치유하지 못한 채 노년기를 보내는 시니어 부부는 한 지붕 밑에서 함께 살지만 거의 친밀감 없이 지내다가 각자의 죽음을 맞이한다. 황혼 이혼은 우울증과 밀접한 관계가 있다. 부부 관계에서 무력화된 삶에서 탈피해 보고자 마지막 발버둥을 치는 것이 황혼 이혼일 경우가 많다. 신앙의 이유로, 자녀들을 생각해서, 또는 이런저런 이유로 이혼을 못 한 채 불행한 결혼생활을 이어 가는 시니어들은 삶의 만족도와 행복도가 떨어질 수밖에 없다. 이들은 학습된 무력감 때문에 새로운 변화를 시도조차 못한 채 만성화된 우울 상태에서 산다. 덧붙이자면, 성인 자녀와의 관계의 어려움 때문에 만성화된 우울 상태에서 사는 시니어들도 있다. 이들은 성인 자녀로부터 언어폭력 또는 신체 폭력을 당하면서 무기력한 우울 상태에서 산다. 이러지도 저러지도 못한 채 교착 상태에서 마지못해 불행한 삶을 산다. 슬프고 안타까운 현실이다.

우울증은 기회이자 하나님의 은총이 될 수 있다

시니어의 우울증은 다양한 증상들로 그 모습을 드러낸다. 신체적인 증상으로는 에너지가 감소하며 쉽게 피곤을 느끼고 삶의 전반에서 욕구가 떨어지는 것이 특징이다. 그래서 식욕이나 성욕이 감퇴하며 체중이 감소하거나 증가한다. 수면에 어려움이 생긴다. 감정적으로 우울한 사람은 자주 슬퍼하며 쉽게 눈물을 흘린다. 소진된 느낌을 호소하거나 쉽게 짜증을 낸다. 열등감과 무가치감 및 외로움을 느낀다. 정신적으로 집중을 못하고 기억력이 감퇴하며 죽음을 생각하거나 자살을 꿈꾸고 심하면 자살을 시도한다. 특히 경계성 성격장애가 있는 시니어들은 치명적이지는 않지만 기분이 극단적으로 저하될 때 수면제를 많이 먹거나 손목을 긋는 식의 자살 시도를 할 위험성이 높다. 영적인 증상으로는 예배드리는 것에 대해 흥미를 잃고, 하나님과 친밀감이 사라진 채 오히려 버림받은 느낌을 갖는다. 성경을 읽거나 기도를 해도 집중하기 어렵고 감동이 없으며 무미건조하다. 심한 경우에는 자신이 구원받지 못한 것처럼 느껴지기까지 한다.

이와 같은 우울증의 증상들은 시니어 자신의 상태를 자각하거나 우울 상태에 있는 시니어를 이해하고 돕는 데 도움을 준다. 아울러 문제가 증상을 통해 표현된다는 것은 전문적인 도움과 치료를 받을 수 있도록 돕는 하나님의 은총이다. 우울증 자체는 죄가 아니다. 더 나아가 어떤 우울증은 성도들에게 오히려 합력해서 선을 이루는 기회이자 하나님의 은총이 될 수 있다. 슬프고 고통스럽고 외로울 때 자신의 삶을 되돌아볼 수 있으며 심리적으로 성숙해지는 기회로 삼을 수 있기 때문이다. 크리스천 시니어들은 외롭고 고통스러운 광야에서 예수 그리스도의 십자가의 영성을 체험하며 성령의 열매를 맺을 수 있는 기회로 승화시킬 수 있다. 그럼에도 불구하고 병리적인 우울증은 크리스천 시니어들의 삶에서 활력을 빼앗아 가며 심한 경우에는 생명까지 잃게 하는 치명적인 병이라는 사실을 잊어서는 안 된다.

내 삶의 주인이 하나님이심을 인정하고 받아들여라

우울증의 긍정적인 면과 부정적인 면을 아울러 고려하며 균형 있게 접근하는 것이 우울증 예방과 치료에서 중요하다. 어느 한 면만 지나치게 부각하면 균형을 잃는다. 인간을 전인적으로 이해하는 것이 꼭 필요하다. 우울증을 무조건 뇌의 문제로만 이해하거나 생화학적인 면은 무시하고 영적으로만 접근하는 것은 부분적인 접근에 지나지 않는다. 우울증을 겪는 시니어들의 각자의 독특성과 살아온 삶의 이야기의 특수성을 아울러 고려하는 접근이 필요하다.

우울증을 예방하거나 치료함에 있어서 크게 두 가지 접근을 고려할 수 있다. 하나는 상담적인 접근이다. 다른 하나는 항우울제(anti-depressants)를 처방받아 복용하는 방법이다.

먼저 상담적인 접근에 대해서 살펴본다면, 상담은 '말을 통한 치료적 과정'이다. 신뢰할 수 있고 자신의 마음을 나눌 수 있는 상담사와 치료적 관계를 맺으면서 하고 싶었던 말을 하는 것과 듣고 싶었던 말을 듣는 것은 인식의 변화를 일으키며 감정을 정화하는 데 매우 효과적이다. 그리고 우울증을 겪는 사람이 흔히 보이는 부정적인 사고의 틀(schema)을 긍정적으로 바꾸는 데 도움을 준다. 우울증에 효과적인 상담 이론은 인지(인지행동) 치료로 알려져 있다. 이것은 내담자가 부정적이고 왜곡되게 갖고 있는 자신에 대한 틀과 타인들에 대한 틀, 세상에 대한 틀을 공감적 태도로 서서히 논박하면서 바꾸는 접근이다. 이 이론의 전제는 부정적인 인식이 부정적인 감정을 유발하며 부정적인 감정이 부정적인 인식을 강화시킨다는 것이다. 따라서 악순환적인 틀을 깨고 선순환적인 틀이 형성될 수 있도록 하기 위해서는 일정 기간 동안 전문적인 상담사를 만나 치료적인 관계를 형성하고 도움을 받는 것이 좋다. 특히 우울증의 증상인 외로움과 사회적 철수 및 자살충동을 극복하는 데 있어서 신뢰할 수 있는 상담사와의 일정한 만남은 매우 유익하다.

솔로몬은 동행의 중요성을 잘 파악했는데 그의 지적은 우울증의 예방 및 치료에 잘 접목해 볼 수 있다.

24 노를 품는 자와 사귀지 말며 울분한 자와 동행하지 말지니 25 그의 행위를
본받아 네 영혼을 올무에 빠뜨릴까 두려움이니라 잠 22:24-25

이 본문은 우울증에 걸린 시니어와 함께 사는 배우자 및 가족이 우울증에 취약해질 수 있는 역동성을 이해하는 데 유익하다. 쉽게 짜증내며 화를 내는 시니어나 반대로 화를 참다가 폭발하는 시니어와 같이 살면 동행하는 가족이 영향을 받아 함께 우울해질 수 있다. 우울증이라는 올무에 빠지는 것이다. 우울증은 전염성이 있다. 이와 반대로 전문 상담사와 동행하는 시니어는 자신에 대한 이해력과 수용력이 생기는 긍정적인 영향을 받는다. 전문 상담사는 객관성을 유지하며 우울증을 겪는 내담자를 이따금 만나기 때문에 우울증의 영향을 훨씬 덜 받는다. '연결짓기'를 할 때는 하지만 상담 시간 외에는 '구별짓기'를 할 수 있기 때문이다. 오히려 상담사의 신앙적인 태도와 심리적인 성숙과 긍정적인 사고의 영향을 받아 내담자는 우울증에서 벗어날 수 있다. 우울증에 걸리면 주로 집 안에만 머물려고 하는데 상담사와의 약속을 지키기 위해서라도 외출하여 외부세계와 정기적으로 접촉하는 것은 상담이 주는 부수적인 효과이다.

심리적으로 취약한 시니어들은 자신이 겪는 우울증을 심리적인 관점에서 이해하고 접근하는 것이 유익하다. 취약한 자기 또는 '파편화된 자기'(fragmented self)와 유사한 심리적 용어는 '거짓 자기'(false self) 또는 '허위 자기'(pseudo self)이다. 거짓 자기는 일반적으로 대상으로부터 적절한 공감과 인정과 지지를 받지 못했음에도 불구하고 생기는 자기를 의미

한다. 즉 대상관계 경험이 빈약함에도 불구하고 자신을 스스로 위로하고 보호하고 때로는 확대 인식함으로써 생긴 자기를 의미한다. 허위 자기는 외부적인 성취와 업적 및 지위와 자신을 동일시함으로써 이 세상에서 나름대로 생존할 수 있도록 도와준 잠정적인 심리 구조물이다.

특히 가장으로서 역할을 하느라 바쁘게 살아 온 남성들의 경우 중년기까지는 이 거짓 자기의 구조물로 삶의 요구와 스트레스를 견뎌 내는데 성공할 수도 있다. 그러나 노년기에 이 구조물은 마침내 취약함이 드러날 수밖에 없다. 스포트라이트를 받던 무대에서 내려와야 하는 시기에 이미 접어들었기 때문이다. 노년기에도 여전히 일을 함으로써 활기차게 사는 시니어들이 있다. 그러나 거짓 자기를 참 자기로 동일시하고 살아 온 대부분의 시니어들은 마침내 자신의 실체와 직면한다. 결과적으로 혼란과 상실, 우울과 분노를 느끼게 될 것이다. 이들에게 우울증은 반드시 부정적인 경험이 아니다. 우울의 과정을 통하여 존재 자체로서의 가치를 발견하며 확인하는 기회를 가질 수 있기 때문이다. 특히 크리스천 시니어들의 경우에 우울증은 보이는 것에 시선을 고정해 왔던 과거의 삶에서 벗어나 보이지 않는 것에 시선을 고정하게 하는 영적 갱신의 기회를 마련해 줄 수 있다(고후 4:18).

인간의 의와 자력적인 공로로 구원을 받고자 하는 사람은 예수 그리스도의 무조건적인 사랑의 대상관계를 여전히 내면화해서 소화하지 못한 자라는 점에서 거짓 자기의 삶을 사는 사람이다. 반면 창조주 하나님이 자신의 하늘 아버지가 되시며 자신을 무조건적으로 선택하셨고 은혜로 구원하신 분임을 인격적으로 경험한 사람은 참 자기가 제대로 형성된 사람이다. 성장기의 환경 때문에 부득이 자수성가할 수밖에 없었던 시니어들은 자신이 더 이상 삶의 주인이 아니며 될 수도 없음을 겸손히 인정하는 것만이 진정한 치유이자 구원의 길이다.

하나님과 안정된 대상관계를 내면화함으로써 생겨난 심리 구조물을 가진 시니어들은 진실에 직면할 수 있는 용기를 갖게 된다. 사람들로부터의 거절과 유기에 대한 불안 및 두려움을 극복하며 "온 세상이 날 버려도 주 예수 안 버려"라는 찬송 가사를 자신의 신앙고백으로 삼을 수 있다. 예레미야가 멋지게 묘사한 다음의 성경 구절은 시니어들에게 큰 위로를 준다.

> 7 그러나 무릇 여호와를 의지하며 여호와를 의뢰하는 그 사람은 복을 받을 것
> 이라 8 그는 물 가에 심어진 나무가 그 뿌리를 강변에 뻗치고 더위가 올지라도
> 두려워하지 아니하며 그 잎이 청청하며 가무는 해에도 걱정이 없고 결실이 그
> 치지 아니함 같으리라 렘 17:7-8

노년기는 더위와 가뭄이라는 메타포로 상징될 수 있다. 하나님과 든든하게 '연결짓기'가 되어 있는 시니어들은 불안과 두려움 또는 우울을 겁내지 않을 수 있다. 하나님에 대한 신뢰의 뿌리를 더 깊이 내리며 여전히 그 잎이 청청하며 결실하는 적극적이며 생산적인 삶을 살 수 있다는 성경적인 진리를 놓치지 않는다.

두 번째 접근으로는 항우울제를 처방 받아 복용하는 것이다. 하나님은 여러 화학 물질들을 분비하며 유기적으로 작용하는 놀라운 시스템

을 가진 인간을 창조하셨다. 생화학적으로 말한다면 우울증을 겪는 시니어들은 소위 행복 호르몬으로 알려진 엔돌핀, 세로토닌, 멜라토닌, 옥시토신과 같은 화학 물질이 잘 분비되지 않거나 뇌 세포 간에 '신경전달물질'이 잘 전달되지 않는 것 때문에 우울을 느끼는 것이다. 우울증과 밀접한 관련이 있는 수면장애도 세로토닌과 멜라토닌이라는 화학물질과 직접적인 연결점이 있다. 이런 물질이 뇌를 비롯한 각종 내분비 기관에서 잘 생성되지 않거나 뇌 세포 사이에서 잘 전달되지 않을 때 외부에서 화학구조가 같거나 비슷한 물질을 복용하면 도움이 된다. 뇌는 몸안에서 생성된 물질과 몸 밖에서 들어온 물질을 구별하지 않기 때문에 항우울제를 비롯한 다른 정신과 약을 복용하더라도 몸이라는 화학 공장은 점점 제대로 기능할 수 있게 된다.

크리스천들 중에는 정신과 약을 복용하는 것을 수치스럽게 여기거나 부정적으로 생각하는 이들이 적지 않다. 그러나 약의 부작용을 염려해서 치료약을 쓰지 않는 것은 어리석은 일이다. 심지어 목회자들 중에서도 인간 이해가 부족해서 성도들이 정신과 상담을 받거나 약을 처방받는 것을 가능한 한 피하도록 조언하는 이들이 있는데 참으로 안타깝다. 잘못된 지식이나 부족한 지식으로 성도들의 삶에 걸림돌 역할을 하는 목회자는 어리석고 미련하다. 몸이 약할 때 여러 화학 성분을 갖고 있는 음식이나 약초, 일반 약을 복용하는 것이 효과적이며 유익한 것과 마찬가지로 우울증이나 다른 정신질환으로 고통할 때 오랜 연구와 임상실험을 통해 개발된 약을 처방 받아 복용하는 것은 하나님이 베푸시는 일반 은총을 감사함으로 받는 행위라는 인식의 전환이 목회자들과 성도들에게 꼭 필요하다.

우울증을 호소하는 시니어들 중에는 만성화된 우울증으로 고통하는 이들이 있다. 이들은 상담만으로는 치유가 어려울 가능성이 매우 높다. 이들은 자신의 몸에 잘 작용하는 항우울제를 처방 받아서 지속적으로 복용해야 한다. 우울증의 증상이 크게 호전되지 않는다고 할지라도 삶에서 일상적인 기능을 하는 데 큰 어려움이 없다면 약이 도움을 주는 것이다.

항우울제는 정신과 의사를 외래로 만나 처방을 받는 것이 바람직하지만 이 과정이 부담스러운 시니어들은 동네 가정의학과 의사에게서도 단기간에 한해 처방받을 수 있다. 그러나 항우울제를 남용하거나 오용하여 우울증이 가져다 줄 수 있는 삶의 의미를 발견하며 심리적으로 성숙할 수 있는 기회를 회피해서는 안 된다는 점을 유의해야 한다.

노년기의 어려움을 이해하고 지혜롭게 대처하자

에릭 에릭슨은 시니어 세대를 통합과 품위를 경험하는 이들과 절망, 회한, 후회를 경험하는 이들로 나눌 수 있다고 보았다. 통합과 품위를 경험하는 시니어들은 노년기에 접어든 자신의 삶을 돌아볼 때 전반적으로 보람과 의미가 있다고 평가한다. 반대로 절망과 회한, 후회를 경험하는 시니어는 자신의 삶이 무의미하다고 평가한다. 따라서 비교적 성숙하게 살았으며 현재도 그런 삶을 지향하는 시니어들은 그렇지 못한 시니어들에 비해 부정적인 정서로 인한 어려움을 덜 겪을 수 있다.

그럼에도 과거의 삶을 후회하는 시니어들도 기회와 소망이 있다는 점을 명심해야 한다. 아직 10~30여 년의 짧지 않는 시간과 기회가 남아 있기 때문이다. 하나님 나라에서는 아침 일찍부터 와서 일한 사람이나 해 지기 한 시간 전 마지막에 부름 받아 일한 일꾼에게 동일한 품삯이 주어진다(마 20:1-16). 예수님이 들려주신 이 포도원 주인 이야기는 과거의 삶을 후회하는 시니어들에게 시사하는 바가 크다.

노년기는 상실의 과정이라고 말했다. 그러나 상실은 잃는 것만 아니라 무엇인가를 얻을 수 있는 기회가 될 수도 있다. 자기 힘을 의지하면서 살아왔던 시니어들의 경우 자신감을 상실하는 것은 오히려 하나님께 의지할 수 있는 기회가 될 수 있다. 자신의 무력함을 철저하게 인정하고 하나님을 신뢰하며 의지하면 은혜가 무엇인지를 체험할 수 있기 때문이다. 하나님께서 예레미야를 통해 하신 말씀은 도전적이다.

> … 무릇 사람을 믿으며 육신으로 그의 힘을 삼고(who depends on flesh for his strength) 마음이 여호와에게서 떠난 그 사람은 저주를 받을 것이라 렘 17:5

예레미야는 하나님을 의지하는 자를 향해 환경을 극복하며 결실하는 자는 복을 받은 자라고 노래했다(렘 17:7-8).

자기 힘을 의지하거나 힘 가진 자들을 의지하면서 살아왔던 과거의 저주받은 삶에서 하나님을 의지하는 축복받은 삶으로 변화할 수 있는 기회는 큰 상실과 고난을 통해서 주어질 때가 대부분이다. 바울은 늙고 쇠하여 가는 것이 속사람이 새로워지는 기회가 될 수 있음을 잘 지적했다.

16 그러므로 우리가 낙심하지 아니하노니 우리의 겉사람은 낡아지나 우리의
속사람은 날로 새로워지도다 17 우리가 잠시 받는 환난의 경한 것이 지극히 크
고 영원한 영광의 중한 것을 우리에게 이루게 함이니 고후 4:16-17

믿음을 가진 시니어들은 바울이 고백했던 것처럼 이 땅에서 잠정적으로 의지했던 자신의 장막과 타인의 장막이 걷혀지는 것으로 인해 슬퍼하지 않을 수 있다. 오히려 영원한 집을 바라보며 기쁨과 소망을 품고 살아갈 수 있다.

만일 땅에 있는 우리의 장막 집이 무너지면 하나님께서 지으신 집 곧 손으로 지은 것이 아니요 하늘에 있는 영원한 집이 우리에게 있는 줄 아느니라

고후 5:1

정서적인 어려움을 혼자 대처할 수도 있겠지만 이왕이면 전문적인 상담사의 도움을 받는 것이 훨씬 효과적이다. 특히 반응성 우울증의 경우에는 약물 치료보다는 '말을 통한 치료' 과정인 상담이 효과적이다. "누가 나와 같이 함께 울어 줄 사람 있나요 누가 나와 같이 함께 따스한 동행이 될까"라는 최성수의 '동행'이라는 노래 후렴구는 외로움과 씨름하는 모든 현대인이 자신의 마음을 헤아려 공감해 주는 사람을 애타게 찾고 있음을 잘 표현했다.

그런 의미에서 사회적인 지지망을 형성하는 것은 우울증을 예방하며 극복하는 데 효과적이다. 하나님은 아담에게 돕는 배필이 없는 것을 보

시고 하와를 만드셨다. 혼자 사는 존재가 아니라 사회적 관계를 맺고 사는 존재로 아담과 하와를 창조하신 것이다. 하나님과의 수직적인 관계가 일차적으로 중요하고 꼭 필요하지만 다른 사람들과의 수평적인 관계가 이차적으로 중요하고 필요하다. 지혜의 사람 솔로몬은 사회적 지지망의 중요성을 다음과 같이 잘 묘사했다.

> 한 사람이면 패하겠거니와 두 사람이면 맞설 수 있나니 세 겹 줄은 쉽게 끊어지지 아니하느니라 전 4:12

홀로 우울증과 씨름하는 시니어는 붙들어 일으킬 수 있는 배우자나 친구와 함께 씨름하는 시니어에 비해 무너지며 쓰러질 위험성이 훨씬 높다. 많은 교회에서 시니어들을 위한 모임과 프로그램을 운영하고 있는 것은 귀한 일이다. 설령 그런 모임이나 프로그램이 피상적인 것처럼 여겨지더라도 정기적으로 참석하는 것이 도움이 된다. 왜냐하면 다른 시니어들과 함께 시간을 보내는 것은 노년기의 삶에서 무너지지 않도록 해 주는 최소한의 버팀목 역할을 할 수 있기 때문이다.

분노와 관련해서 우울증을 예방하는 방안도 고려할 부분이다. 분노를 억압하느라 불필요하게 에너지를 소모함으로써 우울증에 쉽게 빠졌던 삶을 뒤로하고 상황을 분별해야 한다. 지혜롭게 분노를 인식하며 적절하게 표현하는 것은 성경적으로 건강한 방법이자 우울증을 예방하며 치료하는 방법이다. 영적으로 본다면 마귀는 분노를 인식하며 표현함에 있어서 서툰 크리스천 시니어들이 익숙했던 과거의 방식을 계속 사용하는 것을 기뻐한다. 쉽게 분노를 터뜨림으로써 가까운 배우자와 가족을 우울하게 하는 시니어나 분노를 계속 억압함으로써 자신이 우울증에 빠지는 시니어는 자신의 행동이 마귀가 틈을 탈 수 있는 발판을 제공하고 있다는 사실을 자각해야 한다(엡 4:26-27).

예방적인 차원에서 덧붙인다면 정도가 심한 우울증을 앓는 시니어들에 대해서는 자살 가능성에 대해서 반드시 확인해 보는 것이 중요하다. 신변을 정리하는 것은 자살에 대한 구체적인 시도가 준비되고 있음을 알려 주는 상징적인 행동임을 알아야 한다. 경제적인 어려움으로 시니어 부부가 약속하고 동반 자살하는 경우도 적지 않다. 자살 가능성의 위험 요인들이 누적되는 시니어들의 경우에는 주변에서 관심을 갖고 스트레스와 짐을 덜어 주는 것이 이웃 사랑이 될 것이다.

갈렙은 80세에도 여전히 적극적이고 의욕적이었다. 모세는 80세에 부름을 받아 40년 동안 왕성하게 사역했으며 죽을 때도 안력이 쇠하지 않았다. 크리스천 시니어들은 이런 성경 인물을 모델로 삼아 전인격적인 건강을 유지하며 살아가겠다는 적극적인 자세를 갖고 노년기를 보내야 할 것이다. 노년기에 생길 수 있는 정서적인 어려움들을 잘 이해하고 지혜롭게 대처하고 극복함으로써 영육간에 강건한 삶을 사는 시니어들이 되길 바란다.

chapter 17 •

갈등은 교회를 성숙하게 한다[1]

죄를 범하기 전 에덴동산에는 갈등이 없었다. 그러나 죄를 범한 아담과 하와는 서로의 관계에서 갈등을 겪고, 내면세계에서도 갈등이 생겼다. 인간과 자연 사이에도 갈등과 긴장이 생겨났다.

죄는 하나님과 인간 사이의 관계를 갈등 구도로 갈라 놓았다. 그러나 예수 그리스도께서 십자가에서 죽으시고 부활하심으로써 새 창조가 시작되었다. 예수님을 통하여 인간이 하나님과 갈등으로부터 자유로워지는 길이 열렸다. 거듭난 인간의 마음에 죄로 인한 갈등으로부터 자유가

1 "교회 내의 갈등에 대한 부적절한 해결책의 결과", 〈목회와신학〉, 2009년 4월호 참조.

생겼고, 거듭난 인간과 이웃 사이에 사랑과 용서와 화해가 가능하게 되었다. 그러나 이 자유는 완벽하지 않다. 하나님 나라는 '이미 임했지만 아직 임하지 않은' 나라이다. 여전히 우리가 대망해야 할 나라이다. 그 나라가 완전히 임할 때에는 더 이상 갈등이란 존재하지 않을 것이다. 그러나 미완성적인 하나님 나라에서 살아가는 성도 개개인의 삶에 갈등은 여전히 존재하며 그들이 모인 교회 공동체 안에도 갈등은 당연히 존재한다.

우리는 건강한 갈등 처리 방법을 배우지 못했다

20세기에 들어서서 인간 이해에 가장 큰 영향력을 주었던 정신분석학은 갈등 이론으로 출발했다. 프로이트는 인간의 내면에서 생겨나는 갈등을 어떻게 처리하느냐에 따라서 정신적, 또는 신체적인 증상이 생긴다고 보았다. 그의 정신분석학에 따르면 인간은 내면에 갈등이 있을 때 불안이 발생하며, 그 불안을 처리하기 위해 방어기제들을 무의식적으로 사용한다. 방어기제들이 효과적이지 못할 때 마침내 증상이 표출된다. 그래서 갈등과 불안은 매우 밀접한 관계에 있다. 불안을 이해하는 길이 곧 사람의 심리를 이해하는 첩경이다.

개인이나 가정 혹은 교회는 갈등이 있을 때 불안을 경험한다. 불안에 대한 자연적인 대응책은 회피하는 것이다. 직면하려면 두려움을 극복해야 한다. 하지만 일반적으로 사람은 불안이나 두려움과 같은 부정적인 감정은 어떤 수를 써서라도 회피하려는 강한 성향을 띤다. 회피를 통해서 나름대로 불안을 처리하면 학습 과정을 통해 이후 다른 갈등이 생겼을 때 생기는 불안을 동일한 방식으로 해결하려고 한다. 이처럼 반복되는 방어기제를 사용할 때 그 기제는 그 사람의 내면세계에 성격의 일부로 구조화된다. 따라서 웬만한 어려움에 처하지 않는 한 그 기제는 쉽게 바뀌지 않는다.

뇌신경학에 따르면 불안과 분노라는 감정은 뇌의 '편도'와 '해마'와 관련이 있다. 불안한 상황이나 위협적인 상황에서는 오관을 통해 인식된 정보가 대뇌의 신피질을 거치지 않고 곧바로 편도로 전달되고, 기억저장 기능과 관련된 해마에서 순식간에 정보를 확인해서 이전의 상황과 비슷한 위협적인 상황이라는 신호를 받게 되면 곧바로 신체 시스템에 대응명령을 내린다. 이로써 합리적으로 이해, 분석하고 종합, 구별하는 신피질의 수퍼비전과 통제를 받지 않기 때문에 반사적이며 충동적이며 비합리적인 행동을 하게 되는 것이다. 이 뇌신경회로의 과정은 자기보호 및 방어를 위해 자동적으로 일어난다. 건강한 갈등 해결 방법들이 존재함에도 불구하고 건강하지 못한 방어기제들에 더 의존하는 것은 생존과 보호를 일차적인 목표로 하는 뇌 시스템과 연관성이 있다. 불안을 처리하는 방어기제는 회피, 부인, 억압, 투사, 치환, 공상, 저항, 방어, 합리화를 포함한다.

교회 시스템도 마찬가지이다. 교회는 특히 화평을 지향하며 은혜를 강조하는 공동체이다. 따라서 갈등이나 불안을 가능하면 덮어 두거나 회피하려고 하는 강한 성향을 보인다. 더욱이 교회의 리더들이 방어기제를 쉽게 사용하는 심리를 가지고 있을 때 갈등을 건강하게 해결하기란 어렵다.

시스템으로서의 교회가 '자기개별화' 수준이 낮을 때 갈등 상황 속에서 이성적 기능보다는 감정적 기능이 더 활성화될 가능성이 매우 높다. 따라서 평소에는 별 문제 없이 지내던 교회가 갈등이 일어날 때 의외로 불안을 강하게 경험하며 합리적인 의사소통보다는 감정적인 반응과 비합리적인 행동을 보이는 것이다. 자기개별화 수준은 심리적인 성숙도와 관련이 있다. 영적인 성숙도까지 포함하여 이해해야 한다. 자기 개별화의 수준이 높은 목회자나 당회, 기관, 성도는 각자의 역할을 잘 감당하며 서로의 경계선을 존중하며 갈등을 두려워하지 않고 직면한다. 그들은 힘을 결집하며 정상적인 대화 채널을 통해서 의사소통하고 갈등을 해결하며 조정할 수 있다. 그래서 갈등을 통해 영적으로도 더 성숙하는 좋은 학습 능력을 갖고 있다.

교회 공동체가 갈등을 적절하게 해결하지 못하는 것의 상당한 책임은 담임목사에게 있다. 담임목사가 비교적 괜찮은 수준의 정서적, 심리적, 사회적, 영적 성숙성을 갖추고 있으면 갈등에 성숙하게 대처할 수 있다. 문제는 많은 한국 교회 목회자가 역기능가정에서 성장한 성인아이의 이슈를 갖고 있다는 데 있다. 이들의 자기개별화 수준이 그리 높지 않다. 이런 목회자는 성장 과정에서 가정을 통해 갈등을 건강하게 처리하며 해결하는 것을 경험적으로 학습하지 못했을 가능성이 높다. 오히려 건강치 못한 방어기제들을 사용함으로써 불안을 처리한 심리 구조를 갖고 있는 경우가 많다. 목사로서의 영적인 권위를 내세워 갈등을 해결하기도 하지만 불안을 처리하는 과정에서 일차적으로 자기방어적인 특성을 보인다. 더구나 신학 교육 과정에 리더십과 관련한 커리큘럼이 부족하여 목회 현장에서 일어나는 갈등을 적절하게 해결하는 데 도움을 주는 이론적이며 실천적인 교육을 제대로 받지 못했다는 점도 한몫한다. 많은 목회자가 목회 현장에서 여러 번의 시행착오를 통하여 나름대로 터득한 갈등 해결 방법으로 그나마 목회를 하고 있는 실정이다.

성도들 역시 복음을 받아들인 후 성도가 되고 교회의 직분자가 되었지만 구체적인 갈등 현장에서 그들이 경험하는 불안을 건강하게 대처하지 못하는 이들이 많다. 특히 역기능 환경에서 성장기를 보낸 한국의 성인 세대의 경우 갈등 처리는 주로 수동적이거나 공격적인 성향을 띠고 있다. 현재 한국 정치에서 일어나고 있는 갈등 해결 방식과 교회 내에서의 갈등 해결 방식, 가정 내에서의 갈등 해결 방식과 개인의 갈등 해결 방식은 흥미롭게도 매우 유사하다. 수동, 공격적인 해결 방식이 두드러진다.

교회는 개인과 가정, 사회와 정치 사이에서 영향을 주고받으며 존재한다. 따라서 가정에서의 갈등 해결 능력의 부족과 사회와 정치에서의 갈등 해결 능력의 부족은 교회 내 갈등의 경우에서도 그대로 반복된다. 갈등을 건강하고 원숙하게 처리하는 모범적인 교회들도 적지 않다. 하지만 훨씬 많은 교회는 갈등 때문에 불안과 두려움을 경험하고 있다. 혹은 갈등이 수면 밑에서 잠재된 채 언제 폭발할지 모르는 위험성을 지닌 상태에 있다.

변화는 갈등을 동반한다

교회는 변화해야 한다. 물론 변화해야 할 것이 있고 변화해서는 안 될 것이 있다. 그러나 급변하는 사회 속에서 대응하며 사회에 영향을 끼치기 위해서 반드시 변화해야 할 것이 있다.

변화는 갈등을 동반한다. 교회의 리더들은 교회가 변화할 때에 강도의 차이는 있지만 반드시 갈등을 수반한다는 점을 명심해야 한다. 그리고 성도들이 변화를 두려워하지 않도록 교육해야 한다. 갈등이 두려워서 변화하지 못하는 교회나 지도자는 영향력을 상실하며 쇠퇴할 수밖에 없다. 오히려 갈등을 당연하게 받아들이고 예상하면 불안이 훨씬 줄어든다. 불안이 줄면 성숙한 대응방법을 강구할 수 있다. 합리적이며 신앙적인 생각으로 대처할 수 있다.

개인이나 교회나 어떤 시스템이든지 항상성을 유지하려는 내적인 힘이 작용한다. 변화에 저항하는 힘이 작동한다. 그래서 교회가 변화를 시도할 때 갈등이 발생하는 것이다. 그러나 갈등이 있다는 것은 정상적이며 건강한 것이다. 문제는 항상성을 유지하려는 기존의 힘이 큰 나머지 갈등만 겪고 변화를 시도하지 못하는 경우이다.

비행기는 중력과 양력의 긴장과 마찰 속에서 양력이 중력을 극복할 때 마침내 이륙한다. 중력은 항상 존재한다. 중력이 없으면 비행기는 일정한 고도를 유지할 수 없으며 또한 착륙할 수도 없다. 변화를 싫어하는 항상성의 힘이 체제가 깨지는 것을 막아 주며 급하게 변화하는 것을 진정시켜 주는 긍정적인 역할을 하는 것으로 해석하면 갈등을 겪는 것이 덜 불안할 것이다.

갈등이 장기화될 때 교회는 영적 능력을 잃는다

교회 공동체가 갈등에 적절하게 대처하지 못하면 여러 증상과 결과를 초래한다.

첫째, 사탄이 교회 공동체에 개입할 수 있는 좋은 발판을 제공한다. 바울은 분노 처리에 대하여 "분을 내어도 죄를 짓지 말며 해가 지도록 분을 품지 말고 마귀에게 틈을 주지 말라"(엡 4:26-27)고 권면했다. 분노를 표현하는 것 자체는 죄가 아니다. 분노는 인간이 이 땅에서 사는 한 느낄 수밖에 없으며, 느껴야 하는 감정이기 때문이다. 문제는 분노를 계속 품을 때 생겨날 수 있는 파괴적인 현상이다. 목회상담학자인 앤드류 레스터(Andrew Lester)는 분노를 품으면 그 분노가 인간의 정신세계 속에 무의식화되고 이후로는 분노에 대한 통제권을 잃게 되며 나중에는 마귀적인 분노로 변할 수도 있다고 통찰력 있게 지적한 바 있다. 영적 전투 현장의 최전선에 서 있는 교회를 향하여 마귀는 기회가 생기면 다양한 전략을 구사하여 공격한다. 마귀는 밑져야 본전이다. 직접 공격할 때도 있지만 교회 내에서 일어나는 갈등을 최대한 이용하여 몰래 공략한다. 갈등이 생길 때 서로의 입장을 잘 듣지 못하게 하고 오해하게 하며 정보를 과장하며 불신하게 하고 위장하며 거짓을 사용한다. 그리고 희생양을 삼고 서로의 잘못을 투사하며 서로가 방어적, 공격적으로 행동하게끔 한다. 쌍방 간에 책임감, 죄책감, 수치감을 느끼지 못하게 하여 회개하지 못하게 한다. 양심이 굳어지게 하며 영적인 안목이 어두워지게 하고 악으로 점점 치닫게 만든다. 판단력, 이해력, 분별력을 잃게 하고 서로가 자기 입장만 고수하는 자기중심적인 행동을 하도록 이끈다.

야고보 사도가 지적한 불의한 혀의 위력을 드러내어 온 교회를 쑥대밭으로 만드는 결과를 초래한다.

둘째, 자라나는 세대와 초신자들이 큰 상처를 입는다. 이들은 교회의 갈등이 극단적으로 치달을 때 트라우마를 경험한다. 트라우마는 성장을 멈추게 하거나 저해하는데, 이 경우 이들이 영적인 성인아이들이 될 수 있다. 그래서 그들이 성인 세대가 되었을 때 그들 역시 교회 내에서 생기는 갈등을 제대로 처리하지 못할 가능성이 높다. 싫지만 보고 배웠던 역기능적인 갈등 해결 방법을 다시 반복하는 '세대간 전수 과정'(generational transmission process)을 겪게 되는 것이다. 이혼 가정의 자녀들이나 고질적인 부부 갈등 속에서 자라난 자녀들이 겪는 증상처럼 그들은 신앙인으로서의 건강한 정체성과 영적 자신감을 확립하기가 어렵다. 그리고 일부는 교회에 대한 부정적 태도를 갖게 되어 아예 신앙생활에서 떠나기도 한다.

분쟁과 갈등이 많은 교회에서 성장한 세대는 교회에 대한 '나쁜 대상관계 이미지'(bad object relation images)를 내면화하여 교회에 대해 전반적으로 냉소적이거나 관망하는 세대가 될 위험성이 높다. "누구든지 나를 믿는 이 작은 자 중 하나를 실족하게 하면 차라리 연자 맷돌이 그 목에 달려서 깊은 바다에 빠뜨려지는 것이 나으니라"(마 18:6)고 말씀하신 예수님의 말씀을 교회의 모든 구성원은 새겨들어야 한다. 갈등 구도 속에서 서로 옳다고 우기며 상대방을 헐뜯고 싸우고 심지어는 강단에서 설교 중인 목사의 멱살을 잡아 끌어내리거나 서로 본당을 차지해서 예배하려고 싸우는 꼴불견의 행동은 그것을 지켜보는 다음세대의 가슴에 못을

박는 일임을 기성세대의 성도들은 명심해야 한다. 교회 내에서의 부정적인 경험은 다음세대에게 파급 효과가 크고 파괴적일 수 있다.

셋째, 부적절한 갈등 해결은 기존 성도들에게 교회에 대한 나쁜 대상이미지를 갖게 한다. 나쁜 대상이미지가 내면화되면 자칫 마음에 시험이 들며 교회 출석을 중단할 수 있다. 다른 교회를 찾아 수평 이동하는 성도들이 생기는 이유도 여기에 있다. 그러나 설령 다른 교회에서 자리를 잡더라도 마음 깊은 곳에 교회에 대한 불신과 분노가 미해결의 과제로 남을 수 있다. 마음의 상처가 치료되지 않은 채 생동감 없는 신앙생활을 하는 이들이 적지 않다.

넷째, 갈등의 부적절한 해결은 목회자에 대한 불신을 가져온다. 목회자가 영적 지도자로서 갈등을 적절하게 인식하고 진단하고 긴급성을 인식하여 해결책을 모색하지 못할 때, 리더로서 갈등의 쌍방 그룹으로부터 신뢰를 얻기 어렵다. 목회자에 대한 불신은 특별히 설교와 양육, 치리에 대한 불신으로 이어진다. 결국 성도들의 영적인 성장을 저해하는 치명적인 걸림돌 역할을 한다.

다섯째, 목회자가 갈등의 원인이 되면 교회는 메가톤급 갈등의 소용돌이에 빠질 위험성이 있다. 예를 들어 목회자가 재정 유용 의혹의 대상이 된다든지 성적 비행 의혹의 대상이 되는 경우이다. 설령, 의혹으로 끝날 경우에도 그 상처는 오래갈 수 있다. 의혹이 사실로 드러날 경우에는 언제나 목회자를 지지하는 층이 있기 때문에 갈등 해결은 교회의 분열로 이어질 가능성이 높다. 이 같은 경우에는 사회와 교계에서 하나님의 영광을 가리는 결과를 가져오며 목회자에 대한 불신과 교회의 영적 권위의 추락으로 이어진다.

여섯째, 부적절한 갈등 해결은 교회 내에 장기적인 내전을 야기할 수 있다. 영적 전투 현장에서 아군이 아군을 부상시키거나 사살하는 '더러운' 전쟁으로 비화될 수 있다. 제사 문제로 인한 신앙적인 이슈가 발단이 되어 한때 예배자였던 가인이 동생 아벨을 살인한 것처럼 교회 내에서 형제자매의 등에 총을 겨누고 사살하는 불행한 사태가 벌어질 수 있다.

마귀의 전략 중 하나는 갈등이 생길 때 그것을 잘 해결하지 못함으로써 지역 교회나 교단이 자중지란에 처하도록 하는 것이다. 마귀는 분열을 좋아하며 분열을 통해 교회가 힘을 소진하는 것을 기뻐한다. 악은 파괴적인 특성을 띠고 있다. 악을 행하는 자들은 자신이 악을 행한다고 생각하지 않는다. 그들 나름대로 선을 행한다고 왜곡하기 때문에 그 행동을 기뻐하는 것이다. 형제를 사살한 후에도 죄책감마저 느끼지 않을 수 있다. 인터넷 세상에서는 순식간에 수많은 사람에게 정보가 퍼진다. 확인되지 않은 사실이나 악성 정보가 퍼지면 개인과 교회가 엄청난 피해를 입게 된다. 오늘날의 교회는 분열에 취약한 환경에 처해 있다.

일곱째, 교회 내의 갈등을 사회 법정으로 가져가는 경우가 생긴다. 교회 내의 갈등을 상회기관조차 해결하지 못해 결국 쌍방 간에 고소하는 것이다. 그러나 이는 성경적인 가르침에 불순종하는 것이다. 교회에 나쁜 선례를 남기는 일이기도 하다. 이러한 행동은 교회가 갈등을 스스로 해결할 수 있는 능력을 상실했다는 반증이다. 물론 교회도 세상 속에 있기 때문에 국가법과 사회법을 지켜야 한다. 그러나 교회가 불의를 행하고 스스로 자정 능력을 상실해서 세상 법정이 교회의 시비를 가리는 일이 점점 늘고 있는 것은 참으로 안타까운 현실이다. 교회 내에 병리적인 인격을 가진 사람들도 있으며(특히 반사회성 성격장애자, 강박성 성격장애자) 사소한 일에도 갈등을 야기하며 사회 법정에 호소하는 것을 즐기며 업으로 삼는 사람들도 있다. 송사하는 것을 좋아하는 것은 결코 건강한 증상이 아니다.

여덟째, 갈등을 제대로 해결하지 못하면 교회는 비전과 역사성과 정체성, 그리고 방향성을 상실한다. 권위주의적인 리더십이 판치게 되거나 리더십 자체가 없는 오합지졸의 영적 군대로 전락한다.

아홉째, 갈등이 장기화될 때 교회는 영적 능력과 권위, 그리고 사역의 활력과 창의성을 상실한다. 탈진 현상이 두드러지며 침체와 퇴보가 일어난다. 성도들의 신앙이 답보하거나 퇴보한다. 갈등에 직접 관련된 성도들이나 지도자들의 인성과 영성이 망가진다. 경건의 모양은 있지만 경건의 능력을 부인하는 자로 전락한다(딤후 3:1-5).

마지막으로, 개 교회가 분열의 아픔을 겪는다. 분열을 경험한 교회는 거듭나는 과정 없이는 새로운 갈등이 나타날 때 이전에 의존했던 방어기제들을 다시 사용하며 분열을 반복할 위험이 크다.

반대 세력까지 아우르는 '모든 지혜'가 필요하다

파도타기를 즐기는 사람은 파도를 두려워하지 않는다. 오히려 적절한 파도가 있기를 바란다. 불완전한 사람들이 모이는 교회 내에서 어느 정도 갈등의 파도가 있는 것은 극히 정상적이며 교회를 건강하게 한다.

갈등이 교회가 영적으로 잠드는 것과 부패를 막기 때문이다. 따라서 갈등을 회피하고 억압하는 대신 변화를 격려하며 갈등을 적극적으로 환영할 때 역설적으로 불필요한 갈등은 줄어들며 웬만한 갈등은 성숙하게 처리할 수 있다. 갈등에 대하여 반응적인 해결책보다 적극적인 해결책이 필요하다. 그리고 갈등을 예방하는 방안도 필요하다. 그러기 위해서는 개방적인 의사소통 시스템이 필요하다. 소수의 의견이라고 무시하지 않고 경청하며 관심을 표현할 때 교회는 불필요한 갈등을 겪지 않을 수 있다.

하버드대학교 경영대학원 교수인 존 코터(John Cotter)는 그의 책에서 "리더는 비전을 제시할 줄 알며 또한 변화의 긴급성을 인식시킴으로써 변화를 실현해 갈 수 있다"고 했다. 예루살렘교회에서 구제 문제로 갈등이 생겼을 때 사도들은 긴급성을 인식하고 해결책을 모색하고 구체적인 행동 방안을 마련함으로써 위기를 잘 극복했다. 이와 같이 교회 내에서 갈등이 생길 때 목사와 리더들은 갈등 상황을 파악하고 사안에 따라 긴급성을 인식하고 적절한 해결책을 모색해야 한다. 뒤로 미루거나 무시하게 될 때 호미로 막을 수 있는 것을 가래로 막아야 하는 상황으로 이어질 수 있다.

건강하게 갈등을 해결할 수 있는 몇 가지 방안을 제시해 보고자 한다.

첫째, 갈등 상황에 시선을 맞추지 말고 그 너머에 여전히 살아계시고 주권적으로 역사하시는 하나님께 시선을 맞추는 것이 중요하다. 갈등은 불안과 두려움을 불러오기 때문에 상황만 바라보면 불안이 가중되어 합리적으로 해결할 수 있는 창의적인 지혜가 생기지 않는다. 견고한 반석이 되시며 어떤 환경에서도 선히 인도하시는 하나님을 향해 시선을 고정하면 불안이 줄어들면서 문제를 제대로 파악하고 상대방의 입장을 공감하며 이해할 수 있는 여유가 생긴다. 그래서 갈등을 창의적으로 해결해 갈 수 있는 지혜와 용기를 얻을 수 있다.

둘째, 자신과 상대방이 사용하고 있는 방어기제를 인식하고 겸손과 정직과 모험의 자세를 취하면 성숙하게 갈등을 해결할 수 있다. 특히 목회자는 자기 자신을 하나님 앞에서 늘 제대로 인식하고 자신의 두려움과 여러 가지 동기들을 점검하며 기도하는 일을 게을리해서는 안 된다. 갈등 상황에서 하나님과 대면하는 기도의 시간을 가질수록 멀리 바라볼 수 있는 비전이 생긴다. 갈등 상황을 넘어서서 큰 그림을 보며 '수퍼비전'을 갖게 되면 갈등에 휘둘리지 않는다.

셋째, 갈등을 긍정적인 시각으로 재해석하는 것이다. 갈등을 영적인 기초체력을 증진하며 심화 학습을 할 수 있는 기회로 보는 것이다. 저항을 유익한 힘으로 재해석하면 저항이 두렵지 않다. 긍정적인 관점으로 보면 감사와 모험의식이 증가한다. "응답하신 은혜 감사 거절하신 것 감사"라는 찬송가 가사를 삶에서 실천하는 목회자나 교회를 마귀는 감당할 수 없다.

넷째, 교회와 성도는 늘 영적 전쟁의 현장에 처해 있음을 인식하는 것이다. 그러나 갈등을 회피하기 위해서, 혹은 상대방에게 책임을 전가하기 위하여 사탄을 거론하는 것은 금물이다. 갈등 상황에서 말씀과 기도로 해결하되 '모든 지혜로' 권하며 가르치고 해결하는 것이 중요하다(골 1:28). 성경 말씀을 갈등 상황에 아전인수 격으로 적용하는 것은 전혀 도움이 되지 않는다.

다섯째, 예방책으로 평소에 설교나 세미나, 성경 공부, 제자훈련을 통해 갈등에 대한 적극적인 이해를 갖도록 교육하며 정보를 제공한다. 당회와 각 기관별로 의사소통 훈련에 대한 세미나를 갖는 것도 좋다. 갈등 상황에서 서로의 입장을 이해하며 정확한 정보를 쌍방에게 제공할 때 갈등은 훨씬 줄어들 수 있다. 어떤 사실에 대한 정보를 알려 주지 않고 왜곡하거나 숨기면 불필요한 오해를 불러오며 추측과 억측이 난무하는 상황으로 전개될 수 있다.

여섯째, 전문 컨설턴트나 교회 갈등 전문가들의 객관적인 개입과 치료방안도 고려할 수 있다. 교회 내 갈등을 해결하기 위해 때로는 교회정치가 필요하다. 그러나 갈등을 정치적으로 해결하려는 태도는 바람직하지 않다. 장로교회의 경우 노회나 총회가 개 교회 갈등에 개입해서 종종 정치적으로 해결하는데, 오히려 교회와 성도들의 불신을 야기하며 심각한 상처를 입힐 수 있다는 것을 명심해야 한다.

일곱째, 자기중심적인 태도를 내려놓는 것이다. 상대방을 나보다 낫게 여기는 겸손과 인내의 자세는 갈등을 극복하는 데 꼭 필요한 자질이다. "오래 참으면 관원도 설득할 수 있나니 부드러운 혀는 뼈를 꺾느니라"(잠 25:15)는 말씀은 갈등 해결에 지혜를 준다. 변화를 시도하는 과정에서 생기는 갈등은 변화를 추진해 나가는 쪽에서 반대하는 편의 견해를 경청하며 절충할 수 있는 수용과 여유를 보여야 한다. 급박하게 결정을 유도하기보다는 한두 주 혹은 한두 달 정도 더 생각하고 연구할 수 있는 기회를 주어 의견을 모으는 접근이 유익하다.

여덟째, 무조건 투표로 결론을 내려는 것은 바람직하지 않다. 교회는 민주적인 공동체인 동시에 하나님의 뜻을 분별해 가는 과정을 중시하는 곳이어야 한다. 목표를 성취하기 위해서 과정과 방법을 무시해서는 안 된다. 교회는 소수의 견해도 경청해야 한다. 소수의 견해가 하나님의 뜻에 부합하는 경우가 있기 때문이다.

아홉째, 강박적이며 완벽주의적인 교회 개혁의 태도는 지양해야 한다. 지상에 존재하는 교회와 개인은 불완전한 존재임을 명심해야 한다. 개혁과 변화를 부르짖는 과정에서 사소한 문제까지 강박적으로 해결하려는 것은 숲 전체를 보지 못하는 우를 범하는 것이다. 교회의 에너지를 불필요한 곳에서 소진할 위험성이 크다. 총회 현장에서 아주 사소한 문제에 대해서 "법이요"라고 들고 나옴으로써 법의 정신과 핵심을 놓치는 결정을 하는 것을 종종 목격한다. 교회는 율법주의를 경계해야 한다.

열째, 반대 세력을 적으로 보는 태도를 버려야 한다. 반대 세력도 교회를 위해서 노력하는 이들이며 동료이며 지체의 한 부분임을 인식해야 한다. 뇌에서 분비되는 신경전달물질도 서로 반대 기능을 하는 물질들이 분비됨으로써 정신적인 건강을 유지할 수 있다. 마찬가지로, 갈등 상황에서 반대 세력은 교회의 건강성을 유지하며 극단적으로 흐를 수 있는 변화의 흐름에 균형을 잡는 긍정적인 역할을 할 수 있다.

열한째, 변화를 시도할 때 '모든 지혜'를 동원하는 것이 필요하다. 성경적인 지혜는 말할 것도 없고 일반 리더십 이론과 경영학적 지혜도 필요하다. 존 코터는 변화를 시도하는 과정에서 생기는 갈등을 건강하게 해결하기 위해 다음 일곱 가지를 제안했다.

1. 변화의 긴급성을 설득하라.

2. 변화의 주축 세력을 형성하라.

3. 비전과 전략을 개발하라.

4. 비전에 대해 의사소통하라.

5. 보다 넓은 범위의 행동을 위해 피지도층에 힘을 불어넣어 주라.

6. 단기적인 승리를 경험하도록 하라.

7. 변화로 말미암은 유익을 결집해서 보다 큰 변화를 야기하라.

열두째, 변화를 시도할 때 불법을 자행한다든지 기존의 질서를 무시한다든지 이전 세대의 전통을 무시하는 것은 불필요한 갈등을 야기하는 어리석은 일이라는 것을 명심해야 한다. 변화는 항상 역사적 흐름을 인식하면서 시도되어야 한다. 근시안적인 비전만 있고 장기적인 비전이 없으며 과거의 역사적 교훈과 출발점을 무시하는 것은 어리석은 접근이다.

열세째, 말을 조심해야 한다. 충동적인 말, 불평하는 말, 거짓 증거하는 말, 험담, 송사하는 말, 쓸데없는 말은 갈등 해결에 전혀 도움이 되지 않고 오히려 갈등을 증폭시키며 심화시킨다. 말 한마디로 천 냥 빚을 갚기도 하지만 말 한마디가 온 숲을 다 태울 수도 있다는 평범한 진리를 잊지 말아야 한다. 말에 실수가 없도록 노력하는 것이 특히 목회자와 리더들에게 필요한 덕목이다.

내 사랑하는 형제들아 너희가 알지니 사람마다 듣기는 속히 하고 말하기는 더

디 하며 성내기도 더디 하라 약 1:19

열네째, 갈등은 현상 유지에 만족하거나 잠자고 있는 교회 공동체를 깨우는 하나님의 음성일 수 있다. 문제가 있는데 전혀 불안을 느끼지 못한다면 문제가 있다. 하나님은 갈등을 통해 불안을 가중시킴으로써 교회가 각성하며 스스로의 상태를 점검하게 하시기도 한다. 더 나아가 하나님은 교회 내에서 일어나는 갈등과 불안, 심지어 분열이라는 아픔의 과정 속에서도 여전히 주권적으로 자신의 뜻을 이루어 가시며 역사하신다.

마지막으로, 교회의 머리는 예수 그리스도라는 가장 근본적인 믿음에 기초하여 모두가 하나님 앞에서 겸손하며 서로 종노릇하는 성경적인 정신을 실천해야 한다. 잘못과 실수를 인정하고 고백하며 서로 용서하는 치유적인 공동체가 될 때 교회 내의 갈등은 교회가 더 건강하게 부흥하게끔 하는 원동력이 될 수 있다. 변화와 갈등 속에서 사랑과 정의를 균형 있게 유지할 때 교회는 부패를 방지할 수 있으며 건강한 공동체로 자리매김할 수 있을 것이다.

chapter 18 •

성숙한 인격이 있을 때 성숙한 신앙이 있다[1]

한국 교회 목회자들과 성도들은 과연 건강한 인격 성숙과 신앙 성숙을 이루어 가고 있는가? 이 질문에 대해서 선뜻 "예"라고 대답하기가 어려운 것이 우리의 현주소라고 생각한다. 왜 여러 해 동안 목회하며 설교해 온 목회자들이 상식 수준에서 벗어나는 행동을 할까? 교회 직분자들이 신앙생활의 연수를 자랑하면서도 실제 삶에서 성격장애 증상을 반복적으로 나타내는 이유는 무엇일까? 이들에게는 성령 하나님이 어떻게 역사하고 계실까? 역사하신다면 왜 눈에 띄는 변화와 성숙이 잘 보

1 "건강한 인격 성숙과 신앙 성숙을 이루고 있는가", 〈목회와신학〉, 2018년 4월호 참조.

이지 않는 것일까? 신앙 성숙과 인격 성숙은 별개인가, 아니면 연결된 것인가? 연결된 것이라면 어떻게 연결될까? 이 질문들을 섭렵하는 것은 글로써는 한계가 있지만, 가능한 한 짧게라도 다루고자 한다.

'성숙'이란 일반적으로 심리적이며 정신적인 영역에서의 긍정적인 변화를 의미한다. 이는 자연적인 변화보다는 의도적인 노력이 필요한 변화 과정을 의미할 때가 많다. 이와 비슷한 의미로 '발달'이란 단어가 많이 쓰인다. 이 단어는 본성에 따라 발달 시기와 단계를 거치면서 외부 환경과의 접촉을 통해서 각 단계에서 예측할 수 있는 긍정적인 변화를 의미한다. 발달은 영어로 development라고 표기한다. 이는 봉투를 뜻하는 Envelope와 반대되는 의미를 갖고 있다. 접두어 'en'은 '접는다' 또는 '덮는다'라는 의미가 있다. 이와 반대되는 의미의 접두어가 'de'인데, develop는 '펼쳐지다'라는 의미가 있다. 그러므로 발달은 이미 잠재되어 있는 성장 프로그램과 생득적인 능력이 적절한 환경과 접촉하면서 예측할 수 있는 시기에 신체적으로나 심리적으로 펼쳐지는 것을 의미한다. 따라서 발달은 각각의 꽃나무가 정해진 개화기가 되면 꽃을 피우는 것에 비견할 수 있다. 그밖에 '성장'이란 단어도 사용하는데, 성장은 가시적인 변화를 나타낼 때 많이 사용한다. 예를 들어 동식물의 키나 크기가 늘어나는 양적 변화를 동반할 때 이 단어를 사용한다. 심리적인 의미로 사용할 때도 있다.

이 글에서는 자연적인 발달의 의미보다는 의도적이며 개입적인 변화를 염두에 두기 때문에 '성숙'을 자주 사용할 것이다. 그러나 발달 또는 성장이라는 단어를 써도 문맥상 큰 무리가 없을 것이다.

신앙 성숙, 인격 성숙의 척도를 나타내는 질문들

성경에는 성숙의 당위성을 여러 곳에서 언급한다. 바울은 "내가 어렸을 때에는 말하는 것이 어린 아이와 같고 생각하는 것이 어린 아이와 같다가 장성해서는 어린 아이의 일을 버렸노라"(고전 13:11)고 말하며 성장의 당위성을 지적했다. 히브리서 기자는 "때가 오래 되었으므로 너희가 마땅히 선생이 되었을 터인데 너희가 다시 하나님의 말씀의 초보에 대하여 누구에게서 가르침을 받아야 할 처지이니 단단한 음식은 못 먹고 젖이나 먹어야 할 자가 되었도다"라고 수신자들의 영적 미성숙을 진단하면서 "완전한 데로 나아갈지니라"라고 권면했다(히 5:12, 히 6:2).

신앙 성숙과 인격 성숙을 파악할 수 있는 심리 검사나 영적 성숙 평가 검사지가 개발되어 활용되고 있다. 이런 것들을 보면 신앙 성숙의 척도를 간략하게 두 가지의 큰 질문으로 파악할 수 있다. 하나는 수직적인 관계에서 '나는 얼마나 하나님을 전심으로 사랑하고 있는가?'이다. 달리 표현하자면, '나는 하나님의 말씀에 얼마나 순종하는 삶을 사는가?'라고 질문해 볼 수 있다. 수평적인 관계에서는 '나는 이웃을 얼마나 나 자신처럼 사랑하는 삶을 살고 있는가?'라고 질문해 볼 수 있다.

인격 성숙에 대해서는 여러 심리 이론의 관점에서 척도를 살펴볼 수 있다. 특히 에릭 에릭슨의 8단계 이론에서 제시하는 핵심적인 심리 과제를 통해서 인격 성숙의 수준을 파악할 수 있다.

- 나는 타인이나 환경을 얼마나 신뢰하는가?
- 얼마나 자율성이 있는가?

· 얼마나 창의성이 있는가?

· 얼마나 근면성이 있는가?

· 정체성이 어느 정도 확립되어 있는가?

· 친밀감을 어느 정도 경험할 수 있는가?

· 이웃과 사회를 위해서 얼마나 기여하는가?

· 삶이 얼마나 통합되어 있는가?

후기 정신분석학의 한 이론인 '자기 심리학'(self psychology)의 관점에서 인격 성숙의 수준을 파악한다면 다음의 질문이 유용할 것이다.

· 나의 '자기 구조물'은 얼마나 응집력이 있고 튼튼한가?

· 성장기에 부모로부터 '공감'(mirroring)과 '이상화'(idealizing) 경험을 충분히 했는가?

또 다른 후기 정신분석 이론인 '대상 관계 이론'(object relations theory)의 관점에서 인격 성숙의 수준을 점검한다면 다음의 질문들이 유용하다.

· 나는 대인관계를 건강하게 할 수 있는가?

· 대인관계에서 '대상 항상성'(object constancy)을 유지할 수 있는 능력이 있는가?

· 성장기에 부모 대상으로부터 비교적 좋은(good enough) 대상관계를 경험했는가?

·그렇지 못했다면 대리 부모 대상으로부터 그런 경험을 한 적이 있는가?

·뇌에 긍정적인 대상관계 경험이 반복적으로 입력되어 타인들과 좋은 대상관계를 할 수 있는가?

·예수 그리스도를 인격적으로 경험한 대상관계 경험이 얼마나 있는가?

·대상관계에서 '적절한' 좌절을 경험한 적이 있는가?

·지나치게 공감을 받거나 보호받은 성장기를 거치지는 않았는가?

·트라우마나 과도한 불안에 지속적으로 노출된 성장기를 거치지 않았는가?

성격장애(인격장애)의 관점에서 자신의 인격 성숙의 수준을 점검한다면 다음의 질문들을 던져 볼 수 있을 것이다.

·나는 관계에서 지나치게 의존적인가?

·주변에 친한 사람이 얼마나 있는가?

·혹시 관계의 욕구 자체가 없는 편인가?

·나는 필요할 때만 대인관계를 하는 편인가?

·나는 주변 사람들에게 상처를 입히거나 거의 공감을 못하지 않는가?

·나의 대인관계가 극과 극을 오가며 불안정하지는 않은가?

·나는 대인관계에서 타인들로부터 관심과 인정을 받고자 하는 욕구가 강한 편인가?

·나는 타인에 대해 의심이 많거나 조금이라도 상처를 입힌 사람이라면 용서하지 않고 보복하려는 마음을 갖고 있는가?

·나는 관계의 욕구는 있지만 부끄러움이 많아 먼저 다가서지 못하는 편인가?
·나는 대인관계에서 지나치게 원리 원칙을 강조하며 사소한 데 목숨을 거는 편인가?
·나는 다른 사람들이 나에게 대하여 험담하거나 음모를 꾸미고 있다고 종종 생각하는가?

이 질문들에 대해서 어느 정도 동의할 경우 자신이 성격장애적 이슈를 가진 사람은 아닌지 살펴볼 필요가 있다.

인격 성숙의 정도가 신앙 성숙의 기초가 된다

인격 성숙과 신앙 성숙의 관계를 설명함에 있어서 집 짓는 자의 비유가 적절하다. 모래 위에 집을 지은 어리석은 자(미성숙한 자)와 반석 위에 집을 지은 지혜로운 자(성숙한 자)로 구별하여 이해할 수 있다. 이것은 예수님이 말씀하신 '반석 위에 지은 집' 비유와는 다른 의미다.

집은 심리 세계를 상징하는 좋은 메타포이다. 성장기에 짓는 심리적인 집은 자녀 자신이 짓는다기보다는 부모와 같은 의미 있는 대상들이 지어 준 결과물이라고 보는 것이 정확하다. 현재의 인격 성숙과 신앙 성숙의 수준과 상태는 과거 삶에서 경험한 것들이 누적된 것과 역동적으로 연결되어 있을 때가 많다. 부모 대상이 자녀의 심리적 '자기'라는 집의 기초를 놓으며 기둥을 세우도록 하나님이 계획하셨기 때문이다. 아기는 스스로 집을 지을 수 있는 능력이 없다. 아기는 모태에서부터 부모(특히 엄마)와 절대적으로 의존적인 대상관계를 맺으며 성장한다. 심리적인 '자기'는 반드시 '대상'이 있어야 생기며 발달할 수 있다. 응집력이 있는 자기 구조물을 형성한 자녀는 반석 위에 지은 집과 같다. 그렇게 되려면 부모와 같은 의미 있는 대상들로부터 좋은 대상 경험을 반복적으로 경험하는 것이 필수적이다.

따라서 역기능적인 가정 환경에서 성장기를 보낸 사람들은 기독교 신앙을 받아들인 후에도 신앙 성숙과 인격 성숙을 이룸에 있어서 상당한 어려움을 겪을 것이라고 추론할 수 있다. 물론 역기능적 환경에서도 회복탄력성이 있는 사람들은 심리적인 성숙과 신앙 성숙을 이루기도 한다. 그러나 정신의학자들의 연구 결과, 성격장애가 진단되는 성인기 이후에 크리스천이 된 사람은 상당한 기간의 치료적 관계 경험(하나님과의 인격적인 신앙 체험)이 없이는 성격장애적 증상을 계속 유지할 가능성이 높다.

덧붙여 말한다면, 뇌와 인격 성숙 및 신앙 성숙은 서로 밀접한 관계가 있다. 정신지체를 가진 사람은 인격 성숙과 신앙 성숙을 이루는 데 매우 제한적일 수밖에 없다. 뇌를 다치거나 치명적인 트라우마를 겪거나 치매에 걸리면 성숙했던 인격과 신앙마저 미성숙한 상태로 퇴행한다. 따라서 신앙 성숙을 이해할 때 전인격적인 이해가 필요하다.

"깨진 그릇, 찌그러진 그릇에는 무엇을 부어도 깨진 모양, 찌그러진 모양으로 나타난다. 영적 변화는 심리적 변화와 별개의 차원으로 일어나는 것이 아니다. 영적 변화는 심리적 변화에 밀접한 영향을 미치게 되어 있다. 심리적 변화가 반드시 영적 변화를 불러오는 것은 아니지만 영적 변화는 심리적 변화를 불러오게끔 되어 있다. 심리적 변화가 일어나지 않은 영적 변화는 참된 변화가 아니라고 말할 수 있다."[2]

심리 구조물이 약하거나 없는 사람이 신앙적으로 성숙하다고 말하는 것은 어불성설이다. "행함이 없는 믿음은 그 자체가 죽은 것이라"는 말씀에서 신앙 성숙은 '행함'이라는 인격 성숙을 동반하는 것임을 알 수 있다(약 2:17).

> 영혼 없는 몸이 죽은 것 같이 행함이 없는 믿음은 죽은 것이니라 약 2:26

여기에서 말하는 인격 성숙은 완전하거나 완벽한 성숙을 의미하는 것은 아니다. 그것은 이 땅에서는 아무도 이룩할 수 없다.

인격 성숙 없는 마음은 마귀가 역사하기 좋은 무대이다

그렇다면 건강한 인격과 신앙 성숙을 위해 필요한 것이 무엇인지 살펴보자.

첫째, 인격 성숙과 신앙 성숙에 영향을 주는 자연적인 요인과 초자연적인 요인이 둘 다 필요하다. 인격 성숙은 자연적인 요소를 통해서도 가능하다. 따라서 불신자들도 심리적인 변화와 성숙을 이룰 수 있다. 그

---

2 이관직, 《개혁주의 목회상담학(개정증보판)》 (대서, 2015), 114. "영적 변화와 심리적 변화의 유비와 차이점"

러나 기독교인으로서의 신앙 성숙은 자연적인 요인으로만 이룰 수 없다. 영적 변화와 성숙이 일어나려면 반드시 예수 그리스도 안에서 성령의 역사를 통하여 거듭나야 한다. 예수 그리스도를 인격적으로 아는 지식이 자라려면 성령의 역사가 필수적이다. 그러나 일시적인 성령 충만으로는 지속적인 인격의 변화와 성숙이 일어날 수 없다. 성령의 지배하심과 주권에 자신을 내려놓고 맡기는 삶이 습관화될 때 생각과 감정과 의지와 충동 조절, 그리고 대인관계 영역에서 인격 성숙이 일어날 수 있다. 결과적으로 성격장애가 점진적으로 치료될 수 있다. 각 사람의 마음이 기경되는 과정에서 성령이 역사하실 때 자연적인 요인들이 성숙으로 나아가는 디딤돌이 될 수 있다. 따라서 심리적인 변화와 상담 및 심리 치료는 영적 성숙을 용이하게 하는 촉매제가 될 수 있다. 성령의 도우심과 인간의 노력은 모순적이지 않다. 성경은 영적 변화에 있어서 각 성도가 전심으로 노력할 것을 권면한다.

> 5 그러므로 너희가 더욱 힘써(make every effort) 너희 믿음에 덕(goodness)을,
> 덕에 지식을, 6 지식에 절제를, 절제에 인내를, 인내에 경건을, 7 경건에 형제
> 우애를, 형제 우애에 사랑을 더하라 벧후 1:5-7

둘째, 인격 성숙과 신앙 성숙이 일어나는 데 연단 경험은 매우 유익하다. 고난 경험과 인내의 과정이 성품(인격, 신앙)을 빚는다.

> 인내를 온전히 이루라 이는 너희로 온전하고 구비하여 조금도 부족함이 없게

하려 함이라 약 1:4

3 … 환난은 인내를, 4 인내는 연단을, 연단은 소망을 이루는 줄 앎이로다 롬 5:3-4

… 육체의 고난을 받은 자는 죄를 그쳤음이니 벧전 4:1

셋째, 심리적, 영적으로 성숙하려면 연결짓기와 구별짓기를 잘해야 한다. 선과 악을 구별할 수 있는 능력이 있어야 한다. 악을 선이라고 판결하는 자는 악한 자이다. 알면서도 악을 선이라고 판결하는 자는 영적으로 마귀의 자식이다. 어리석고 미련해서 악을 선이라고 왜곡하는 자는 심리적으로 미성숙한 자이다. 초자아 발달이 되어 있지 않거나 양심이 발달하지 않은 자는 예수를 믿어도 죄의식이 별로 없다. 따라서 회개의 필요성을 못 느낀다. 수치심도 못 느낀다. 모든 사람이 비난하는 상황에서도 합리화하는 데 능수능란하다. 이런 사람은 사이코패스에 가깝다. 목회자나 중직자들 중에도 사이코패스적인 이들이 있다는 것은 안타까운 현실이다.

구약의 많은 거짓 선지자들은 권력에 아부하며 자신의 탐욕을 채우기 위해 거짓 환상과 거짓 꿈을 꾼 자들이었다. 심지어 자신이 지어낸 말을 하나님의 계시라고 담대하게 외치기까지 했다. 마찬가지로 남의 설교를 표절해서 마치 자기 설교인양 설교해도 양심의 가책을 느끼지 못하는 목사는 반사회적이며 사이코패스적이다. 이런 자는 자신이 하나님 앞에서 거짓을 행하고 있음을 자각하고 두려워할 줄 모른다.

넷째, 성숙하려면 통합적 사고와 인식 능력이 요구된다. 숲을 보지 못한 채 나무 몇 그루만 보는 강박적인 성격장애를 갖고 있으면 큰 그림을 볼 수 없다. 이런 성도는 하나님의 선하시고 기뻐하시고 온전하신 뜻을 분별할 수 있는 능력이 없다. 자기 생각을 하나님의 생각과 동일시하며 합리화한다. 세속적인 생각과 행동을 하나님의 영광과 동일시한다. 바울은 "너희는 이 세대를 본받지 말고 오직 마음을 새롭게 함으로 변화를 받아"라고 권면했다(롬 12:2). 그럴 때 하나님의 뜻을 분별할 수 있게 될 것이라고 덧붙였다. 마음의 갱신이 지속적으로 일어나지 않으면 하나님의 뜻을 왜곡하거나 부분적으로 이해할 수밖에 없다.

다섯째, 영적 성숙이 일어나려면 죄가 해결되어야 한다. 죄는 신앙 성숙이 일어나는 데 있어서 치명적인 걸림돌이다. 죄가 해결되지 않는 한 성숙은 어렵다. 하나님과 개인, 개인과 타인 사이에 죄가 역동적으로 역사하는 한 신앙 성숙은 일어날 수 없다. 죄를 회개하고 십자가의 긍휼과 자비를 힘입을 때 성전 휘장이 위에서 아래로 찢어졌듯이 은혜의 보좌 앞에 담대하게 나아갈 수 있다. 하나님과의 관계가 회복된 사람은 이웃과의 관계에서도 회복의 필요성을 자각한다.

여섯째, 최고의 대상 항상성을 제공하시는 하나님을 가까이 하는 것이 성숙을 이루는 데 가장 근본적이며 핵심적인 방법이다.

> … 그는 변함도 없으시고 회전하는 그림자도 없으시니라 약 1:17
>
> 예수 그리스도는 어제나 오늘이나 영원토록 동일하시니라 히 13:8

삼위 하나님은 자기 자녀들을 흔들리지 않는 시온산과 예루살렘처럼 요람에서 무덤까지 품고 인도하시는 분이다.

3 야곱의 집이여 이스라엘 집에 남은 모든 자여 내게 들을지어다 배에서 태어
남으로부터 내게 안겼고 태에서 남으로부터 내게 업힌 너희여 4 너희가 노년
에 이르기까지 내가 그리하겠고 백발이 되기까지 내가 너희를 품을 것이라 내
가 지었은즉 내가 업을 것이요 내가 품고 구하여 내리라 사 46:3-4

이 안정감이 있어야 성도는 불안과 두려움을 극복하고 성장하며 성숙할 수 있다. 하나님이 신실하신 분임을 반복적으로 경험할 때 '속사람'이 강건해진다. 이런 사람은 쉽게 낙심하지 않는다. 그러나 거절감과 유기감을 강하게 느끼는 경계성 성격장애의 역동성이 치료되지 않으면 하나님과의 관계에서 널뛰기하는 것 같은 신앙생활을 할 가능성이 매우 높다. 그런 교인은 하나님의 침묵을 견디지 못해 광야를 통과할 때 쉽게 분노하며 좌절하는 모습을 반복적으로 드러낼 것이다. 그는 계속 울고 떼쓰는 젖먹이 수준의 신앙생활을 넘어서기가 어렵다. 하나님은 자기 자녀를 절대 포기하지 않으시며 끝까지 붙드시며 인도하시는 분이다. 이 사실을 삶에서 반복적으로 경험할 때 하나님이 응답하지 않는 기간 중에도 불안과 두려움을 스스로 다독일 수 있는 힘(self-soothing ability)이 생긴다. 예수 그리스도는 잃은 한 마리 양을 찾을 때까지 찾으시는 '좋은 목자'라는 사실을 경험을 통해 뇌에서 직접 학습이 반복적으로 일어나야 한다. 그러기 위해서는 예수 그리스도를 표상하는 목회자나 상담자가 성도나 내담자에게 대상 항상성을 반복적으로 경험하도록 해 주는 것이 매우 중요하다. 양육 과정에서 부모는 자녀에게 이 대상 항상성 경험을 제대로 시켜 주어야 자녀가 건강한 신앙인으로 성장

할 수 있다는 사실을 명심해야 한다.

일곱째, 내면세계의 질서를 회복하고 기경하는 적극적인 노력을 해야 한다. 생명력이 있는 말씀의 씨가 뿌려져도 토양이 척박하면 자라서 열매를 맺을 수 없다. 눈과 귀가 열리지 않으면 예수님이 직접 말씀하셔도 전혀 깨닫지 못한다. 영적 진리를 들을 때 오히려 분노하기까지 한다. 예수님의 비유에서 잘 나타나듯이 길가에 떨어진 씨나 가시밭에 떨어진 씨나 돌밭에 떨어진 씨는 결실할 수 없다. 세상의 염려나 재물 욕심이 많은 사람은 믿음의 기운이 질식해 더 이상 자라지 못한다. 심약한 마음을 가진 자는 환난이나 핍박이 오면 견디지 못하며 성장하지 못한다. 취약한 자기 구조물을 가진 사람은 핍박이나 박해 앞에서 변절하며 쉽게 무너진다. 재물에 지나치게 애착하는 사람은 머리로는 예수님을 따르고 싶어도 재물을 포기하지 못한다. 따라서 좋은 땅이 되도록 마음을 기경하는 노력을 게을리해서는 안 된다.

여덟째, 하나님의 말씀을 사모하고 잘 먹고 소화하고 실천할 때 심리적 근육과 영적 근육이 발달하여 장성한 어른의 몫을 감당할 수 있다. 젖먹이 수준의 신앙인은 영적 전쟁을 할 수 없다. 아이가 전쟁에 투입된다면 그것은 비윤리적이다. 하나님은 성숙한 군사를 부르신다. 성숙한 성도는 특히 말씀의 검으로 싸워야 한다. 하나님의 말씀은 살아 있고 활력이 있는 생명의 말씀이다(히 3:12). 성경 말씀은 하나님을 표상하는 가장 의미 있고 능력 있는 대상이다. 때로는 한 절 말씀이 성도를 극한 위기 상황에서도 버텨 낼 수 있도록 격려하며 소망을 갖게 한다. 평소에 성경 말씀을 자주 묵상하고 암송하며 충분히 내면화한 성도는 위기와 환난의 때에 그 말씀을 되새김질함으로써 이전보다 더 강한 자기 구조물을 가진 자로 성숙할 수 있다.

아홉째, 성숙하기 위해서는 버려야 할 것을 적극적으로 버려야 한다. 그리고 채워야 할 것을 적극적으로 채워야 한다. 내면세계에 내면화된 대상관계들에 부정적인 것이 많을수록 자기 이미지는 부정적이다. 이런 사람은 자존감이 낮고 우울, 불안, 분노에 취약하다. 대인관계가 어렵다. 이런 성도는 내면화된 부정적 대상 표상들을 떠나보내고 적극적으로 용서하며 내려놓아야 한다. 그래야 마음에 공간과 여유가 생긴다. 분노나 불안으로 꽉 찬 마음에는 어떤 새로운 대상관계도 내면화될 수 없다. 땅에서 매면 하늘에서도 매인다는 말씀이 그런 의미이다. 사람과의 관계에서 용서하지 못하고 보복하려는 마음을 품고 있는 한 하나님의 사랑을 제대로 소화할 수 없다. 귀한 말씀을 들어도 다 토하거나 설사해 버린다. 결국 살과 피가 되지 못한다. 자기의 일부가 되지 못한다. 따라서 빈약한 자기 구조물을 가진 채 변화 없이 살게 될 것이다.

성령 하나님이 내면세계에 주인이 되시도록 하려면 마음이 청결해야 하며 질서가 잡혀야 한다. 자기애성 성격장애로부터 치유되지 않는 한 마음의 실제 주인은 자기 자신이다. 하나님의 왕위를 찬탈한 자의 마음에는 진정한 의미에서 신앙 성숙이 일어날 수 없다. 여전히 아담의 후손으로 살아갈 수밖에 없다. 이런 자는 실상 마귀를 좇고 있는 자이다.

열째, 성숙을 이루기 위해서는 내면에서 일어나는 갈등과 모순을 인식하고 씨름해야 한다. 스스로 믿음이 좋다고 착각하면서 성격장애적인 행동을 반복한다면 문제가 많은 신앙생활을 하고 있는 것이다. 이 사실을 깨닫고 변화를 위해서 구체적으로 노력하고 기도해야 할 것이다. 단 물과 쓴 물을 동시에 내는 샘은 문제가 있다(약 3:11). 한 입으로 하나님을 찬양하면서 동시에 형제를 저주한다면 그것은 어울리지 않는다. 스스로 성령 충만하다고 여기는 목사가 사소한 일에도 반복적으로 쉽게 화내고 함부로 욕설을 한다면 그것은 모순적인 모습이다. 그것은 스스로 속는 것이며 하나님을 속이려는 삶이다. 하나님은 속지 않으신다.

열한째, 인격 성숙이 일어나지 않는 신앙인의 마음은 마귀가 역사하기 좋은 무대라는 사실을 명심해야 한다. 바울은 분을 내되 죄는 짓지 말라고 균형 잡힌 교훈을 했다. 그리고 분을 오래 품지 말라고 하면서 마귀에게 틈, 발판을 줄 수 있기 때문이라고 그 이유를 규명했다(엡 4:26-27). 예를 들면, 사소한 일에도 쉽게 분노하는 성격장애나 분을 오래 품고 용서하지 않으며 보복하려는 심리가 특징인 성격장애를 가진 목회자나 성도는 자신의 마음에 마귀가 틈타기 좋은 발판을 제공하고 있다는 사실을 자각해야 할 것이다.

심리적인 성숙 없이 성격장애적인 삶을 계속 살면 성령을 근심하게 하며 성령의 불을 끄는 죄를 무의식적으로 범하는 것이다. 자신만 아니라 주변 사람들에게까지 의식적으로든지 무의식적으로든지 악을 행하는 마귀의 하수인으로 전락할 수 있다는 사실을 깨달아야 한다. 마귀에게 쓰임을 받는다는 사실을 자각하지 못한 채 공의를 세운답시고 과도하게 분노하며 끝까지 용서하지 못하는 자가 있다면 그는 실상 자신에게 성격장애가 있음을 깨닫지 못하는 것이다. 자신의 내면세계에 대한 무지와 어두움에서 벗어나야 성숙의 길로 나아갈 수 있다.

성령의 조명과 심리학적인 지식과 통찰의 빛을 통하여 영적인 혼돈과 무지 그리고 심리적인 장애로부터 회복하며 변화하는 길로 나아가야 한다. 신앙 성숙과 인격 성숙이라는 양쪽 타이어와 앞뒤 타이어가 균형을 잘 이루어야 자동차가 잘 달릴 수 있다. 균형이 깨진 차를 운전하려면 힘이 든다. 타이어가 한쪽으로 마모되며 안전사고까지 일어날 수 있다. 신앙 성숙과 인격 성숙이라는 양 바퀴가 오차 없이 균형을 이룬 삶을 산다는 것은 이 땅에서는 불가능한 일이다. 하지만 어느 정도까지는 가능하며 그렇게 되어야 한다. 그런 삶을 지향하여 최선의 경주를 하는 것이 크리스천들에게 주어진 거룩한 과제이다.

열두째, 중독자들의 경우에는 전인격적인 치료가 수반되어야 한다. 크리스천들 중에도 드러나지 않게 각종 중독과 씨름하는 이들이 많다. 중독에 빠지면 원하지 않아도 반복적으로 죄를 짓게 된다. 그리고 통제력과 자유의지를 점점 상실하게 되어 크리스천에게 걸맞는 삶의 윤리를 지킬 수 없게 된다. 수치심 때문에 자신의 중독을 숨기고 산다. 따라서 겉과 속이 다른 삶으로 인해서 생명력을 잃는 신앙생활을 한다.

중독에 매인 크리스천들은 하나님의 강권적인 은총의 역사가 없이는 중독으로부터 자유하기가 매우 어렵다. 마귀는 중독에 빠진 크리스천에게 계속 정죄감과 수치심을 주입함으로써 신앙과 삶이 점점 분열되게 이끈다. 목회자들은 성도들이 중독에 빠지지 않도록 신앙적, 심리적으로 예방적이며 치료적인 조치를 하는 데 유익한 설교나 교육을 종종 해야 한다.

열세째, 불안이나 분노와 같은 불편한 감정을 회피하는 방어기제를 반복적으로 사용하면 성숙이 일어나기 어렵다. 진실한 감정에 접촉하는 것을 회피하거나 불편한 생각이나 감정에 억압, 투사, 합리화하는 기제를 자주 사용하면 이웃을 사랑하기 어렵고, 사랑을 수용하기도 어렵다. 이런 사람은 하나님을 전심으로 사랑할 수 없다. 하나님의 사랑을 인격적으로 소화하기도 어렵고, 이웃을 자기 자신처럼 사랑하라는 말씀에 순종하기도 매우 어렵다. 따라서 방어기제의 사용을 의식적으로 줄이고 불안과 분노에 직면하는 노력을 해야 한다.

마지막으로, 성숙 과정에서 유기성을 가진 교회 공동체가 꼭 필요하다. 점점 개인주의화되는 사회 속에서 교회 공동체마저 '함께 기뻐하며 함께 슬퍼할 수 있는 능력'을 상실하고 있는 것은 매우 안타까운 현실이다. 특히 중형 교회 또는 대형 교회의 예배 현장에서는 수평적인 관계 경험이 거의 일어나고 있지 않다고 진단해도 과언이 아니다. 피상적인 인사와 축복으로 끝나는 경우가 대부분이다. 하나님 나라에 속한 '동일한 백성'이며 '형제자매'라는 지체 의식을 느끼기가 점점 어려워지고 있다. 이런 교회 공동체에서는 인격 성숙과 신앙 성숙이 일어나기가 어렵다. "철이 철을 날카롭게 하는 것같이" 예배 현장에서 성도들 간에 따뜻한 눈길과 관심이 담긴 인사가 진정으로 오고갈 때 심리적인 변화에도 긍정적인 영향을 줄 수 있는 공동체가 될 수 있을 것이다(잠 27:17). 더 나아가 성도들이 마음을 열고 자신의 내면을 보일 수 있는 치료적인 공간인 상담실을 마련하여 타 교회 성도들에게도 도움을 줄 수 있는 관심과 배려가 필요하다.

에필로그

목회자도 성도도 죄인일 뿐이다

2020년은 코로나19 바이러스 사태로 온 세계가 신음한 해로 기억될 것이다. '위드 코로나'(with Corona), '포스트 코로나'(post-Corona)라는 신조어까지 생겨났다. 감염과 죽음에 대한 불안과 두려움이 많은 사람의 정신세계에 영향을 끼치고 있다. 팬데믹으로 불리는 이 재난과 위기를 겪으며 많은 목회자와 성도들조차 혼란과 위기를 느끼고 있다. 비대면 예배, 비대면 강의라는 새 경험은 향후 신학 교육의 방법에도 상당한 변화를 가져올 것이다. 신학교 교수로서 지내 온 지난 26년 동안 가르치는 학생들의 얼굴을 한 번도 보지 못한 채 강의를 마무리한 경우는 처음이다. 원우들의 얼굴도 보지 못한 채 강단을 떠나게 되니 아쉬운 마음이 크다. 몸은 떠나지만 은퇴 전에 출간된 이 책은 남아서 혹시라도 읽게 될 후배들에게 도움과 도전을 줄 수 있기를 바란다.

이 시대는 동성애와 낙태 합법화 등의 이슈들이 정치의 힘을 입고 기독교 신앙과 성경적 가치를 거세게 위협하고 있다. 이런 상황에서 설교하며 목회

해야 하는 목회자들이 이전 세대보다 더 힘든 목회를 하게 될 것은 명약관화하다. 옥한흠 목사님이 살아계실 때 신학생들을 향하여 자신은 복음을 전하기에 좋은 시대에 목회하셨다고 미안해하시던 심정을 이제야 이해할 것 같다. 정년까지 자리를 지키지 못하고 조기 은퇴를 하는 시점에서 후배 신학교수들과 신학생들을 볼 때 짠한 마음과 미안한 마음이 앞선다. 나는 신학교수로서 인정받고 좋은 대우를 받는 시대에 교수 생활을 했다. 미천한 이 죄인을 구속하여 주시고 하나님 나라에서 교수로서 섬길 수 있도록 여러 번 기회를 주신 하나님, 너무나 부족하지만 포기하지 않으시고 끝까지 붙들어 주신 임마누엘 하나님, 에벤에셀 하나님께 감사와 영광을 돌린다.

《목회심리학》에 이어 이 책에서도 내가 일관성 있게 말하고 싶었던 것이 있다. '목회자도 한 인간이다'라는 것이다. 더 나아가 세상 사람들을 향하여 '성도도 한 인간이다'라고 말하고 싶다. 오늘날 기독교인들이 여러 가지 이유로 세상 사람들로부터 비난과 모욕을 당하고 있다. 아마도 세상 사람들은 기독교인이라면 자신들과는 달리 좀 더 성숙하고 고상한 인격을 갖추고 있어야 한다고 이상화해 바라보지만 실제 우리 삶이 그 기준에 못 미치기 때문일 것이다.

물론 성도는 세상에서 소금과 빛의 사명을 가져야 한다. 세상과 연결되면서도 구별되는 부분이 분명히 있어야 한다. 그리스도인으로서의 정체성이 분명하게 드러나야 한다. 그래서 하나님께 영광이 되도록 해야 한다. 그러나 성도 역시 여전히 죄성을 갖고 죽을 때까지 씨름하는 한 인간이라는 사실을 겸손히 인정하고 이해할 필요가 있다. 교회 안에는 젖을 먹는 수준부터 좀 더 성숙한 수준까지 다양한 수준의 성도가 있다는 사실을 인식하는 눈이 열려야 한다. 일부 기독교인들의 미성숙함을 전체로 확대 해석하거나 비난하는 것은 심리적으로 미성숙하기 때문이다.

나는 교회와 성도가 불신자들이 하는 교회의 부정적 평가를 액면 그대로 받아들이지 않기를 바란다. 이상화와 가치절하가 특징인 경계성 성격장애적 시각을 가진 세상 사람들이 생각보다 너무 많기 때문이다. 인터넷에 올라오는 각종 글과 댓글을 보면 이런 심리적 문제가 잘 드러난다. 그들의 평가에 한국 교회의 전체적 분위기가 오르락내리락하는 것은 바람직하지 않다.

마찬가지로 목회자들도 분명히 세상 사람들에게 성숙하고 고상한 인품을 갖춘 자들로 비춰져야 한다. 성도들에게도 존경받을 만큼 예수님을 닮은 모습을 내면화하도록 날마다 자신을 쳐서 복종시켜야 한다. 한편으로는 목회자들도 목자장이신 예수 그리스도에게 속한 '한 마리 양'이며 여전히 죄성과 씨름하고 갈등하며 변화 과정에 있는 '한 인간'이라는 사실을 목회자 스스로 인정해야 하며 성도들 또한 그렇게 바라볼 필요가 있다. 목회자들을 이상화한 나머지 사소한 실수에도 크게 실망하는 것은 미성숙한 행동이다. 그리고 목회자들이 이상화된 이미지에 부응하기 위해 외식하는 삶을 지속하는 것도 예수님이 기대하는 목회자의 참 모습이 아니다.

야고보는 엘리야의 기도에 3년 6개월 동안 비가 오지 않다가 비가 내린 사건을 언급하면서 놀랍게도 "엘리야는 우리와 성정이 같은 사람이로되"(Elijah was a man just like us)라는 문장을 언급함으로써 후세의 목회자와 성도들에게 큰 교훈을 주고 있다(약 5:17-18). 우리도 잘 알다시피 엘리야도 탈진했고 심지어 죽기를 간구했던 연약한 인간이었다(왕상 19:4). 바울도 자신을

'취약한'(vulnerable) 질그릇에 비유하면서 능력이 자신에게 있지 않음을 고백했다.

> **우리가 이 보배를 질그릇에 가졌으니 이는 심히 큰 능력은 하나님께 있고 우리에게 있지 아니함을 알게 하려 함이라** 고후 4:7

독자들이 이 책을 통해 목회자와 성도를 보는 관점에서 좀 더 균형을 이루는 계기를 갖게 된다면 출간한 보람이 있을 것이다. 서로에게 부족함이 보여도 좀 더 기다려 주고 이해할 때 목회자도 성도도 성숙해 갈 수 있을 것이다. '의인은 없나니 하나도 없다'는 성경의 인간관을 잘 견지하는 것이 목회자와 성도의 삶에 꼭 필요하다(롬 3:10). 혹시라도 이 말을 병리적이며 나태한 삶을 사는 성도나 목회자를 지지해 주는 말로 오해하지 않기를 바란다. 이 책을 선택하고 끝까지 읽어 준 독자 여러분께 하나님의 크신 은총이 넘치기를 기원한다. 샬롬.

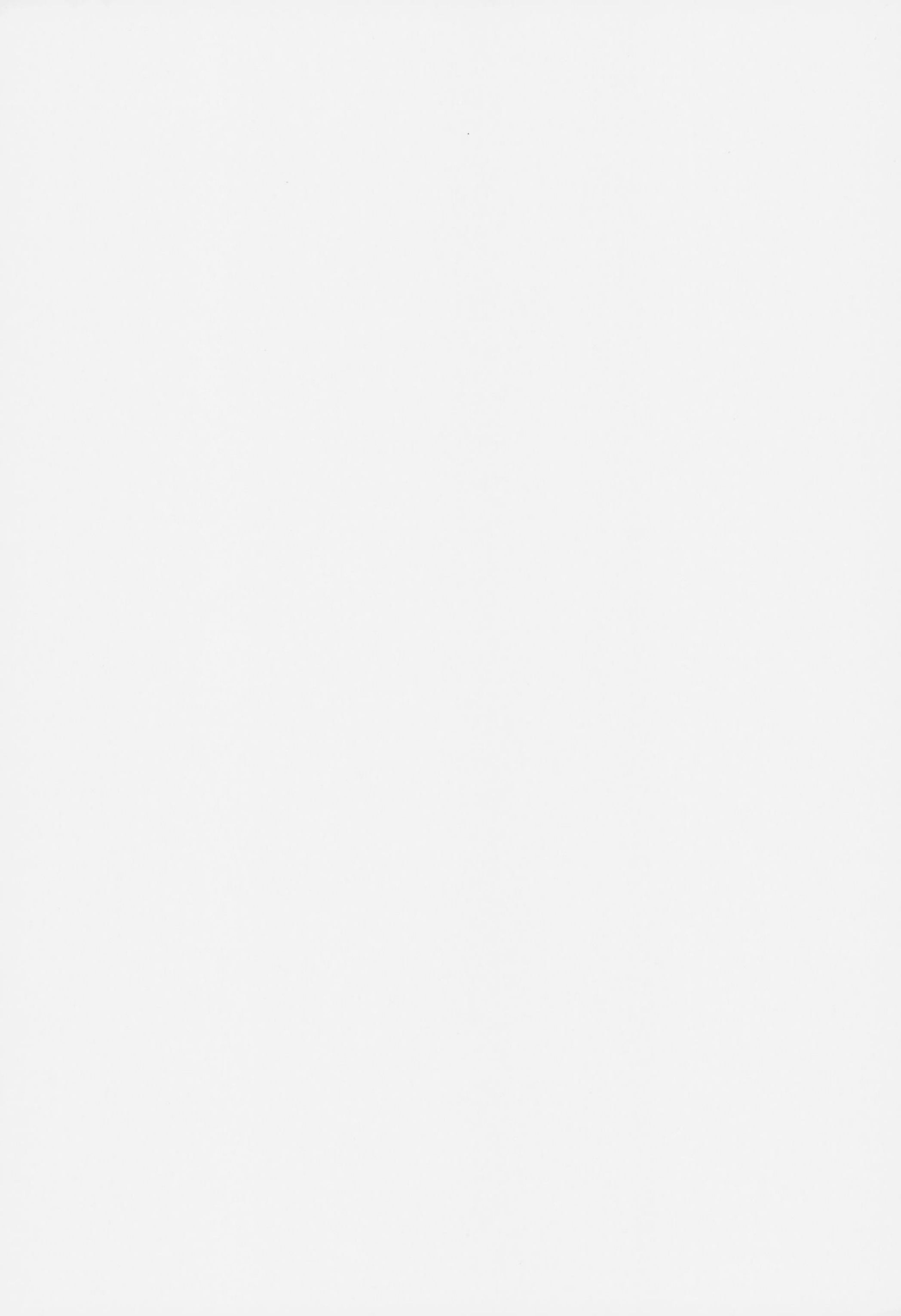